Studienskripten zur Soziologie

Reihe herausgegeben von

H. Sahner, Halle (Saale), Deutschland

M. Bayer, Nürnberg, Deutschland

R. Sackmann, Halle, Deutschland

Die Bände „Studienskripten zur Soziologie" sind als in sich abgeschlossene Bausteine für das Bachelor- und Masterstudium konzipiert. Sie umfassen sowohl Bände zu den Methoden der empirischen Sozialforschung, Darstellung der Grundlagen der Soziologie als auch Arbeiten zu so genannten Bindestrich-Soziologien, in denen verschiedene theoretische Ansätze, die Entwicklung eines Themas und wichtige empirische Studien und Ergebnisse dargestellt und diskutiert werden. Diese Studienskripten sind in erster Linie für Anfangssemester gedacht, sollen aber auch dem Examenskandidaten und dem Praktiker eine rasch zugängliche Informationsquelle sein.

Karsten Hank · Paul B. Hill ·
Johannes Kopp · Anja Steinbach

Familiensoziologie

Eine kompakte Einführung

6. Auflage

 Springer VS

Karsten Hank
Universität zu Köln
Köln, Deutschland

Paul B. Hill
RWTH Aachen
Aachen, Deutschland

Johannes Kopp
Universität Trier
Trier, Deutschland

Anja Steinbach
Universität Duisburg-Essen
Duisburg, Deutschland

ISSN 2512-5362   ISSN 2512-5370   (electronic)
Studienskripten zur Soziologie
ISBN 978-3-658-41877-9   ISBN 978-3-658-41878-6   (eBook)
https://doi.org/10.1007/978-3-658-41878-6

Die Deutsche Nationalbibliothek verzeichnet diese Publikation in der Deutschen Nationalbibliografie; detaillierte bibliografische Daten sind im Internet über http://dnb.d-nb.de abrufbar.

Planung/Lektorat: Katrin Emmerich
Springer VS ist ein Imprint der eingetragenen Gesellschaft Springer Fachmedien Wiesbaden GmbH und ist ein Teil von Springer Nature.
Die Anschrift der Gesellschaft ist: Abraham-Lincoln-Str. 46, 65189 Wiesbaden, Germany

Vorwort zur 6. Auflage

Wie ‚die' Familie selbst entwickelt sich auch die Familiensoziologie kontinuierlich weiter (einen guten Überblick über neuere Entwicklungen in der familiensoziologischen Forschung geben Konietzka et al. (2021) für Deutschland sowie Schneider und Kreyenfeld (2021a) für Europa). Zehn Jahre (!) nach der 5. Auflage des Lehrbuchs „Familiensoziologie" ist es also höchste Zeit, dass nun endlich seine 6. Auflage erscheint, die sich in doppelter Weise deutlich von ihrer Vorgängerin unterscheidet:

Erstens hat sich die Zahl der Autor:innen des vorliegenden Lehrbuches verdoppelt (!): ‚Hill und Kopp', die alle bisherigen Auflagen allein verantwortet hatten, haben mit Karsten Hank und Anja Steinbach zwei weitere – ihnen seit langem beruflich (und persönlich) verbundene – Ko-Autor:innen an Bord geholt. Gedankt haben ihnen dies ‚die Neuen' damit, dass sie, *zweitens,* den in der vorangegangenen Auflage bereits begonnenen Prozess konsequent fortgesetzt haben, „einige der Argumentationen deutlich zu straffen, neue Schwerpunkte zu setzen und vor allem auch bei den empirischen Verweisen einen stärkeren Schwerpunkt auf die neueren Arbeiten zu legen und dadurch insgesamt den Text knapper und hoffentlich ab und an auch lesefreundlicher zu gestalten" (Hill und Kopp 2013: 7). Der Umfang des Manuskripts wurde so für die 6. Auflage um etwa ein Drittel (!) reduziert und stellt damit – wie der neue Untertitel des Lehrbuchs besagt – nun „Eine kompakte Einführung" dar, die ihren Leser:innen aber dennoch, hoffentlich, weiter alle wesentlichen „Grundlagen und theoretischen Perspektiven" (so der Untertitel früherer Auflagen) der Familiensoziologie vermittelt.

Das vorliegende Lehrbuch nimmt somit eine ‚Zwischenstellung' in einer (kleinen) Reihe von Veröffentlichungen seiner Autor:innen ein, die sich alle an – mehr oder minder fortgeschrittene – Studierende der Familiensoziologie (oder in diesem spezifischen Feld noch weniger bewanderte Forschende) richten:

Diejenigen, denen selbst die vorliegende „kompakte Einführung" noch zu ausführlich sein sollte, seien auf das Kapitel „Familie" (31 Seiten) von Steinbach und Hank (2020) im „Lehrbuch der Soziologie" verwiesen. Denjenigen hingegen, die durch den vorliegenden Text neugierig geworden sind und sich vertiefend mit spezifischeren Aspekten familiensoziologischer Forschung beschäftigen möchten, sei die neue Auflage des – ursprünglich von ‚Hill und Kopp' herausgegebenen – „Handbuchs Familiensoziologie" (Arránz Becker et al. 2023; 872 Seiten!) empfohlen.

Unser herzlicher Dank gilt Springer VS – und namentlich Katrin Emmerich – für die angenehme und reibungslose Zusammenarbeit. Allen Leser:innen wünschen wir viel Spaß und zahlreiche neue Erkenntnisse bei der Lektüre!

Köln	Karsten Hank
Bous	Paul B. Hill
Trier	Johannes Kopp
Duisburg	Anja Steinbach
im Sommer 2023	

Inhaltsverzeichnis

Was ist Familie?

Inhaltsverzeichnis

Familiales Handeln – von der Partnerwahl über die Fertilitätsentscheidung bis hin zu alltäglichen Interaktionen – und die daraus ableitbaren Konsequenzen für Individuum und Gesellschaft sind nicht nur Gegenstand der Soziologie, sondern auch vieler anderer wissenschaftlicher Disziplinen. Anthropologie, Ethnologie, Geschichts-, Wirtschafts- und Erziehungswissenschaft aber auch Psychologie, Politik- und Rechtswissenschaft beschäftigen sich in jeweils spezifischer Weise mit den Regelmäßigkeiten, die familialem Handeln zugrunde liegen (siehe für einen einführenden Überblick die Beiträge in Wonneberger et al. 2018). Für eine vollständige Erfassung der verschiedensten Aspekte von Familie wäre somit eine umfassende interdisziplinäre Betrachtung wünschenswert; diese ist jedoch hier nicht zu leisten. Allerdings werden im Folgenden einige der wichtigsten Forschungsfragen und -ergebnisse aus der Anthropologie, der Ethnologie und den Geschichtswissenschaften aufgegriffen. Dabei sollen die enorme kulturelle Bandbreite und die starke Flexibilität familialen Handelns unter sich wandelnden gesellschaftlichen Bedingungen deutlich gemacht werden. Zuvor ist es jedoch notwendig, einige begriffliche Klärungen vorzunehmen, um so der gerade von der anthropologisch-ethnologischen Forschung aufgezeigten Vielfalt der familialen Strukturen gerecht zu werden. Daran anschließend soll der Zusammenhang von Familie bzw. Familienformen und gesellschaftlicher Entwicklung betrachtet

© Der/die Autor(en), exklusiv lizenziert an Springer Fachmedien Wiesbaden GmbH, ein Teil von Springer Nature 2023
K. Hank et al., *Familiensoziologie*, Studienskripten zur Soziologie,
https://doi.org/10.1007/978-3-658-41878-6_1

werden, wobei zunächst ein Abriss über die geschichtliche Entwicklung gegeben wird, um dann die Situation in modernen Gesellschaften aufzuzeigen.

1.1   Familie, Verwandtschaft und Abstammung

1.1.1   Zur Definition des Begriffs Familie[1]

Für eine Bestandsaufnahme von Familien und Familienformen – aktuell wie historisch – ist es zunächst notwendig, eine allgemeine Definition heranzuziehen, die uns eine Antwort auf die Frage gibt: Was ist eigentlich eine Familie? Dazu ist festzustellen, dass zwar keine einheitliche Definition von Familie existiert, dass es aber drei Kernelemente der Definition von Familie gibt, die bestimmen, was Familien von nichtfamilialen Lebensformen unterscheidet (Nave-Herz 2018, S. 124):

1. Die *biologisch-soziale Doppelnatur:* In allen Gesellschaften und zu allen Zeiten erfüllten und erfüllen Familien die biologische und soziale Reproduktions- und Sozialisationsfunktion. Dazu gehören Kindererziehung, gegenseitiger Schutz und Fürsorge sowie die Befriedigung emotional-expressiver Bedürfnisse der Familienmitglieder.
2. Die *Generationendifferenzierung:* Zu einer Familie gehören mindestens zwei Generationen; sie kann aber natürlich auch aus drei oder vier Generationen bestehen. Die Bezeichnung Kernfamilien wird für Eltern-Kind-Einheiten ver-wendet, während die Bezeichnung Mehrgenerationen-Familien auch weitere Generationen, wie die Großeltern und Ur-Großeltern, einschließt.
3. Das besondere *Kooperations- und Solidaritätsverhältnis* zwischen ihren Mit-gliedern: Familien sind charakterisiert durch eine spezifische Rollenstruktur. Die sozialen Rollen (zum Beispiel Vater, Tochter, Enkel oder Schwester) sind mit bestimmten (normativen) Erwartungen verbunden, die zwar zeit- und kulturabhängig variieren können, aber immer ganz eigene Kooperations- und Solidaritätsbeziehungen zwischen den Familienmitgliedern definieren.

Mit anderen Worten: Familie ist da, wo (mindestens) eine Generationen-beziehung besteht, die ein besonderes Verbundenheitsgefühl umfasst, und wo zwischen den Angehörigen verschiedener Generationen Leistungen füreinander

---

[1] Der ersten beiden Absätze dieses Unterkapitels basieren auf Steinbach und Hank (2020).

erbracht werden. Die Ehe, das Zusammenleben und inzwischen auch die biologische Verbundenheit sind also keine ausschlaggebenden Kriterien mehr, um private Lebensformen als Familien zu bezeichnen, wenn sie auch sehr oft damit verbunden sind. Das heißt, neben der *Kernfamilie* (Mutter, Vater, Kind) mit verheirateten oder unverheirateten Eltern gelten als Familien auch *Ein-Eltern-Familien, Stieffamilien, gleichgeschlechtliche Familien, Adoptivfamilien* und *Pflegefamilien.* Alleinstehende und auch Paare ohne Kinder – egal ob verheiratet oder nicht – sind entsprechend keine Familien, obwohl sie als Kinder ihrer Eltern, als Geschwister, als Tanten oder Onkel natürlich auch in familiale Kontexte eingebunden sind.

Reichhaltige historische, vor allem aber ethnologische Studien zeigen eine enorme Vielfalt familialer Formen, die im Folgenden begrifflich systematisiert werden sollen, um nicht nur den Grundbegriff der Familie, sondern eben auch die verschiedenen historischen Formen definitorisch klar zu erfassen. Da die meisten Individuen im Laufe ihres Lebens Mitglied von (mindestens) zwei Kernfamilien sind, ist eine Unterscheidung zwischen ihrer *Abstammungs-* oder *Herkunftsfamilie* und der von ihnen selbst mitbegründeten *Zeugungsfamilie* notwendig. Die beiden Begriffe differenzieren also die Familienmitgliedschaft aus der Sicht der Individuen.

Aus der Bestimmung der Familie folgt, dass jede Familie in der Elterndyade begründet ist. Die Exklusivität dieser Dyade bzw. die Eheform wird jedoch nicht näher bestimmt. Es ist denkbar, dass nicht nur eine solche Dyade besteht, sondern dass der Mann, die Frau oder beide zeitgleich mehrerer solcher Dyaden oder Ehen angehören. Wenn insgesamt nur eine derartige Dyade besteht, spricht man von *Monogamie,* ansonsten von *Polygamie.* Polygame Verbindungen können in Form von *Polygynie* (,Vielweiberei'), *Polyandrie* (,Vielmännerei') oder *Gruppenehe* auftreten. Typischerweise sind monogame Gesellschaften einerseits in den westlichen Industriegesellschaften und andererseits in den Jäger- und Sammlergesellschaften zu finden. Polygynie als zulässiges oder erstrebenswertes Muster scheint im interkulturellen Vergleich das deutlich häufigste Bindungsmuster zu sein, während Polyandrie und die Gruppenehe sehr selten vorkommen. Trotzdem sind auch in polygamen Gesellschaften, schon aus demografischen Gründen, die meisten Ehen monogam. Polygynie ist zumeist sozialer Ausdruck für Macht und Reichtum von (einigen) Männern.

Der eingeführte Familienbegriff kennzeichnet die Merkmale, die mindestens erfüllt sein müssen, wenn von einer Familie gesprochen werden soll. Empirisch sind Familien jedoch sehr häufig in größere Einheiten eingebettet; die gemeinsame Haushaltsführung ist also nicht auf die Eltern-Kind(er)-Konstellation beschränkt, sondern weitere Verwandte treten hinzu. Solche Familienformen werden als *erweiterte Familie* bezeichnet. Innerhalb der erweiterten Familie lassen sich mindestens zwei weitere Typen unterscheiden: Die *Dreigenerationenfamilie* und die *Großfamilie*. Bei der Dreigenerationenfamilie bilden die Kernfamilie sowie die Eltern einer der beiden Partner:innen – zumeist die des Mannes – eine Haushaltseinheit. Bei der Großfamilie bilden die Kernfamilien von Brüdern (nach dem Tod des Vaters) eine Wohn- und ökonomische Einheit.

1.1.2   Verwandtschaft: Deszendenz und Affinität

In der Alltagssprache mag noch Konsens darüber bestehen, dass Mutter, Vater, Schwester und Bruder zur Familie gehören, aber ob dies für den Onkel, die Cousine oder den Schwager ebenfalls zutrifft, wird sicher bereits individuell unterschiedlich gesehen (Connidis 2020). Diese intersubjektiven Variationen treten in noch stärkerem Maße hervor, wenn familiales Handeln interkulturell vergleichend betrachtet wird. So nimmt in einigen Kulturen nicht der biologische Vater die aus unserer Sicht gängige Vaterrolle ein, sondern der Onkel mütterlicherseits. Aus der Sicht unseres Kulturkreises mag es auch noch selbstverständlich sein, dass man mit Tanten und Onkeln (väterlicher- und mütterlicherseits) verwandt ist; anderenorts aber kann sich die Verwandtschaft und Abstammung einer Person auf die mütterliche oder auf die väterliche Linie beschränken. Da Verwandtschaft soziologisch häufig auch Verpflichtung zu und Anrecht auf bestimmte Handlungsweisen bedeutet, andererseits aber Verwandtschaft offensichtlich partiell eine variable soziale Konstruktion darstellt, muss geklärt werden, nach welchen Regeln verwandtschaftliche Beziehungen als solche interpretiert werden. Verwandtschaftsregeln sind deutlich von Lokalitätsregeln, die die Wahl des Wohnortes eines Paares bestimmen, sowie Herrschaftsformen – wie Matriarchat und Patriarchat – zu unterscheiden, auch wenn natürlich empirische und theoretische Zusammenhänge existieren.

Prinzipiell sind zwei Mechanismen zu unterscheiden, die bei der Konstitution solch hervorgehobener verwandtschaftlicher Beziehungen von Bedeutung sind. Zum einen der über die Ehe gegründete Verwandtenkreis, die *Affinalverwandtschaft,* und zum anderen Verwandtschaft, die auf den Vorstellungen von Individuen über eine gemeinsame *Deszendenz* (Abstammung) beruht. Die soziologische Relevanz von Affinität und Deszendenzkategorien liegt in den besonderen Rechten, Pflichten und Ansprüchen, die innerhalb eines solchen Personenkreises geteilt werden. Die Zugehörigkeit zu einem bestimmten Verwandtenkreis entscheidet nicht selten über Ansehen, Besitz und Chancen im gesellschaftlichen Leben. Dabei gilt dies eher für Agrargesellschaften und weniger für Wildbeuter- und moderne Industriegesellschaften. Auf der Basis von Deszendenzregeln wird in der Generationenabfolge eine gemeinsame Abstammung bestimmt. Solche Deszendenzregeln müssen nicht mit dem biologischen Verwandtschaftskriterium übereinstimmen, sie sind vielmehr soziale Konstruktionen, die davon erheblich abweichen können. In einer einfachen Darstellung kann man die Deszendenzregeln zunächst in zwei Haupttypen einteilen: *kognatische Deszendenz* und *unilineare Deszendenz* (Pasternak 1976, S. 101 ff.). Kognatische Deszendenz bedeutet die Ableitung der Abstammung über männliche und weibliche Vorfahren, während bei der unilinearen Abstammung lediglich über die Vorfahren eines Geschlechts die genealogische Verbindung hergestellt wird. Die beiden wichtigsten Unterformen unilinearer Deszendenz sind die *patrilineare* (agnatische) und die *matrilineare* (uterine) Abstammung. Beide Formen grenzen die biologisch weiterreichende Verwandtschaft auf eine Linie ein und begünstigen damit deutlich die Entstehung von korporativen Einheiten. Sie sind vermutlich deshalb so häufig in nichtstaatlichen Gesellschaften anzutreffen. Abb. 1.1 zeigt schematisch die jeweils gültigen Verwandtschaftsbeziehungen auf, wobei im oberen Teil die patrilinearen Verwandten (männliche Linie) und unteren Teil die matrilinearen Verwandten (weibliche Linie) hervorgehoben sind.

Zu einer patrilinearen Abstammungsgruppe gehören alle Personen und damit natürlich auch Frauen, mit denen man über gemeinsame männliche Vorfahren verwandt ist. Aus aufsteigender Sicht von Ego sind dies dessen Vater, gegebenenfalls die Schwestern und Brüder des Vaters (also Onkel und Tanten väterlicherseits), der Vater-Vater (Großvater von Ego) sowie dessen Brüder und Schwestern, die Kinder des oder der Onkel, aber nicht die Kinder von Tanten. Analog verhält es sich bei der matrilinearen Abstammung, wobei die genealogische Verbindung über die Generationen hinweg nur über Frauen erfolgt. Die Personen, die einer solchen, bestimmten Linie mit einem bekannten Anker in der Ahnenreihe angehören, bilden eine unilineare Deszendenzgruppe, eine *lineage* bzw. eine patrilineage oder matrilineage. Von einer lineage ist als weitere Deszendenzgruppe der (Patri- oder Matri-)Clan zu unterscheiden. Im Unterschied zu einer lineage können Mitglieder eines Clans die Abstammungsbeziehungen nicht detailliert benennen, sondern sie glauben an einen in der Generationenreihe weit zurückliegenden gemeinsamen Ahnen. Aus der gängigen anthropologischen Sicht sind Clans die strukturelle Grundlage für komplexere Sozialgebilde wie Stamm, Häuptlingstum und Staat.

Patri- und Matrilinearität kovariieren stark mit den jeweils herrschenden *Lokalitätsregeln*. Dies bedeutet, dass die durch die sozialen Abstammungsregeln

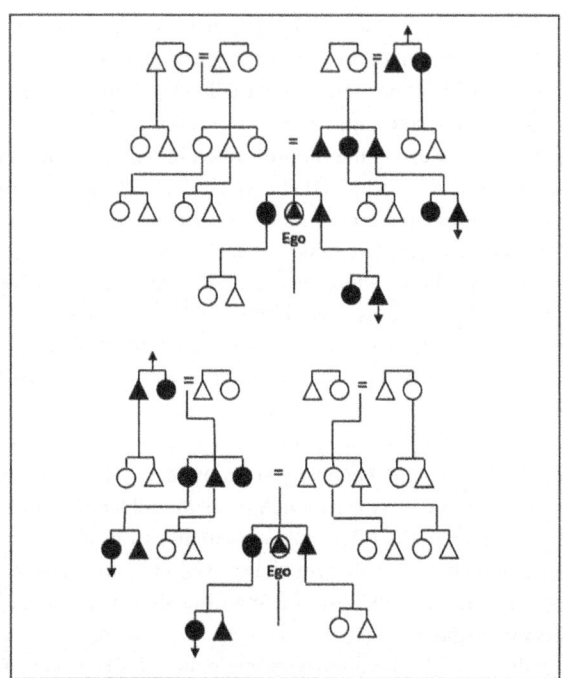

Abb. 1.1 Patri- und matrilineare Deszendenz. (Anmerkung: Hier werden männliche Personen durch ein Dreieck, weibliche durch einen Kreis symbolisiert. Abstammungsbeziehungen werden durch einen senkrechten Strich, Heiratsbeziehungen durch ein Gleichheitszeichen dargestellt. Quelle: Harris 1989, S. 177)

präferierte kooperative Gruppenbildung durch ein eindeutiges Muster der Wohnfolge nach einer Eheschließung unterstützt wird. Bei Patrilinearität herrscht *Patrilokalität,* das Paar zieht normalerweise zum Vater des Ehemannes. Frauen verlassen also ihre Herkunftsfamilie und werden Mitglied des Haushaltes des Ehemannes. Bevorzugen Gesellschaften dagegen matrilineare Deszendenzregeln, so sind zwei Muster von besonderer Bedeutung: Entweder zieht das Paar zur Mutter der Ehefrau *(Matrilokalität),* oder es zieht zum Mutter-Bruder der Ehefrau *(Avunkulokalität).*

1.2 Familie und gesellschaftliche Entwicklung

Familien werden häufig als eine der grundlegenden sozialen Einrichtungen der Gesellschaft betrachtet, die vielfältige Funktionen erfüllt und wichtige Leistungen erbringt. Auch wenn diese Aussage meist von Soziolog:innen mit Blick auf moderne Gesellschaften getroffen wird, hat sie für nicht-moderne Gesellschaften vielleicht noch mehr Gültigkeit. So bilden sich in nicht-modernen Gesellschaften die wesentlichen sozialen Verbände wie Stämme und Clans häufig durch Rückgriff auf familiale Kriterien. Darüber hinaus scheint die familiale Bindung von Menschen sogar bei der evolutionären Entwicklung des homo sapiens wichtig gewesen zu sein. Vor diesem Hintergrund ist die Frage nach der Universalität der Familie, die lange Zeit einen Schwerpunkt der theoretischen Diskussion darstellte, nur zu verständlich.

Im Folgenden soll die These der Universalität der Familie näher begründet werden und zudem anhand eines vereinfachenden Entwicklungsschemas die Rolle der Familie beim Prozess der gesellschaftlichen Entwicklung skizziert werden. Dabei wird von einem einfachen Entwicklungsmodell ausgegangen, das zwischen Jäger- und Sammlergesellschaften, Hortikultur- und Agrargesellschaften, Feudal- und Industriegesellschaften differenziert. Hierzu ist man bei den ersten Phasen auf viele Spekulationen angewiesen. Während sich für moderne Gesellschaften in der Zwischenzeit immer mehr empirische Darstellungen finden und die historische Familienforschung wichtige Befunde über die Entwicklung ab etwa dem 16. Jahrhundert bietet (siehe für einen Überblick Nave-Herz 2013; Rosenbaum 2014; Stearns 2023), ist man bei davor liegenden Entwicklungsstadien entweder auf die wenigen historischen Berichte und Funde oder auf die Übertragung ethnologischer Ergebnisse über heute noch existierende Gesellschaften mit einer einfachen Sozialstruktur angewiesen.

1.2.1 Familiale Strukturen und die Entwicklung früher Hominiden

Nachdem die Evolutionstheorie und die These eines gemeinsamen Ursprungs des Lebens und der späteren evolutionären Diversifikation zum festen Wissensbestand geworden sind, hat sich das Interesse wieder mehr der Erklärung der Unterschiede zwischen einzelnen Entwicklungen zugewandt. So stellt sich die Frage, welcher Mechanismus für die Trennung der Entwicklungslinien der Hominiden und der anderen Primaten im Pliozän, der letzten Phase des Tertiärs, vor etwa 4 bis 10 Mio. Jahren verantwortlich war (siehe für eine kurze Darstellung Harris 1989). Dabei ist vor allem von Interesse, welchen Einfluss soziale und speziell familiale Strukturen für die Entwicklung der Hominiden und damit für die Evolution zum modernen Menschen hatten. Als bedeutende Unterschiede zwischen Hominiden und den anderen Primaten werden der erweiterte Neocortex, die Bipedalität, das Sprach- und symbolische Kommunikationsvermögen und Unterschiede in der Physiologie genannt (Conroy 1990; Lovejoy 1981, S. 351 ff.). Ein ebenso bedeutsamer Unterschied liegt jedoch auch bei dem im Vergleich zu anderen Primaten einzigartigem sexuellen und reproduktiven Verhalten: Menschen gehen in der Regel längerfristige Bindungen ein, die Zahl der Kinder ist sowohl insgesamt als auch pro Geburt relativ gering, der Östrus ist nicht erkennbar, und meist sorgen beide Eltern für die Kinder. Unklar bleibt bislang jedoch der kausale Zusammenhang zwischen dem reproduktiven Verhalten und den anderen genannten Faktoren (siehe für einen Überblick Geary und Flinn 2001).

Man kann vermuten, dass nicht die physiologischen Veränderungen die sozialen Entwicklungen einseitig ermöglicht haben, sondern dass die sozialen Arrangements der frühen Hominiden entscheidenden Einfluss bei ihrer evolutionären Entwicklung und damit auf ihre physiologische Ausstattung besaßen und so die Möglichkeit für die Besonderheiten der menschlichen Kultur und der Differenzierung zu eben diesen evolutionären Vorgängern schufen. Dabei wurde ein Modell vorgeschlagen, bei dem die verschiedenen Entwicklungsfaktoren über Feedback-Schleifen miteinander verbunden sind (Lovejoy 1981): Für die Vergrößerung der Großhirnrinde, der Neocortex, ist eine lange Entwicklungszeit der Nachkommen notwendig. Wenn also die Erweiterung der Gehirnkapazität eine notwendige Bedingung für die Entwicklung menschlicher Kultur war, dann musste das Problem der langen Aufzucht der Nachkommen geregelt sein. Verlängerte Schwangerschaft sowie Einzelgeburten anstelle größerer Geburtsziffern sowie größere Perioden zwischen den einzelnen Geburten waren evolutionäre Gegenstrategien: „This progressive slowing of life phases can be accounted for by an evolutionary strategy in which populations devote a greater proportion of their reproductive energy to care of young and greater investment in the survival of fewer young" (Conroy 1990, S. 348).

Dieser fundamentale Wechsel in der Art der Reproduktion war nur möglich, da sich auch die familiale Organisation der Reproduktion änderte. Monogame, aber vor allem längerfristige Paarbeziehungen und eine geschlechtsspezifische Arbeitsteilung waren erfolgreiche evolutionäre Strategien. Als co-evolutionäre Errungenschaften sind dann zur Unterstützung der längerfristigen monogamen Beziehungen Entwicklungen zu sehen, die dazu führen, dass die menschliche

Spezies kontinuierlich sexuell empfänglich ist und keine offensichtlichen Zeichen des weiblichen Zyklus erkennen lässt.

Die These von Lovejoy (1981, S. 347) – „intense social behavior would seem the most likely single cause of the origin of human intelligence if one origin must be isolated" – betont also die Bedeutung früher familialer Strukturen für die Menschheitsentwicklung. Erst die Entstehung angemessener familialer Strukturen ermöglichte den Weg hin zu einem erweiterten Gehirnvolumen und lieferte somit die Basis für die Entstehung materieller Kulturen. Oder einfacher formuliert: „The human family is, very simply, the solution our hominid ancestor evolved over three to five million years to raise our brainy, slow-maturing, neotenic, highly dependent, and therefore, very costly (in terms of parental investment) babies" (van den Berghe 1988, S. 43). Nachdem der erste Anstoß zu dieser Entwicklung gegeben war, konnte sich ein selbst verstärkender Regelkreis von familialer Organisation, Bipedalität, Erweiterung des Neocortex, Sprachentwicklung, sozialer und intrafamilialer Arbeitsteilung, erweiterter Kommunikation und erweiterter sozialer Organisation co-evolutionär fortentwickeln (Wilson 1980, S. 299).

1.2.2 Wildbeutergesellschaften

Das Dasein als Jäger und Sammler gilt als die älteste Form der menschlichen Existenz – und blieb in einigen geografischen Nischen bis heute erhalten. Seit vermutlich 4 Mio. Jahren leben Menschen vom Sammeln von Wildfrüchten und vom Jagen. Während Wildbeuter bis circa 40.000 v. Chr. lediglich über Handäxte verfügten, wurden in der Altsteinzeit (40.000 bis ca. 10.000 v. Chr.) einfache Waffen und Werkzeuge entwickelt. Heute noch lebende Wildbeuter sind in Horden oder Lokalgruppen von zumeist 20 bis 40 Personen organisiert. Sie sind zum größten Teil miteinander verwandt und jagen und sammeln eine Zeit lang in einem bestimmten Territorium, ohne dessen Ressourcen vollständig auszubeuten, und ziehen dann zu einem anderen Lagerplatz, zeigen also eine hohe geografische Mobilität. Individuelle Mobilität zwischen einzelnen Horden ist ebenfalls häufig zu beobachten. Unter günstigen ökologischen Rahmenbedingungen sichert die Subsistenzwirtschaft ihnen bei eher geringer Arbeitsleistung einen zufriedenstellenden Lebensstandard und individuelle Freiheit. Die Erträge aus der Jagd werden unabhängig von engeren familialen Verbindungen innerhalb der gesamten Horde egalitär aufgeteilt. Die gesammelten Früchte unterliegen meist keiner Redistribution, sie werden mit dem Fleisch im Allgemeinen innerhalb der Kernfamilie zubereitet und verzehrt. Die Kernfamilie ist also auch in diesen

Gesellschaften als ein Subsystem erkennbar, das bestimmte Aufgaben erfüllt. Insgesamt scheint es aber eher unklar zu sein, welche Bedeutung der Kernfamilie bei Jägern und Sammlern zukommt. Persönliches Eigentum ist weitgehend unbekannt, die Machtstruktur tendenziell egalitär (Harris 1989, S. 145 ff.). Über die Horden hinaus bestehen fast keine gesellschaftlichen Integrationsmechanismen. Außer verwandtschaftlichen Kriterien existieren keine die Horden verbindenden, dauerhaften ökonomischen oder politischen Beziehungen. Es gibt weder eine Zentralgewalt noch andere interhordenspezifische Institutionen. Hordengesellschaften sind somit Gesellschaften, die lediglich diese segmentäre gesellschaftliche Differenzierung aufweisen. Die wichtigsten Funktionen werden also innerhalb der jeweiligen Horde erfüllt. Funktionalen Differenzierungslinien, die über die intrahordenspezifisch sehr rudimentäre, auf Alter und Geschlecht beruhende Arbeitsteilung hinausgehen, sind dabei nicht zu erkennen. Als Folge davon ist die soziale Ungleichheit sehr gering.

Die Regeln der Familienbildung und die Familienstruktur weisen unter diesen Bedingungen einige Ähnlichkeiten zu denen moderner Industriegesellschaften auf. Die Deszendenz scheint zumeist bilinear bestimmt zu werden, wodurch die im Allgemeinen notwendige Mobilität und Flexibilität gefördert wird. Die Partnerwahl ist überwiegend exogam orientiert; Ehepartner:innen stammen also aus unterschiedlichen Horden, wodurch eine friedliche Koexistenz der verschiedenen Horden begünstigt wird. Die konkrete Partnerwahl scheint keiner strengen Reglementierung zu unterliegen; *romantische Liebe* könnte durchaus ein entscheidendes Kriterium darstellen: „This pattern is prevalent in the simplest and in the most complex societies because the fate of the family is less affected by the marital choice of offspring in these kinds of societies. All are poor in hunting and gathering societies and, ideally, all have the possibility of social mobility in industrialized societies" (Yorburg 1983, S. 144 f.).

Die durchschnittliche Kinderzahl bei Jägern und Sammlern war aufgrund der langen Stillzeit und der damit bei Ressourcenknappheit verbundenen eingeschränkten Fruchtbarkeit, der notwendigen Mobilität der Mütter sowie des spezifischen Wertes, der den Kindern in diesen Gesellschaften zukommt, wahrscheinlich gering (Harris 1989, S. 107 ff.). Kinder (und auch Alte) sind von der Nahrungsbeschaffung ausgeschlossen: „Young people are not expected to provide food regularly until they are married. (…) it is not unusual to find healthy, active teenagers visiting from camp to camp while their older relatives provide food for them" (Lee 1979, S. 36). In der geringen Fertilität und in der Verbreitung von (weiblichem) Infantizid und Gerontozid als weitere Mittel zur Realisierung einer niedrigen Reproduktionsrate und einer geringen Bevölkerungsdichte ist wahrscheinlich auch die Ursache für die lang anhaltende historische Stabilität dieser Lebensform zu sehen, die eine geringe Reproduktionsrate aufweisen muss, um eine Überschreitung der Tragfähigkeit und damit die Regeneration der ausgebeuteten Gebiete zu vermeiden (Harris 1990 [1977], S. 18 ff.).

1.2.3 Gartenbau- und einfache Ackerbaugesellschaften

Der Übergang von Jäger- und Sammlergesellschaften zu agrarischen Gesellschaften, die sogenannte neolithische Revolution, ist wahrscheinlich in erster Linie als Folge der veränderten ökologischen Bedingungen zu sehen, die durch das Ende der letzten Eiszeit hervorgerufen wurden. Die Erwärmung hatte gravierende Folgen für die Fauna und den (Groß-)Wildbestand. Die äußerst fruchtbaren eiszeitlichen Weideflächen der typischen Beutetiere in Europa wurden von Wäldern verdrängt und somit die Jagdressourcen drastisch eingeschränkt (Reichholf 1990, S. 190 ff.). Die agrarische Lebensform ist eine Reaktion auf die veränderten äußeren Umstände, die längerfristige Investitionen an Arbeitskraft in die Felder und in den Tierbestand und damit Sesshaftigkeit sinnvoll macht und ihrerseits bei einer vorausschauenden Akkumulation von Nahrungsmitteln eine verlässliche, lokalgebundene Einkommensquelle garantiert. Eine der gravierendsten Folgen der agrarischen Ökonomie war ein enormes Bevölkerungswachstum. Die nunmehr überwiegend pflanzliche Nahrung minderte „die Wirksamkeit der verlängerten Stillphase als empfängnisverhütendes Mittel; die Frauen waren sesshafter und konnten sich um einen Säugling und um drei- oder vierjährige Kinder gleichermaßen gut kümmern; auch für landwirtschaftliche Arbeiten ließen sich Kinder gut einsetzen" (Harris 1989, S. 44 f.). Die Anzahl der Kinder wurde nicht selten auch zu einem Prestigefaktor in solchen Gesellschaften.

Die deutlich höhere Bevölkerungsdichte, der Zwang zu einer effizienteren Nahrungsmittelproduktion, die Entstehung von Privateigentum und die damit notwendigen Erbfolgeregelungen lassen in agrarischen Gesellschaften die Familienzugehörigkeit zum zentralen Kriterium sozialer und ökonomischer Organisation und Hierarchisierung werden. Kooperative residentielle Gruppen, die bis etwa dreihundert (weitläufig) miteinander verwandte Personen umfassen, erweisen sich beim einfachen Bodenbau als effiziente Einheiten. Gemeinsame Abstammung oder Verwandtschaft stellt ein einfaches Rekrutierungsprinzip für über die Kernfamilie hinausreichende Zusammenschlüsse dar. Erweiterte Familien sind für solche Gesellschaften typisch. Die weiterhin analytisch identifizierbare Kernfamilie wird in den ökonomischen Verband der erweiterten Familie eingegliedert und ordnet sich in die Autoritätsstruktur ein. Die Kernfamilie kann dabei kaum

als autonome Einheit betrachtet werden, sondern sie ist in das Verpflichtungs-
und Unterstützungsnetzwerk der erweiterten Familie eingebettet, woraus auch
ein relativ hoher Grad an sozialer Sicherheit und ein Spezialisierungsvor-
teil durch innerfamiliale Aufgabenteilung folgen. Im Gegensatz zu Jägern und
Sammlern wird in agrarischen Gesellschaften die Abstammung meist unilinear
hergeleitet und ist mit patrilokalen oder matrilokalen Residenzregelungen nach
der Eheschließung verbunden. Die jeweiligen Lineage- oder Clanzugehörigkeiten
entscheiden über Status und Prestige der Individuen.

Parallel dazu verändern sich die innerfamilialen Konstellationen. Das in
Wildbeutergesellschaften tendenziell egalitäre Geschlechterverhältnis weicht
einer deutlichen männlichen Dominanz. Nach Harris (1990 [1977], S. 75)
stellt die Kriegsführung die zentrale Ursache für die Veränderung von einer
tendenziell egalitären zu einer patriarchalischen Gesellschaft dar: „Die Praxis
der Kriegsführung steht ursächlich hinter einem in Banden- und Dorfgesell-
schaften weit verbreiteten Komplex von Institutionen männlichen Supremats".
Die geschlechtlich asymmetrischen Institutionen werden als Nebenprodukt der
Kriegsführung und des männlichen Monopols über die militärischen Waffen
verstanden. Die Organisation von Gemeinwesen um einen ständigen Kern
von Vätern, Brüdern und ihren Söhnen ist für eine effiziente Kriegsführung
unabdingbar. Die Bedeutung der Kriegsführung im Lebenszusammenhang führt
danach zur Dominanz der Krieger, also der Männer, und damit zu Patrilinearität,
Patrilokalität und letztlich Patriarchat.

Aber nicht nur lange Kriegszüge, sondern generell längere Abwesenheit,
etwa durch Jagd oder Handel, kann dazu führen, dass Männer partiell die Ent-
scheidungsgewalt auf ihre Schwestern übertragen. „Abwesende Männer verlassen sich dabei lieber auf ihre Schwestern als auf ihre Frauen, da die Frauen
aus einer fremden väterlichen Interessengruppe stammen und infolgedessen
in ihrer Loyalität gespalten sind" (Harris 1990 [1977], S. 82). Damit stellt
sich jedoch die Frage, warum diese Schwestern noch in der eigenen Familie
leben, wenn es sich um patrilokale Gesellschaften handelt. Um dies zu sichern,
müssen die Männer die Heiraten ihrer Schwestern präferieren, die diese nicht
aus der Gemeinschaft führen, wie dies typischerweise bei matrilinearen Gesellschaften der Fall ist. Da hier zumeist auch Matrilokalität besteht, unterstützen die
Frauen die Bemühungen der Männer, zumal sie damit der Ausgliederung aus der
Abstammungsfamilie entgehen. Auf diese Weise könnte sich ein Übergang von
patrilinearer zu matrilinearer Gesellschaftsstruktur ergeben haben.

In agrarischen Gesellschaften stellen Eheschließungen ein wichtiges Potenzial
zur ökonomischen Absicherung und Akkumulation von Prestige und Macht dar
und sind die Basis für die Bildung von politischen Allianzen. Die Interessen

des Familienverbandes dominieren dann über die individuellen Präferenzen der Heiratskandidat:innen. Entsprechend sind in agrarischen Gesellschaften restriktive Heiratsregeln, die den Kreis der Wählbaren einengen, stärker ausgeprägt als bei anderen Gesellschaftsformen. Das allgemein präferierte Heiratsmuster ist in diesen Gesellschaften die Polygynie, auch wenn es nur von einem kleinen Bevölkerungsteil realisiert werden kann.

Eine Erklärung für das Phänomen ist in ökonomischen Variablen zu suchen. Typischerweise tritt Polygynie in agrarischen Gesellschaften, insbesondere in Feld- und Gartenbaugesellschaften auf, bei denen die Arbeit nicht sehr kraftbetont ist. Frauenarbeit ist somit eine zentrale Einkommensquelle. Zudem erhöht Polygynie die Chancen zur Vaterschaft – und Kinder leisten in solchen Gesellschaften ebenfalls einen relevanten ökonomischen Beitrag. Frauen (und Kinder) sind somit knappe Ressourcen, die nur gegen entsprechende Gegenleistungen zu erhalten sind. Der Brautpreis kann als eine solche Gegenleistung gesehen werden. Dabei hat der Bräutigam bzw. seine Familie an die Eltern der Braut einen bestimmten Preis (Rinder, Werkzeug) zu zahlen, oder der Bräutigam verrichtet als Äquivalent einen Brautdienst in der Familie der Schwiegereltern. Derartige Vergütungen an den frauenabgebenden Familienverband sollen deren Verlust an Arbeitskraft kompensieren. Brautpreis und Brautdienst kovariieren deshalb mit dem spezifischen Wert der weiblichen Arbeitskraft und dem Wert von Kindern (Harris 1989, S. 164 ff.).

Explizite Heiratsregeln können die Wahlfreiheit auf dem Heiratsmarkt noch weit stärker einschränken als der Brautpreismechanismus. Exogamieregeln – etwa Lineage- und Clanexogamie – schreiben dabei die Heirat außerhalb einer kulturspezifisch definierten Verwandtschaftskategorie vor. Eine weitgehend kulturinvariante Exogamieregel stellt das Inzesttabu dar (Bischof 1989). Endogamieregeln legen hingegen die Grenzen fest, innerhalb derer in der eigenen Gruppe Heiratspartner:innen zu suchen sind. Aus dem Zusammenspiel von Exogamie und Endogamie ergibt sich dann der Kreis von wählbaren Partner:innen. Die in agrarischen Gesellschaften geltenden präferenziellen Heiratsregeln – etwa Heirat von Kreuz- oder Parallelcousinen – können dabei als einfache oder komplexe (Frauen-)Tauschsysteme interpretiert werden, die einen direkten oder verzögerten Austausch wichtiger Ressourcen (Arbeitskraft, Gebärfähigkeit) zwischen Gruppen regeln. Offensichtlich wird das Bild der Familie bereits in Gesellschaften mit niederem Bodenbau wesentlich durch die ökonomischen Randbedingungen geprägt.

1.2.4 Feudalgesellschaften und Industrialisierung

Der neueren historischen Familienforschung sind eine Vielzahl von Arbeiten zu verdanken, die das auch von der Soziologie präferierte Bild der vorindustriellen Familie revidieren (Nave-Herz 2013; Rosenbaum 2014). Familiensoziolog:innen und konservative Sozialpolitiker:innen haben über Jahrzehnte die Vorstellung genährt, dass die Familie typischerweise unter dem Einfluss der Industrialisierung von einer kinderreichen, mindestens drei Generationen umfassenden und auch weitere verwandte Personen integrierenden Einheit zur isolierten *Kleinfamilie* konvergierte. Diese erweiterte Familie, die quasi von der Moderne zerschlagen wurde, scheint jedoch keineswegs die vorherrschende Familienkonstellation im Europa des 17. und 18. Jahrhunderts gewesen zu sein.

Betrachtet man zunächst die Familiengröße, so dominieren in der vor-industriellen Zeit Familien mit einer eher geringen Kinderzahl (Nave-Herz 2013; Rosenbaum 2014). So lag die durchschnittliche Haushaltsgröße bei Hand-werkern – nach Abzug von Arbeitskräften – im ausgehenden 18. Jahrhundert bei vier Personen; in bäuerlichen Familien waren ebenfalls meist nicht mehr als zwei oder drei Kinder anzutreffen; lediglich in den Arbeiterfamilien zu Beginn des 20. Jahrhunderts war die Kinderzahl höher. Die Zahlen beziehen sich auf Kinder, die die ersten Lebensjahre überstanden. Die Zahl der Geborenen lag natürlich höher. Häufig wird in diesem Zusammenhang die Geburtenzahl und die Kinder-zahl verwechselt. Die Familiengröße unterscheidet sich aber im Allgemeinen nur wenig von den derzeitigen Verhältnissen in vielen modernen Industriestaaten. Die damalige geringe Kinderzahl ist jedoch im Gegensatz zu heute weniger Resultat eines geplanten generativen Handelns als mehr Ergebnis eines hohen Heirats-alters und einer hohen Säuglingssterblichkeit.

Zu einem ähnlichen Befund gelangt die historische Familienforschung hin-sichtlich erweiterter Familienformen wie der Dreigenerationenfamilie oder der Großfamilie; auch sie waren eher untypisch (Nave-Herz 2013; Rosenbaum 2014). Nach der Heirat residierten die meisten Ehepaare neolokal. Patri(oder matri-)lokale Muster, die erweiterte Familienformen implizieren, sind selten zu finden. Die Analyse einzelner Gemeinden in England und Frankreich zeigt, dass im 16. und 17. Jahrhundert teilweise mehr als drei Viertel aller Familien als Kernfamilien lebten (Laslett 1972, S. 59). Allein schon aus der für West- und Mitteleuropa typischen Kombination von hohem Heiratsalter und geringer Lebenserwartung waren Dreigenerationenhaushalte kaum zu erwarten. Erweiterte Familien scheinen eher auf bestimmte ländliche Regionen, wie etwa in den Alpen und Osteuropa, beschränkt gewesen zu sein. Hier heirateten die Söhne früh und blieben – teilweise mit ihren Frauen – am elterlichen Hof, der weiterhin vom Vater gelenkt wurde.

Der häufig anzutreffenden Fehlinterpretation der historischen Entwicklungen liegt wahrscheinlich eine nicht hinreichende Unterscheidung zwischen Familie und Haushalt als typische Lebens- und Produktionsgemeinschaft zugrunde. Zwar kann ab dem Beginn des 19. Jahrhunderts ein Rückgang der durchschnittlichen Haushaltsgröße festgestellt werden, aber dieser kommt nicht durch die Verminderung der Anzahl der im gleichen Haushalt wohnenden Verwandten, sondern durch den vermehrten Wegzug familienfremder Mitbewohner:innen – wie Mägde, Knechte oder Gesellen – zustande (Hubbard 1983, S. 67 f.). In dem sukzessiven zahlenmäßigen Rückgang des Gesindes liegt einer der wichtigsten Entwicklungstrends auf dem Weg in die Moderne begründet.

Auch das Phänomen der Ein-Eltern- und Stieffamilien – das aktuell infolge von Trennungen bzw. Scheidungen und daraus entstehenden neuen Familienformen vielfache Beachtung findet – ist historisch keineswegs neu. Trotz der Dominanz von Kernfamilien lassen sich bereits lange vor der Industrialisierung vor allem in urbanisierten Kontexten häufig andere Familienformen finden. Grundlegend für diese Differenzierung in der Familienverfassung nach dem Urbanisierungsgrad ist die unterschiedliche Arbeitsorganisation (Nave-Herz 2013; Rosenbaum 2014). In den bäuerlichen Familien, aber auch in den Handwerkerfamilien in den Städten dominieren Familien mit einem Mann und einer Frau. In beiden sozialen Schichten deckt sich der Begriff der Familie bzw. die Vorstellung des *Ganzen Hauses* mit dem der Produktionsstätte als autonomer wirtschaftlicher Einheit. Die familiären Rollen waren dabei sowohl in bäuerlichen Familien als auch im Handwerk deutlich als ökonomische Arbeits- und Zuständigkeitsbereiche definiert (Sieder 1987, S. 28 f.). Diese Arbeitsorganisation bewirkte einen starken ‚Rollenergänzungszwang'. Beim Ausfall des Mannes oder der Frau musste die Familie wieder vervollständigt werden, um die ökonomische Versorgung sicherzustellen. Nicht selten heirateten dann Witwer oder Witwen wesentlich jüngere Partner:innen, die bereits zum Haushalt gehörten. Stieffamilien waren somit keine Seltenheit. Dieser Zwang zur Rollenergänzung und Wiederverheiratung ist seit dem 19. Jahrhundert rückläufig, da die familienwirtschaftlich bedingte Koppelung von familialen und ökonomischen Rollen durch die zunehmende Lohnarbeit aufgelöst wird.

In den unterbäuerlichen Schichten konnten hingegen auch Ein-Eltern-Familien bestehen. Die in der Regel außerhäusliche Erwerbstätigkeit des Mannes als Tagelöhner, Holzfäller oder Ähnliches war zwar ebenso wichtig wie die der Frau, welche zumeist den Boden bewirtschaftete, aber es bestand kein so gravierender Wiederverheiratungszwang wie bei Bauern und Handwerkern, da es für die

Frauen in urbanisierten Gebieten Möglichkeiten wie Tagelohn, Kleinstellen oder
Heimarbeit gab, um mit ihren Kindern ohne Vater weiter existieren zu können.
In diesen Schichten war der Haushalt nicht gleichbedeutend mit der Produktionsstätte. Das bedeutet: Die Arbeitsorganisation und nicht die Industrialisierung als
solche determiniert die Familienform. „Entscheidend für den Strukturwandel
der Familien sind die Veränderungen im Verhältnis von Produktion und Familien
gewesen" (Rosenbaum 1982, S. 491). Die Industrialisierung, genauer die dadurch
verursachte massenhafte außerhäusliche Tätigkeit gegen Lohn, bewirkte nur eine
zusätzliche quantitative Verschiebung.

Im Gegensatz zu den gängigen Interpretationen des Einflusses der
Industrialisierung als destruktive Kraft für die Familiensolidarität lassen sich
historisch auch Argumente dafür finden, dass sich unter Arbeiter:innen vieler-
orts die (erweiterten) Familienbindungen verstärkten. Gerade bei der hohen
Bevölkerungsmobilisierung im Zuge der Industrialisierung stützten sich die
Arbeiter:innen auf Familiennetze und bildeten komplexere Familienformen aus.
Auf der Suche nach Arbeit bemühte man sich, bei Verwandten unterzukommen.
Da Frauen häufig in der Fabrik beschäftigt waren, wurden die Kinder von älteren
Verwandten versorgt. Auch außeralltägliche Versorgungsfunktionen wie Kranken-
und Altenversorgung wurden von der Familie wahrgenommen.

Das grundlegende Muster, welches die Gestaltung von Familien- und Ver-
wandtschaftssystemen bestimmte, scheint darin zu liegen, dass die Akteur:innen
ihre familiären und verwandtschaftlichen Beziehungen unter den jeweils
gegebenen strukturellen Bedingungen in erster Linie auf die ökonomischen
Bedürfnisse hin optimierten. Der entscheidende Faktor für die Schwächung des
innerfamilialen Solidarnetzes ist nach dieser Interpretation in der Sozialgesetzgebung zu Beginn des 20. Jahrhunderts zu sehen (Sieder 1987, S. 153).

Betrachtet man das Machtverhältnis zwischen den Geschlechtern, so ist
die männliche Dominanz das typische Strukturierungsprinzip, obwohl auch
Variationen erkennbar sind. Sowohl im öffentlichen wie auch im familialen
Leben lässt sich ein klares Machtgefälle zwischen Männern und Frauen nach-
zeichnen, welches durch eine Vielzahl von sozialen, religiösen und juristischen
Partizipationsausschlüssen und Diskriminierungen von Frauen gekennzeichnet ist
und das durchweg nicht aus einem ökonomisch und produktionstechnisch zweit-
rangigen Beitrag der weiblichen Arbeitskraft abgeleitet werden kann. Im Gegenteil ist insbesondere bei Bauern und Handwerkern der Beitrag der weiblichen
Arbeitskraft genauso groß wie der des Mannes, jedoch sind die Eigentumsrechte
eindeutig patriarchalisch geregelt. „Bei den Bauern wurde der strukturelle Status-
vorsprung des Mannes dadurch fundiert, ständig reproduziert und legitimiert,
daß er es war, der im Normalfall den Besitz- und Eigentumstitel an Grund und

Boden innehatte. (…). Aus seinem Eigentum und seiner Verfügungsgewalt speiste sich die Autorität des Bauern. Die konkrete Arbeitsleistung war demgegenüber sekundär" (Rosenbaum 1982, S. 83). Beim Handwerk liegt das konkrete Äquivalent zum Produktionsmittelbesitz vor allem in der beruflichen Qualifikation, die eben nur Männern zugänglich war.

Deutliche Veränderungen erfährt die Machtverteilung zunächst bei den Heimarbeiter:innen. Der innerfamiliale Status der Frauen wurde deutlich aufgewertet, insbesondere dann, wenn die Frauen ein individuell zurechenbares Geldeinkommen erwirtschafteten und Besitz oder langjähriger beruflicher Qualifikation weniger Bedeutung zukam. Im Bürgertum hingegen wurde die patriarchalische Ordnung auf neuer Grundlage restauriert. Die Separierung von häuslichem Familienleben und Berufssphäre und die damit verbundene systematische Trennung von weiblichen und männlichen Lebenswelten bewirkte eine starke Subordination der Frau. Der Mann sicherte die materielle Existenz der gesamten Familie, war Besitzer und Verwalter des familialen Vermögens und schien durch Ausbildung, Beruf und auch über die Altersdifferenziertheit des Paares welterfahren und überlegen, während sich der weibliche Erfahrungs- und Handlungsbereich auf Haus und Kinder reduzierte (Rosenbaum 1982, S. 288 ff.). Die bürgerliche Tradition des familialen Lebens scheint trotz vielerlei Modifikationen bis in die Moderne fortzuwirken und vor allem hinsichtlich der Arbeitsteilung und Machtdifferenzierung zum dominanten familialen Orientierungsprinzip geworden zu sein, das erst heute zunehmend brüchig wird.

1.3   Familie in der Gegenwart[2]

Ein großer Teil der in der breiteren Öffentlichkeit rezipierten familiensoziologischen Debatten der letzten Jahrzehnte hat den vermuteten Bedeutungs- und Funktionsverlust der Familie in der modernen industriellen Gesellschaft zum Inhalt und wird vor allem anhand der Veränderungen einzelner demografischer Indikatoren, wie z. B. geringe Heirats- und hohe Scheidungsraten, diskutiert. Vor dem Hintergrund individuellen Wohlstands sowie hoher sozialer Sicherung scheint die Familie für die Gesamtgesellschaft und die individuellen objektiven Chancen der Lebensführung an Relevanz verloren zu haben. Verständlich ist diese Debatte um den Funktions- und Bedeutungsverlust der Familie, wenn man

---

[2] Das vorliegende Kapitel basiert auf stark modifizierten und aktualisierten Teilen des Beitrags von Kuhnt und Steinbach (2014).

den historisch besonderen und kurzfristigen Zeitraum der 1950er und 1960er
Jahre (das sogenannte *golden age of marriage*) als Ausgangspunkt und Kontrast
zur aktuellen Situation wählt (Nave-Herz 2018). Zieht man die Befunde der
historischen Familienforschung heran, dann kann man feststellen, dass die
Familie schon immer ein sehr flexibles soziales Gebilde war, welches in vielerlei Formen auftrat, wobei sich nur schwerlich gemeinsame Grundmuster oder allgemeine Entwicklungstrends erkennen lassen. Viele der heute als Indikatoren für
den *Zerfall der Familie* herangezogenen Phänomene – wie beispielsweise geringe
Heiratsneigung, rückläufige Fertilität oder die Vielzahl von Lebensformen – sind
keineswegs so neu, wie dies gelegentlich unterstellt wird. Trotzdem lassen sich
einige Veränderungen erkennen, die kaum als kurzfristige Phänomene zu klassifizieren sind, sondern die die gegenwärtige Situation als eine des demografischen
Umbruchs kennzeichnen (Lesthaeghe 2014), der in engem Zusammenhang zu
familialen Prozessen steht.

1.3.1 Die Individualisierungs- und Pluralisierungsdebatte

Vor dem Hintergrund von Individualisierung (Beck 1986; Beck und Beck-Gernsheim 1990) und Pluralisierung wird in den letzten Jahrzehnten in der Bundesrepublik eine angeregte Debatte zum Wandel von Lebens- und Familienformen
geführt. Die *Individualisierungsthese* rückt allgemeine gesellschaftliche Entwicklungen und ihre Konsequenzen in den Mittelpunkt der Betrachtungen.
Dabei wird die Individualisierung einzelner Lebensbereiche als Folge einer
fortschreitenden Modernisierung gesehen. Familien werden oft als Beispiel
für diese Entwicklung herangezogen. Ausgangspunkt der Debatte um die
Individualisierung ist die Auflösung von normativ geprägten, festen sozialen
Strukturen (Beck-Gernsheim 1994). Der Modernisierungsprozess sorgt dafür,
dass Personen nun eigenständig handelnde Akteur:innen sind; gleichzeitig steigt
aber auch ihre Verantwortung für eine angemessene Biografisierung des eigenen
Handelns (Beck 1986). In der Vergangenheit haben normative und institutionelle
Bindungen die Handlungsoptionen der Akteur:innen stark beschränkt. Durch das
Ablegen traditioneller Rollenmuster und Abhängigkeitsverhältnisse fand eine
Befreiung aus bindenden Restriktionen statt; eine (freie) Wahl wird nun möglich (Brüderl und Klein 2003). Auf der anderen Seite fanden Veränderungen
im Bildungs- und Qualifikationsbereich (Stichwort: Bildungsexpansion) statt,
die eine verstärkte Erwerbsbeteiligung von Frauen beförderten und so ihre
finanzielle Unabhängigkeit ermöglichen. Als Folge der individualisierten

Lebensumstände und gestiegenen Gestaltungsmöglichkeiten hat sich also vor allem die Biografie von Frauen verändert (Wagner und Valdés Cifuentes 2014). Mit steigendem Wohlstand gehen außerdem demografischen Entwicklungen wie sinkende Heirats- und Geburtenziffern sowie steigende Scheidungshäufigkeiten einher, die zu Abweichungen vom institutionellen Lebenslauf und damit zu mehr Vielfalt bei den Verlaufsmustern im Bereich Familie führen (Brüderl und Klein 2003). Neuere empirische Befunde zeigen jedoch, dass sich familiale Lebensverläufe im Kohortenvergleich weitaus weniger ausdifferenziert haben, als aus individualisierungstheoretischer Perspektive zu vermuten gewesen wäre (Van Winkle 2018) und dass es keinen eindeutigen Trend hin zu einer De-Standardisierung oder Pluralisierung gibt (Zimmermann und Konietzka 2020).

Die *Pluralisierungsdebatte* postuliert zwei unterschiedliche Thesen (Wagner und Valdés Cifuentes 2014): Einerseits die Zunahme der zu beobachtenden Lebens- und Familienformen formen, d. h. es wird davon ausgegangen, dass tatsächlich neue Lebens- und Familienformen entstanden sind *(strukturelle Vielfalt)*. Andererseits wird eine Verschiebung der Anteile vorhandener Lebens- und Familienformen diskutiert *(distributive Vielfalt)*. Dies bedeutet, dass nicht die Anzahl an Formen zugenommen hat, sondern lediglich die Anteile bereits vorhandener Lebens- und Familienformen gewachsen oder geschrumpft sind und dementsprechend ihre gesellschaftliche Wahrnehmung, auch wenn von einer Gleichverteilung noch lange nicht gesprochen werden kann.

Empirische Untersuchungen zeigen, dass die Pluralisierung (d. h. die strukturelle und distributive Vielfalt) der Lebens- und Familienformen zwischen den 1970er und 1990er Jahren sehr schwach, wenn auch leicht angestiegen ist, sich aber seitdem kaum mehr Veränderungen zeigen (Grünheid 2017; Wagner und Valdés Cifuentes 2014). Grundsätzlich ist jedoch zu bemerken, dass die Unterscheidung zwischen familialen und nicht-familialen Lebensformen entscheidenden Einfluss auf die Ergebnisse der Untersuchungen nimmt. Betrachtet man ausschließlich Familienformen, ist festzustellen, dass mit Ausnahme von gleichgeschlechtlichen Paaren mit Kindern und Inseminationsfamilien (siehe nächster Abschnitt) keine neuen Familienformen hinzugekommen sind und sich lediglich die Anteile von Familienformen verschoben haben (Nave-Herz 2018). Nimmt man jedoch auch nicht-familiale Lebensformen in den Blick, kann von einem Bedeutungsverlust der Familie gesprochen werden, der sich bspw. in schrumpfenden Anteilen familialer im Vergleich zu nicht-familialen Lebensformen widerspiegelt (Wagner und Valdés Cifuentes 2014). Auch in einer Querschnittsbetrachtung der Haushalte scheint dies zuzutreffen. So sind die Anteile von Ein- und Zweipersonenhaushalten im Zeitverlauf von 1950 bis 2021 deutlich angestiegen, während Haushalte mit drei oder mehr Personen deutlich abgenommen haben. Diese Entwicklung könnte dahingehend interpretiert werden, dass es zu einem Bedeutungsverlust von Familie gekommen ist.

Aus einer Lebensverlaufsperspektive lässt sich die Schrumpfung der Mehrpersonenhaushalte jedoch auch anders deuten. Untersuchungen zeigen, dass die Familiengründung in Deutschland oft nicht aufgehoben, sondern eher aufgeschoben wird (siehe Kap. 4). Frauen und Männer gründen zu einem späteren Zeitpunkt im Lebensverlauf, aber doch immer noch überwiegend, eine Familie, auch wenn die Anteile Kinderloser über die letzten Jahrzehnte angestiegen sind (Dorbritz und Ruckdeschel 2014). Durch die Zurückstellung der Familiengründung entsteht eine Phase, in der junge Menschen allein oder als nichteheliche Lebensgemeinschaften in Zweipersonenhaushalten leben, was statistisch zu einem Anstieg dieser Haushalte führen. Zur Erhöhung der Zweipersonenhaushalte trägt ebenso die Zunahme der Lebenserwartung bei, welche eine verlängerte Phase des Lebens ohne Kinder im Haushalt begünstigt (Klaus und Mahne 2019). Die Anzahl an Familienhaushalten (mit minderjährigen Kindern) ist deshalb in den letzten Jahren deutlich zurückgegangen (Wagner und Valdés Cifuentes 2014). Das Aufschieben bestimmter Übergänge trifft nicht nur auf die Familiengründung zu. Da Eheschließungen in der persönlichen Beziehungsbiografie später stattfinden, sind vor allem in den neuen Bundesländern mehr nichteheliche Lebensgemeinschaften mit Kind entstanden. Diese Entwicklungen unterstreichen eher eine Verschiebung der Anteile von Familienformen als eine Zunahme der Vielfalt (Wagner und Valdés Cifuentes 2014).

Die Pluralisierungsdebatte kann auch aus einem anderen Blickwinkel betrachtet werden. Huinink (2011) sieht die Veränderungen im Bereich der Lebens- und Familienformen weniger in der Individualisierung (und dem damit verbundenen Bedeutungsverlust von Familie), sondern interpretiert die Veränderungen als angepasste Handlungsstrategien von Familien und ihren Mitgliedern, um familiale Strukturen – auch vor dem Hintergrund veränderter Rahmenbedingungen – zu gewährleisten. Familien haben demnach lediglich ihre Alltagsorganisation an eine spätmoderne Gesellschaft angepasst. Um den gegenwärtigen Anforderungen gerecht zu werden, bedarf es möglichst flexibler Reaktionsmuster und Organisationsformen, auch wenn diese, im Vergleich zur klassischen Organisationsform von Familie, teilweise prekärer ausfallen (Kreyenfeld und Konietzka 2012). Ziel der Alltagsorganisation ist es, befriedigende Familienbeziehungen aufrecht zu erhalten, indem Umwelteinflüsse zielgerichtet reguliert werden. Diese unterschiedlichen Strategien führen dann auf Makroebene zu einer messbaren Diversifizierung von Lebens- und Familienformen (Huinink 2011). Unterstrichen wird damit der unveränderte Wunsch nach Familie, Partnerschaft und Kindern (Kuhnt 2013).

1.3.2 Familienformen

Welche Familienformen können wir nun identifizieren, wenn wir das Zusammenleben mit minderjährigen Kindern in Deutschland betrachten? Eine erste
Differenzierung kann zwischen konventionellen und nicht-konventionellen
Familienformen vorgenommen werden. Als *konventionelle Familienform* wird
die (1) klassische Form des Zusammenlebens als Familie, bestehend aus Frau und
Mann mit mindestens einem gemeinsamen, leiblichen Kind, verstanden (Kernfamilie). *Nicht-konventionelle Familienformen* wie (2) Alleinerziehende oder
auch: Ein-Eltern-Familien, (3) Stieffamilien, (4) Adoptiv- und Pflegefamilien
und (5) gleichgeschlechtliche Paare mit Kind(ern), stellen alle anderen Formen
familialen Zusammenlebens dar. Im Folgenden werden die einzelnen Familienformen genauer betrachtet und die Angaben zu deren Verbreitung in Deutschland
zusammengefasst. Um die Verteilungen der einzelnen aufgeführten Familienformen anschaulich zu gestalten, wurden die Ergebnisse verschiedener Studien
in Tab. 1.1 zusammengetragen. Grundlage der Übersichtstabelle sind Studien,
welche Familien auf Basis des Zusammenlebens mit Kindern unter 18 Jahren in
einem Haushalt definieren.

Kernfamilien. Als Kernfamilie wird in der Familiensoziologie eine
Konstellation bezeichnet, in der Mutter und Vater mit gemeinsamen, leiblichen
Kindern in einem Haushalt leben, also die konventionelle Familienform abbilden.
Dabei spielt der Partnerschaftsstatus – ob verheiratet oder nicht – mittlerweile
nur noch eine untergeordnete Rolle. Die Angaben zu Kernfamilien in Deutschland schwanken in Abhängigkeit von den zugrunde gelegten Daten zwischen
72 % (Steinbach 2008) und 79 % (Kreyenfeld und Heintz-Martin 2012) (siehe
Tab. 1.1). Damit wird deutlich, dass die konventionelle Familie noch immer die
am weitesten verbreitete Familienform in Deutschland ist. Dies gilt ebenfalls
für eine differenziertere Betrachtung getrennt nach Ost- und Westdeutschland.
Allerdings ist die Lebensform der Kernfamilie in den alten Bundesländern deutlich weiter verbreitet als in den neuen Bundesländern (Kreyenfeld und Heintz-
Martin 2012; Kreyenfeld und Konietzka 2012).

Ein weiterer Aspekt von Familie ist die Anzahl der Kinder, die im Haushalt leben.[3] Trotz rückläufiger Geburtenzahlen wächst die Mehrheit der

---

[3]Aussagen über die Anzahl der Kinder im Haushalt lassen nicht zwingend Aussagen zur
Gesamtkinderzahl zu, da Kinder bereits aus dem gemeinsamen Haushalt der Eltern aus-
gezogen sein können. Dies zeigt eine Schwäche des Familienformenkonzeptes auf Basis
der Haushaltsebene auf.

Tab. 1.1 Verteilung von Familienformen (Haushaltsebene, Kinder unter 18 Jahren), Angaben in Prozent*

Studien	Familienformen				
	Kern-familien	Allein-erziehende	Stief-familien	Adoptiv- und Pflege-familien	Gleich-geschlechtliche Paare mit Kind
Steinbach (2008), GGS	71,5	14,8	13,6	0,1	–
Kreyenfeld und Heintz-Martin (2012), GGS	75,0	11,0	14,0	–	–
Feldhaus und Huinink (2011), pairfam[1]	73,4	8,5	17,6[2]	1,1[3]	–
Kreyenfeld und Konietzka (2012), pairfam[4]	78,5	9,8	12,0	–	–
Kreyenfeld und Heintz-Martin (2012), pairfam	81,0	10,0	9,0	–	
Kreyenfeld und Heintz-Martin (2012), AID:A	79,0	10,0	11,0	–	–
Eggen und Rupp (2011), Mikro-zensus	–	–	–	–	<0,05 (ca. 5000 Haushalte)

* Da nicht alle Studien ihre Analysen auf Haushalte mit Kindern unter 18 Jahren begrenzen, stellt diese Tabelle nur eine Auswahl verfügbarer Studien zum Thema Familienformen und ihrer Verteilung in Deutschland dar. Die hier aufgeführten Angaben basieren teilweise auf gewichteten Daten, was ggf. zu einer Einschränkung des Vergleichs der Anteile führen kann.
[1] Es wurden die Ergebnisse der Geburtskohorten 1981–83 sowie 1971–73 zusammen-addiert.
[2] Stieffamilien und Patchworkfamilien wurden hier zusammengezogen, da Patchwork-familien ein Bestandteil von Stieffamilien sind.
[3] Adoptiv- und Pflegefamilien werden im Beitrag von Feldhaus und Huinink (2011) nicht extra ausgewiesen, sondern unter „Sonstiges" geführt.
[4] Die Berechnung der Familienformen basiert auf Ergebnissen der Kohorte 1971–73, wes-halb Abweichungen zu den Ergebnissen von Feldhaus und Huinink (2011) festzustellen sind, die ebenfalls auf den Daten von pairfam basieren, aber zusätzlich die Kohorte 1981–83 heranziehen.
Quelle: Kuhnt und Steinbach (2014, S. 53).

minderjährigen Kinder in Deutschland mit mindestens einem weiteren minder-
oder volljährigen Geschwisterkind im Haushalt auf (Statistisches Bundesamt
2021, S. 60). Allerdings zeigen sich hier Unterschiede bei der Betrachtung des
Partnerschaftsstatus. Im Jahr 2019 lebten nach Angaben des Mikrozensus in den
Haushalten verheirateter Paare mit Kind 81 % der Kinder mit mindestens einem
Geschwisterkind zusammen, bei den nichtehelichen Lebensgemeinschaften
waren es lediglich 60 % (Statistisches Bundesamt 2021, S. 60). Diese Differenz
könnte sich mit dem unterschiedlichen Institutionalisierungsgrad der verheirateten und unverheirateten Partnerschaften und einer damit einhergehenden
Selektion erklären lassen.

Alleinerziehende. Alleinerziehen ist gegenwärtig vermehrt ein Resultat von
Trennung oder Scheidung, während früher eher Verwitwung Ursache für die
Bildung dieser Familienform war (Grünheid 2017). Als Alleinerziehende werden
Elternteile definiert, die mit ihren minderjährigen Kindern, aber ohne Partner:in
in einem Haushalt leben (Bundesministerium für Familie 2021, S. 7). Das Alleinerziehen schließt dabei eine vorhandene Partnerschaft nicht aus. Zwar kann
eine sogenannte Living-Apart-Together-Beziehung (LAT) bestehen, jedoch
lebt der oder die Partner:in nicht im gemeinsamen Haushalt von Elternteil und
Kind(ern). Alleinerziehende finden sich in der Literatur auch unter dem Begriff
der Ein-Eltern-Familien (Zartler und Berghammer 2023). Zur Anzahl der Alleinerziehenden in Deutschland gibt es unterschiedliche Befunde, wie Tab. 1.1 darstellt. Abhängig von der Datengrundlage schwanken die Anteile zwischen 9
(Feldhaus und Huinink 2011) und 15 % (Steinbach 2008). Eindeutig ist die
Zunahme Alleinerziehender in Deutschland zu erkennen (Jurczyk und Klinkhardt
2014): Zwischen den Jahren 1996 und 2012 ist die Zahl alleinerziehender Mütter
und Väter im Mikrozensus von 13,8 auf 19,9 % angestiegen. Im Jahr 2019
machten Alleinerziehende 18,6 % an allen Familien mit minderjährigen Kindern
aus und sind in Ostdeutschland mit 25 % stärker vertreten als in Westdeutschland
(17 %) (Bundesministerium für Familie 2021, S. 9 f.).

Relevant für diese Familienform ist die Unterscheidung zwischen allein-
erziehenden Müttern und Vätern. Die überwiegende Mehrheit der Alleinerziehenden (ca. 90 %) sind Frauen; die Unterschiede zwischen alten und neuen
Ländern fallen dabei eher gering aus. Mütter kümmern sich eher um jüngere
Kinder und Väter leben eher mit älteren Kindern in einem Haushalt (Bundes-
ministerium für Familie 2021). Im Vergleich zu Kernfamilien (47 %) lebt in den
Haushalten von Alleinerziehenden (66 %) häufiger nur ein Kind. Der Anteil an
Alleinerziehenden mit drei und mehr Kindern beträgt bei nur 7 %, während er
bei Paarfamilien bei 14 % liegt (Bundesministerium für Familie 2021, S. 7). Der
Anteil an Frauen, die ohne festen Partner ein erstes Kind bekommen, sich also

bewusst für ein Alleinerziehen ab dem Zeitpunkt der Geburt entscheiden, liegt in Ostdeutschland bei 12 % und in Westdeutschland bei 8 % (Bastin et al. 2013). *Stieffamilien.* Stieffamilien sind eine relativ schwer zu systematisierende Familienform, da es sich um sehr komplexe und heterogene Familienstrukturen handelt (Ganong und Coleman 2018; Steinbach 2023). Legt man den Haushalt zugrunde und stellt das Kind in den Fokus, kann diese Familienform wie folgt definiert werden: Stieffamilien sind Haushalte, in denen neben dem leiblichen Elternteil ein weiterer Erwachsener lebt, der zu mindestens einem Kind des Haushalts keine biologische Elternschaft aufweist (Cherlin 2017). Das schließt Haushalte mit ein, in denen ein biologischer Elternteil und ein Stiefelternteil gemeinsame Kinder oder Adoptiv- und Pflegekinder haben. Es muss nur die Voraussetzung erfüllt sein, dass mindestens ein Stiefkind im Haushalt lebt, was bedeutet, dass mindestens ein sozialer Elternteil hinzugekommen ist. Eine Stief-familie kann also erst entstehen, wenn ein leiblicher Elternteil eine neue Partner-schaft eingeht. Damit sind die Verwandtschaftsbeziehungen von Stieffamilien deutlich komplexer als die von Kernfamilien (Steinbach 2023).

Das Kind definiert durch seinen vorwiegenden Aufenthalt den Haushalt, der als Alltagsfamilie zählt. Darüber hinaus besteht häufig noch der Haushalt des anderen leiblichen Elternteils, in dem sich das Kind zu Besuchszeiten wie an den Wochenenden oder in den Ferien aufhält und der damit als Wochenend-familie bezeichnet werden kann. Folgt man dem Ansatz der Haushaltsebene, gilt es zwischen primären und sekundären Stieffamilien zu unterschieden. Wenn das Elternteil, bei dem sich das Kind überwiegend aufhält, eine neue Partner-schaft eingeht, stellt dies eine primäre Stieffamilie dar, wenn das außerhalb des Haushalts lebende Elternteil eine neue Partnerschaft eingeht, spricht man von einer sekundären Stieffamilie (Steinbach 2023). Neben dem Aufenthalts-ort des Kindes ergibt sich durch das Geschlecht des Stiefelternteils eine weitere Differenzierungsmöglichkeit nach Stiefmutter- und Stiefvaterfamilie. Die Zusammensetzung des Haushalts eröffnet eine weitere Option, Stieffamilien zu unterscheiden: Bringt nur ein oder eine Partner:in Kinder mit in den Haus-halt, handelt es sich um eine einfache Stieffamilie. Bringen beide Partner:innen Kinder in den Haushalt ein, bezeichnet man diese Konstellation als zusammen-gesetzte Stieffamilie. Leben neben den Stiefkindern gemeinsame leibliche Kinder (oder Adoptiv- und Pflegekinder) mit im Haushalt, stellt dies eine komplexe Stieffamilie dar. Komplexe Stieffamilien können sowohl aus einfachen als auch aus zusammengesetzten Stieffamilien entstehen, wenn ein gemeinsames Kind geboren wird. Komplexe Stieffamilien werden auch Patchwork-Familien genannt

(Nave-Herz 2013, S. 39).[4] Unter Berücksichtigung des Partnerschaftsstatus der (Stief-)Eltern können zudem Stieffamilien im engeren Sinne (Ehen und nichteheliche Lebensgemeinschaften) sowie im weiteren Sinne (LAT-Beziehungen) unterschieden werden. Dafür kann auch die Partnerschaftsbiografie und daraus abgeleitet der Grund für die Auflösung einer Beziehung (Trennung bzw. Scheidung oder Verwitwung) zur Differenzierung herangezogen werden (Steinbach 2023).

Wie Tab. 1.1 dokumentiert, schwanken die Angaben zu den Anteilen von Stieffamilien in Deutschland zwischen 8 und 18 %. Dies lässt sich einerseits mit den unterschiedlichen Datensätzen und den damit verbundenen Möglichkeiten der Identifizierung von Stieffamilien erklären. Andererseits wird auf Verzerrungen der zugrunde gelegten Sample verwiesen (Steinbach 2008). Betrachtet man die Verteilung von Stieffamilien differenziert nach Ost- und Westdeutschland, wird außerdem eine Tendenz zu mehr Stieffamilien in Ostdeutschland sichtbar (Kreyenfeld und Heintz-Martin 2012; Steinbach 2008). Weitere Unterschiede zwischen beiden Regionen Deutschlands werden bei der Betrachtung des Partnerschaftsstatus deutlich: Stiefeltern in Westdeutschland sind mit 82 % deutlich häufiger verheiratet als Stiefeltern in Ostdeutschland (59 %) (Steinbach 2008). Die Daten der AID:A-Studie belegen zudem, dass 48 % dieser Familienform Stiefvater-, 27 % Stiefmutter- und 26 % komplexe Stieffamilien sind (Kreyenfeld und Heintz-Martin 2012). Mit dieser Datengrundlage wurde auch ermittelt, dass in Stieffamilienhaushalten vorrangig ein Kind lebt. Dies trifft mit 64 % vor allem auf Haushalte von Stiefvaterfamilien zu (Kreyenfeld und Heintz-Martin 2012).

Adoptiv- und Pflegefamilien. Als Adoptiv- oder Pflegefamilie werden Paare oder alleinstehende Personen verstanden, die ein nicht leibliches Kind annehmen und mit diesem in einem Haushalt leben. Pflege- unterscheiden sich von Adoptivfamilien durch den rechtlichen Status (Gehres und Sauer 2022). In Pflegefamilien verbleibt das Sorge- und Verfügungsrecht über das Pflegekind bei der Herkunftsfamilie oder dem Jugendamt. Durch eine Adoption wird dem Kind dagegen die rechtliche Stellung eines leiblichen Kindes zuteil, d. h. alle (rechtlichen) Beziehungen zur Herkunftsfamilie werden aufgegeben. Dabei unterscheidet man zwischen drei Adoptionsverhältnissen: Verwandten-, Stiefkind- und

---

[4] Der Ausdruck ‚Patchwork-Familie' mag populär sein, weil er im Vergleich zum Begriff ‚Stieffamilie' weniger negativ konnotiert ist. Dennoch bietet er keine adäquate Alternative, da (1) Patchwork-Familien letztlich eine spezielle Form der Stieffamilie sind und (2) für die einzelnen Familienmitglieder keine eigenen Begriffe vorliegen, so dass für eine eindeutige Zuordnung wieder auf die Begriffe Stiefeltern und Stiefkinder zurückgegriffen wird (Steinbach, 2023).

Fremdadoption (Gehres und Sauer 2022). Eine Stiefkindadoption führt zu Über-schneidungen mit der Definition der Kategorie Stieffamilie, da hier Stiefeltern ihre Stiefkinder adoptieren. Ähnliches gilt für Haushalte, in denen neben Stief-kindern auch adoptierte Kinder leben.

Adoptiv- und Pflegefamilien stellen quantitativ eine sehr kleine Gruppe dar, wie Tab. 1.1 belegt. Die Anzahl von Adoptivfamilien lässt sich nur indirekt über die Anzahl erfolgreich abgeschlossener Adoptionsverfahren schätzen. Ihre Zahl ist im Zeitverlauf gesunken (Statistisches Bundesamt 2021, S. 74). Während im Jahr 1993 noch 8687 Kinder adoptiert wurden, waren dies im Jahr 2018 nur noch 3733. Die Anzahl der Adoptivkinder liegt dabei bei unter 1 % an der Gesamtzahl Minderjähriger in Deutschland. Der Rückgang der Adoptionszahlen ist dabei weniger auf ein sinkendes Interesse an Adoptionen zurückzuführen als auf die geringe Anzahl zur Adoption stehender Kinder. Kinder werden nach aktueller Politik der Jugendämter auch seltener dauerhaft aus ihren Familien herausgenommen. Dadurch liegt die Zahl der Adoptionsbewerber:innen deut-lich über der Zahl zur Adoption vorgemerkter Kinder. Als Gründe für den Rück-gang werden weiterhin der Wandel in den Familienentwürfen und Fortschritte in der Reproduktionsmedizin angeführt (Statistisches Bundesamt 2021, S. 74). Stiefkindadoptionen kommen deshalb mit 61 % am häufigsten vor, während in etwas mehr als einem Drittel der Fälle (36 %) Fremdadoptionen stattfinden. Eine Adoption durch Verwandte ist dagegen mit 3 % am seltensten (Statistisches Bundesamt 2021, S. 74).

Die Zahl der Pflegefamilien ist ebenfalls gering. Im Jahr 2015 wurden in Deutschland 71.000 Kinder in Pflegefamilien untergebracht (Gehres und Sauer 2022). Ein Großteil der Pflegeverhältnisse wird statistisch jedoch nicht erfasst, z. B. wenn die Kinder durch ihre Großeltern erzogen werden. Damit dürfte die tatsächliche Zahl der Pflegverhältnisse deutlich unterschätzt werden. Die Ver-weildauer der Kinder in ihren Pflegefamilien beträgt im Durchschnitt 41 Monate, also etwa dreieinhalb Jahre, wobei die Aufenthaltsdauer mit zunehmendem Alter der Kinder sinkt (Gehres und Sauer 2022). In 44 % der Fälle beträgt die Unter-bringungszeit mehr als zwei Jahre. Nur sehr selten kehren Pflegekinder in ihre Herkunftsfamilie zurück.

Bei genauerer Betrachtung sind auch sogenannte *Inseminationsfamilien* eine Art Adoptions- bzw. Stieffamilie. Als Inseminationsfamilien werden Paare bezeichnet, die zur Zeugung ihrer Kinder auf medizinisch assistierte Reproduktionstechnologien (MAR) zurückgegriffen haben (Kuhnt und Passet-Wittig 2023; Trappe 2022). Biologische und soziale Elternschaft können dabei, je nach verwendeter Reproduktionstechnologie, teilweise oder vollständig aus-einanderfallen. Wird entweder eine Samen- oder Eizellspende hinzugezogen (heterologe Insemination), ähneln die Strukturen im Haushalt nach der Geburt des Kindes eher der von Stieffamilien. Es gibt einen biologischen Elternteil und einen, der keine biologische Verwandtschaft zum Kind aufweist. Werden Samen- *und Eizellspende* für die Zeugung eines Kindes verwendet (doppelt-heterologe Insemination), fallen biologische und soziale Elternschaft in der Familie gänzlich auseinander. Die Eltern entscheiden sich also bewusst für die Aufnahme eines nicht-verwandten Kindes und übernehmen die soziale Elternschaft. Das Kind hat dann den gleichen rechtlichen Staus wie ein leibliches Kind bzw. ein Kind, dass adoptiert wurde. Das deutsche Embryonenschutzgesetz erlaubt bisher lediglich die Samenspende (Kuhnt und Passet-Wittig 2023), so dass letztere Form eher Einzelfälle darstellen, die sich im Ausland einer reproduktionsmedizinischen Behandlung unterzogen haben. Die Relevanz von MAR sollte nicht unterschätzt werden: In Deutschland wurden im Jahr 2019 immerhin 21.588 Kinder mittels assistierter Reproduktion geboren (Kuhnt und Passet-Wittig 2023).

Gleichgeschlechtliche Paare mit Kind(ern). Überschneidungen der Inseminationsfamilien gibt es auch mit der Familienform gleichgeschlechtliche Paare mit Kind(ern); sie können zudem Pflege- oder Adoptivfamilien sein. Zumeist sind sie jedoch Stieffamilien, in denen die Kinder aus einer früheren (zumeist heterosexuellen) Partnerschaft stammen (Buschner und Bergold 2022; Fischer und de Vries 2023). Als gleichgeschlechtliche Paare mit Kind(ern) werden Haushalte definiert, in denen ein homosexuelles Paar zusammen mit mindestens einem minderjährigen Kind lebt (Buschner und Bergold 2022; Fischer und de Vries 2023). Da nicht in allen Befragungen nach der sexuellen Orientierung gefragt wird, bleiben Zuordnungsprobleme bestehen und die Zahl dieser Familien wird somit unterschätzt. Ein weiterer Aspekt der Unterschätzung homosexueller Elternteile ist die Nicht-Berücksichtigung homosexueller Alleinerziehender. Für sie besteht ebenfalls ein Identifizierungsproblem in quantitativen Datenquellen.

Die Forschung zu gleichgeschlechtlichen Paaren mit Kind(ern) steckt in Deutschland im Vergleich zu anderen Ländern, wie z. B. den Vereinigten Staaten, noch in den Kinderschuhen (Goldberg und Allan 2020). Dennoch liegen einige Zahlen vor, die Aufschluss über die Verteilung dieser Familienform in der Bundesrepublik geben. Aus Tab. 1.1 wird deutlich, dass der Anteil der gleichgeschlechtlichen Partnerschaften mit Kind(ern) quantitativ sogar noch geringer ausfällt als der Adoptiv- und Pflegefamilien, was eine differenzierte Betrachtung dieser Familienform erschwert. Nach den Daten des Mikrozensus aus dem Jahr 2019 lebten in Deutschland etwa 19.000 minderjährige Kinder in etwa 15.000 Haushalten gleichgeschlechtlicher Paare (Statistisches Bundesamt 2021, S. 54). Dabei leben mehr 89 % der Kinder in gleichgeschlechtlichen Familien mit zwei

Frauen in einem Haushalt (Statistisches Bundesamt 2021, S. 54). Dies könnte sich einerseits damit erklären lassen, dass nach einer Trennung bzw. Scheidung die Kinder zumeist bei der Mutter leben. Andererseits ist es für männliche Lebensgemeinschaften deutlich schwerer, eine Familienplanung tatsächlich umzusetzen.

Darüber hinaus leben 67 % der Kinder in diesen Haushalten mit Geschwistern zusammen (Eggen und Rupp 2011, S. 32). Die lässt darauf schließen, dass vor allem zwei und mehr Kinder in den Haushalten gleichgeschlechtlicher Paare leben. Die Kinder in homosexuellen Partnerschaften sind nach einer Befragung durch das Staatsinstitut für Familienforschung an der Universität Bamberg (ifb) zu 92 % leibliche, zu 2 % adoptierte und zu 6 % Pflegekinder (Rupp 2009, S. 284). Die leiblichen Kinder stammen zu 44 % aus einer vorherigen Partnerschaft und zu 49 % wurden sie in die aktuelle Beziehung hinein geboren (3 % der Kinder stammen aus verschiedenen anderen Konstellationen). Weitere Analysen des ifb dokumentieren, dass 39 % der Kinder in Haushalten von gleichgeschlechtlichen Lebenspartnerschaften durch heterologe Insemination gezeugt wurden, wovon in der Hälfte der Fälle der Samenspender auch bekannt ist (Rupp 2009, S. 285). Ein Drittel der bekannten Samenspender wird dann auch als biologischer Vater in das Geburtenbuch eingetragen. Fast alle Kinder (96 %), die auf diese Art entstanden sind, wurden in die aktuelle Partnerschaft hinein geboren (Rupp 2009, S. 285).

▶   **Kurz zusammengefasst** Fasst man Familie definitorisch als eine Gemeinschaft auf, die gekennzeichnet ist durch eine biologisch-soziale Doppelnatur, eine Generationendifferenzierung und ein spezifisches Solidaritäts- und Kooperationsverhältnis, dann wird deutlich, dass Familien sowohl in vormodernen als auch in modernen Zeiten in vielfältigen und den jeweiligen gesellschaftlichen Verhältnissen angepassten Formen existiert haben und weiterhin existieren. Entsprechend kann angenommen werden, dass auch die Familie der Zukunft sich in einem Spannungsfeld zwischen Flexibilität und Verlässlichkeit bewegen wird.

Theoretische Perspektiven der Familiensoziologie

2

Inhaltsverzeichnis

Im Folgenden wollen wir einen Überblick über die in der Familiensoziologie wesentlichen theoretischen Perspektiven geben. Zunächst erscheint es jedoch notwendig, noch einmal klarzumachen, was eigentlich unter einer Theorie zu verstehen ist, aber auch: was Theorien nicht leisten können oder sollen und welche logische Struktur soziologische Erklärungen aufweisen (Abschn. 2.1). Danach gehen wir kurz auf die Theoriegeschichte der Soziologie ein, um deren Hauptströmungen hinsichtlich ihrer familiensoziologischen Relevanz zu skizzieren (Abschn. 2.2). Der Hauptteil dieses Kapitels gliedert sich dann in drei Abschnitte: Zuerst gilt es, die theoretischen Hintergründe der vor allem funktionalistischen und strukturfunktionalistischen Familienforschung in der ersten Hälfte des 20.

Beim vorliegenden Kapitel handelt es sich um eine geringfügig modifizierte Version des Beitrags von Hill und Kopp (2023); eine ausführlichere Darstellung der hier vorgestellten zentralen Theorieansätze findet sich bei Hill und Kopp (2013, Kap. 2).

K. Hank et al., *Familiensoziologie*, Studienskripten zur Soziologie,
https://doi.org/10.1007/978-3-658-41878-6_2

Jahrhunderts darzustellen sowie die darauf gerichtete Kritik des Symbolischen Interaktionismus zu skizzieren (Abschn. 2.3). Betrachtet man die vielfältigen empirischen Forschungen der letzten Jahrzehnte, so muss man festhalten, dass beide Forschungstraditionen – Strukturfunktionalismus und Symbolischer Interaktionismus – so gut wie keine Rolle mehr spielen. Wenn es um die Erklärung der unterschiedlichsten Phänomene geht, werden meistens handlungstheoretisch orientierte Überlegungen herangezogen, deren theoretische Fundierung in der Austauschtheorie oder der ökonomischen Theorie der Familie liegt (Abschn. 2.4). Wir schließen mit einem knappen Überblick über neuere theoretische Perspektiven (Abschn. 2.5) und einem kurzen Fazit (Abschn. 2.6).

2.1 Zur Bedeutung von Theorien und der Logik soziologischer Erklärungen

Das Ziel von Wissenschaft besteht in der *Erklärung* von Tatbeständen. Unter einer Erklärung oder auch Kausalerklärung versteht man die logische Ableitung eines empirisch beobachtbaren Tatbestandes oder eines singulären Ereignisses, dem Explanandum, aus einer allgemeinen Theorie, einer kausalen Wenn-Dann-Aussage, und Randbedingungen. Das allgemeine Gesetz und die singulären Verursachungsbedingungen bzw. -faktoren bilden das Explanans, den erklärenden Anteil einer Theorie. Diese Erklärungsfigur wird auch als Hempel-Oppenheim-Schema (H-O-Schema), Covering-Law-Modell oder als deduktiv-nomologische Erklärung (D-N-Erklärung) bezeichnet. Anders als der Alltagsbegriff der Erklärung wird in der Wissenschaft damit also eine bestimmte Logik des Argumentierens bezeichnet. Logisch korrekte und empirisch gehaltvolle Erklärungen sind das Ziel von Wissenschaft im Allgemeinen und somit auch der Soziologie im Speziellen. So stellte Durkheim (1984 [1895]) in seinen Regeln der soziologischen Methode die Erklärung sozialer Tatbestände als Phänomene eigener Art in den Mittelpunkt der Soziologie. Weber (1985 [1922], S. 1) geht sogar einen Schritt weiter und schlägt einen konkreten Weg dieser Erklärung vor: „Soziologie (…) soll heißen: eine Wissenschaft, welche soziales Handeln deutend verstehen und dadurch in seinem Ablauf und in seinen Wirkungen ursächlich erklären will". Trotz der Einigkeit über diese Zielvorgabe des soziologischen Arbeitens sind verschiedene Diskussions- und Problembereiche in diesem Kontext benennbar.

Zuerst kann gefragt werden, ob die Soziologie das Niveau einer erklärenden Wissenschaft erreichen kann oder ob sie bei der gebotenen Komplexität gesellschaftlicher Prozesse in der Klärung und Explikation von Begriffen, Klassifikationen, Analogien, Typologien und Orientierungshypothesen verharren muss.

Eine solche Beschränkung ist aber (dauerhaft) nicht akzeptabel, weil die Sozio-logie als Realwissenschaft an der Lösung von gesellschaftlichen Problemen interessiert ist und sein muss. Erklärungen sind zudem die Grundlage für die Prognose von und Intervention in sozialen Entwicklungen. Eine aufgeklärte und planvolle Gestaltung gesellschaftlicher Entwicklung setzt wissenschaft-liche Erklärungen voraus und kann sich nicht mit Vorformen der soziologischen Erklärungen begnügen (Bengtson et al. 2005).

Diese Sicht der Dinge ist nicht unumstritten, sondern wird gelegentlich sogar zu einer methodendualistischen Position verschärft. Insbesondere in der phänomenologischen bzw. verstehenden Soziologie wird die Möglichkeit und Zweckmäßigkeit einer erklärenden Soziologie bestritten. Menschliches Handeln zeichnet sich danach durch seine Intentionalität, seine Sinngebunden-heit, aus. Damit unterscheiden sich die Objekte der Soziologie grundlegend von den Untersuchungsgegenständen der Naturwissenschaften. Im Nachvollziehen der subjektiven Weltsicht, der Motivation und der Intention von Akteur:innen wird ein eigenständiger sozialwissenschaftlicher methodischer Zugriff gesehen, der als Methode des Verstehens charakterisiert wird. Die Rekonstruktion dieser Intentionalität selbst bedarf jedoch einer allgemeinen Handlungstheorie. Ver-stehen lässt sich in diesem Kontext als Verfahren der Hypothesengewinnung auffassen, das jedoch über den Entdeckungszusammenhang hinaus einer unabhängigen Prüfung bedarf, die mit den üblichen Methoden der empirischen Sozialforschung zu erfolgen hat (Nagel 1972; Stegmüller 1983). Die Sinnhaftig-keit menschlichen Handelns steht nicht im Widerspruch zu seiner Erklärbarkeit. Im Gegenteil: Sinnhaftes Handeln ist nicht regellos oder indeterminiert. Sinn-haftes Handeln ist erklärbar.

Ab und an werden Zweifel angemeldet, ob die vorgestellten allgemeinen Über-legungen für alle Bereiche der Sozialwissenschaften Gültigkeit beanspruchen können: So wurden beispielsweise von Seiten einer eher historisch orientierten Sozialforschung Zweifel an der Anwendbarkeit des allgemeinen Erklärungs-schemas auf alle Bereiche der Sozialwissenschaften formuliert. Im Fokus der Geschichtswissenschaften stünden historisch einmalige Ereignisse und auf solche seien allgemeine Erklärungsansätze somit vermeintlich nicht anwendbar. Hier liegt aber ein Missverständnis vor. Nicht nur historische Ereignisse sind in ihrer Totali-tät einmalig bzw. singulär, sondern soziale und naturwissenschaftliche Phänomene überhaupt. Erklärt wird aber auch nicht die Totalität bzw. Individualität, d. h. die Konstellation aller dem Objekt eigenen Merkmale, die ein Explanandum auf-weist, sondern es wird ein bestimmter Aspekt der Handlung, des Ereignisses oder

der Tatsache durch Subsumtion unter eine allgemeine Theorie erklärt (Hempel 1977 [1965]; Stegmüller 1983). Dass gerade die Erklärung gelegentlich sehr konsequenzenreicher Handlungen historischer Persönlichkeiten eine ausführliche Darstellung der jeweiligen Handlungssituation, die als Randbedingung Teil des Explanans ist, erforderlich macht, ist offenkundig ein wichtiger Teil der historischen Forschung. Als Erklärungsargument wird zumeist auf Handlungstheorien zurückgegriffen, die sich beispielsweise auf individuelle Motive, Situationsdefinitionen, die Beurteilung von Alternativen und rationales Entscheiden beziehen. Dass solche Handlungstheorien völlig kompatibel mit dem H–O-Schema sind, ist eindeutig (Stegmüller 1983).

Die Ursachen eines soziologischen Phänomens bzw. historischen Faktums wie etwa eines Kriegsausbruches sind prinzipiell natürlich wiederum selbst erklärbar, und eine Verkettung derartiger soziologischer Erklärungen wird auch als historisch-genetische Erklärung bezeichnet. Dabei greifen die in der Gesamterklärung formulierten einzelnen D-N-Erklärungen ineinander: Das im ersten Schritt erklärte Ereignis ist Ursache für das im zweiten Schritt zu erklärende Phänomen, welches dann wiederum als Ursache des nächsten zu erklärenden Ereignisses angesehen wird. Mit solchen genetischen Erklärungen ist eine Vielzahl von Prozessen prinzipiell erklärbar, etwa Revolutionen, sozialer Auf- und Abstieg, Ehescheidungen oder die Entstehung von Normen. Dabei ist die Betonung und Idealisierung der theoretisch bedeutsamen Randbedingungen unumgänglich, da Versuche einer reinen und vollständigen Beschreibung aus logischen Gründen unmöglich sind (Stegmüller 1983).

Soziologische Erklärungen implizieren zugleich die Möglichkeit der Prognose. Erklärungen und Prognosen unterscheiden sich letztlich nur darin, ob einerseits das Explanandum bereits bekannt ist und man dann nach geeigneten Theorien und der hinreichend konkreten Beschreibung ihrer Anwendungsbedingungen sucht oder ob andererseits die Theorie und die entsprechenden Anwendungsbedingungen bekannt sind und man daraus eine fundierte Hypothese über zukünftiges Geschehen ableitet. Prognosen und Erklärungen unterscheiden sich also lediglich in der Zeitperspektive. Prophezeiungen hingegen versuchen vermeintlich unabänderliche historische Gesetzmäßigkeiten, sogenannte ‚Großprognosen' zu formulieren, deren empirischer Gehalt in der Regel aber sehr gering oder fraglich ist. Popper (1979) zeigt, dass auch aus logischen Gründen derartige geschichtliche Prophezeiungen nicht möglich sind, da langfristige Entwicklungen immer auch von technologischen Innovationen abhängen, die sich aber unter Umständen sehr schnell ändern können, und vor allem vorab unbekannt sind.

Festzuhalten bleibt: Familiensoziologie strebt danach, familiale Phänomene zu verstehen und zu erklären. Dies bleibt die zentrale regulative Idee. Dieses Anliegen teilt sie auch mit der historischen Familienforschung, die sich seit den 1960er-Jahren etabliert hat. In dieser Forschungstradition wird eine erklärende Perspektive verfolgt und mit dem Anliegen verbunden, auch verstärkt quantitative Daten zu erheben und zu analysieren.

Eine weitere Diskussion innerhalb der Soziologie beschäftigt sich mit der Frage, auf welcher analytischen Ebene der erklärende Kern einer soziologischen Theorie verankert werden soll. Während sich die oben diskutierte Forderung Durkheims nach reinen soziologischen Erklärungen als die Forderung nach Gesetzen auf der Makro- oder Gesellschaftsebene verstehen lässt, hat sich inzwischen eine Sichtweise etabliert, die zwar das analytische Primat, also das inhaltliche Interesse auf der gesellschaftlichen Ebene sieht, den theoretischen Kern soziologischer Erklärungen jedoch in einer Mikrofundierung, oder genauer in einer Handlungstheorie sucht. Trotz aller hier zu findenden empirischen Schwierigkeiten weisen entsprechende Untersuchungen doch eine in der Regel sehr hohe Erklärungskraft auf.

Soziologische Erklärungen lassen sich nach dieser Sichtweise in drei Teil-komponenten untergliedern: (1) die Logik der Situation, in der die soziale Strukturierung der individuellen Handlungssituation untersucht und entsprechende Brückenhypothesen formuliert werden, (2) die Logik der Selektion, welche in der Regel durch eine einfache Handlungstheorie bestimmt ist und schließlich (3) die Logik der Aggregation, die die häufig nichttrivialen Konsequenzen dieser individuellen Entscheidungen für kollektive oder makrosoziologische Phänomene betrachtet (Esser 1993). Mit Hilfe eines derartigen Schemas soziologischer Erklärungen lassen sich auch relativ mühelos entsprechende Vertiefungen ein-binden, etwa durch den Einbezug tiefer ausgearbeiteter Konzepte aus der (Sozial-) Psychologie oder neuerdings aus der Kognitionsforschung bzw. der Biologie, soweit dies für die entsprechenden Phänomene notwendig ist. Generell ist jedoch zu vermuten, dass letztlich relativ einfache handlungstheoretische Modelle für eine befriedigende Erklärung ausreichend sind und mehr Mühe und Arbeit in der Formulierung entsprechender Hypothesen zur Logik der Situation (Brücken-annahmen) und der Aggregation zu investieren sind (Popper 1972).

In der aktuellen wissenschaftstheoretischen Diskussion gibt es zu diesen, hier ja nur skizzierten, Ideen letztlich keine wirklichen Alternativen. Sie decken sich zudem mit dem alltagsnahen Verständnis von Wissenschaft und können ganz im Sinne Neurath (1991 [1927]) auch als Möglichkeiten zur praktischen und emanzipatorischen Wirklichkeitsveränderung dienen.[1] Selbstverständlich ist der Weg zu einer Theorie jedoch nicht vorab bestimmbar und häufig ist ein beschreibendes Erkunden, wie etwa in der ethnologischen und ethnografhischen Forschung sinnvoll und erkenntnisreich (Bengtson et al. 2005; Kopp 2020).

2.2 Ein kurzer Abriss der soziologischen Theoriegeschichte

Im Folgenden sollen die theoretischen Diskussionen nicht in ihren mehr oder weniger feinen Verästelungen, sondern nur in groben Zügen nachgezeichnet werden. Umrisshaft werden die für die familiensoziologische Forschung relevanten Entwicklungen, Vertiefungen und Diskussionen dargestellt.

Zuerst ist festzuhalten, dass auch in der Familiensoziologie ein sehr starkes Wachstum empirischer Arbeiten zu beobachten ist, wobei dies als ein Zeichen des wissenschaftlichen Fortschritts und der Etablierung einer Disziplin zu bewerten ist. Mit dieser Entwicklung geht aber auch ein Wandel der inhaltlichen Orientierung einher. Während in den frühen Arbeiten die Familie eher zur Explikation allgemeiner Aussagen und Entwicklungen herangezogen wurde, steht heute eine Vielzahl konkreter familiensoziologischer Detailfragen im Mittelpunkt des Interesses. Dabei ist festzuhalten, dass sie theoretisch im Kern – wie auch große Teile der allgemeinen Soziologie – auf einigen wenigen Ansätzen beruhen. Historisch gesehen ist die Familiensoziologie mit dem Funktionalismus verbunden und genauso mit der entsprechenden Gegenbewegung, dem Symbolischen Interaktionismus.[2] Beide Argumentationslinien haben aus ganz unterschiedlichen Perspektiven familiale Prozesse thematisiert. Beiden Richtungen kommt aber in den neueren Beiträgen keine zentrale Bedeutung mehr zu. Soziobiologische Überlegungen finden in der öffentlichen Diskussion immer wieder einen breiten Widerhall, dienten in der empirischen Forschung bislang aber eher ex-post als Argument.

---

[1] Otto Neurath war ein österreichischer Nationalökonom und betonte die politische Bedeutung fundierter Kenntnisse der Gesellschaft und damit die Bedeutung einer erklärenden sozialwissenschaftlichen Forschung. Hierbei formulierte er bereits 1927 deutlich: „Statistik ist Werkzeug des proletarischen Kampfes, Statistik ist wesentlicher Bestandteil der sozialistischen Ordnung, Statistik ist Freude für das mit den herrschenden Klassen hart ringende internationale Proletariat!" (Neurath, 1991 [1927], S. 84).

[2] Eine gut lesbare „Geschichte der Familiensoziologie in Portraits" findet sich bei Nave-Herz (2016).

Die wohl wichtigste theoretische Grundlage der modernen Familiensoziologie stellen handlungstheoretische Ansätze dar. Trotz aller internen Differenzierungen spielt dabei die Rational-Choice-Theorie eine sehr wichtige Rolle (Tutić 2020). Dieses Paradigma kann als Generalisierung aus zwei Theorieschulen, der Austauschtheorie und der ökonomischen Theorie der Familie, verstanden werden. Beide teilen einige zentrale Prämissen und ein Handlungsmodell. Auf diesen grundlegenden Konzepten aufbauend, haben sich zudem eine ganze Reihe von spezielleren theoretischen Positionen in der Familiensoziologie etabliert, die unter anderem das gegenseitige Verpflichtungsgefühl in Beziehungen, das *commitment,* die spieltheoretisch zu modellierende Interdependenz und die pfadabhängige Dynamik in einer Lebensverlaufsperspektive in den Mittelpunkt der Aufmerksamkeit stellen.

Die Dominanz dieser theoretischen Richtung ist durch zwei Charakteristika begründet. Zum einen sind diese Theorien sehr allgemein formuliert, sie knüpfen direkt an die Theoriediskussion in der allgemeinen Soziologie an und strahlen auch auf diese aus. Zudem ist seit Jahrzehnten ein Bedeutungsverlust von Makrotheorien zu beobachten. Es scheint sich die Erkenntnis durchzusetzen, dass Makrotheorien ohne handlungstheoretische Fundierung kaum einen Erklärungswert besitzen und eine rein empiristisch vorgehende Variablensoziologie keinerlei Erklärungswert besitzt. Das zweite Argument liegt in der Nähe von Mikrosoziologie und empirischer Sozialforschung. In der empirischen Forschung ist die Makrosoziologie – wenn sie denn über das bloße Beschreiben von Korrelationen auf stark aggregierter Ebene hinausgehen – schwerlich operationalisierbar. Da die klassische empirische Sozialforschung durchweg individuenzentriert arbeitet, ergibt sich fast zwangsläufig eine starke Verbindung zur Mikrosoziologie. Darüber hinaus ist seit der Mitte des 20. Jahrhunderts eine starke Orientierung der Soziologie hin zu einer empirischen Realwissenschaft festzuhalten, die über immer besser werdende Informationen verfügt.

2.3 Strukturfunktionalismus, Funktionalismus und Symbolischer Interaktionismus

Noch in den späten 1950er-Jahren wurde die Position vertreten, dass die *funktionale Analyse* die einzig mögliche soziologische Methode darstelle (Davis 1959). In neueren Lehrbüchern sucht man aber entweder vergeblich nach derartigen Stichworten (Smith und Hamon 2022) oder findet höchstens Verweise auf das Kapitel „Classical Social Theories" (White et al. 2019). Die frühen Funktionalisten, häufig aus der Anthropologie oder Ethnologie stammend, nutzten für die Gesellschaft die Metapher vom ‚Organismus'. Individuen, Gruppen, Kollektive, Organisationen und Institutionen können demnach als Teile, Organe oder Körperteile gedacht werden, die das Funktionieren bzw. Überleben der Gesellschaft sicherstellen. Regelungsmechanismen, wie sie sich in gesellschaftlichen Teilsystemen wie Religion, Verwandtschaft oder Wirtschaft manifestieren, müssen funktional abgestimmt sein und leisten dann einen funktionalen Beitrag zur gesellschaftlichen Integration (Parsons 1986). Gesellschaft und Organismus haben das Dauerproblem des Funktionierens und Überlebens, und „zu ihren Kennzeichen gehören bestimmte strukturelle und funktionale Muster" (Parsons 1986, S. 62). Auf der untersten Ebene müssen auch die Handlungen der Akteur:innen auf die allgemeinen Systemerfordernisse ausgerichtet sein. Nach Parsons und Bales (1955) kommt der Familie dabei eine ganz besonders wichtige Rolle zu, die durch keine andere Institution ersetzt werden kann. Sie formt das unabdingbar notwendige Personal der Gesellschaft: „It is because the human personality is not ‚born' but must be ‚made' through the socialization process that in the first instance families are necessary. They are ‚factories' which produce human personalities. But at the time even once produced, it cannot be assumed that the human personality would remain stable in the respects which are vital to social functioning, if there were not mechanisms of stabilization which were organically integrated with the socialization process. We therefore suggest that the basic and irreducible functions are two: first, the primary socialization of children so that they can truly become members of the society into which they have been born; second, the stabilization of adult personalities of the population of the society" (Parsons und Bales 1955, S. 16).

Da die Funktionen der Familie von tragender Bedeutung sind, lassen sich in jeder Gesellschaft (Kern-)Familien identifizieren. Familie ist universell und eine notwendige Voraussetzung für ein funktionsfähiges Sozialsystem und die Gesellschaft. In der Folge wurden immer wieder Funktionen eruiert, die die Familie zu erfüllen hat. Besonders bekannt ist dabei die Arbeit von Murdock (1949). Auch er betonte die Universalität der Kernfamilie inklusive vier basaler Funktionen: arbeitsteilige Kooperation der Eltern, Erziehung der Kinder, Reproduktion und sexuelle Gratifikation. Ob eine derartige Universalitätsbehauptung tatsächlich haltbar ist, war Gegenstand vieler Diskussionen und ist nach dem Stand der anthropologischen Forschung anzweifelbar. Vielfach wurden soziale Konstellationen entdeckt, bei denen nicht die Kernfamilie als zentraler Leistungserbringer fungiert und entsprechend wird die als besonders wichtig erachtete Sozialisationsleistung nicht immer von Familien erbracht (vgl. Kap. 1 bzw. Hill und Kopp 2013, Kap. 1). Andererseits finden sich vielfältige Hinweise auch auf familiale Universalien (Antweiler 2007). Letztlich ist es aber müßig, darüber zu diskutieren, ob bestimmte Phänomene wirklich in allen oder eben nur in nahezu allen Kulturen zu beobachten sind: Eine besondere Rolle wird diesen Erscheinungen und damit im hier diskutierten Falle der Familie so oder so zukommen.

Die überaus starke Betonung der Kernfamilie, die bei Parsons und anderen zu finden ist, hängt auch mit den sozial-ökonomischen Umständen in den USA der 1930er- und 1940er-Jahren zusammen. Nach der Weltwirtschaftskrise und der Restaurierung des amerikanischen Wirtschaftssystems begann das *golden age of the family*. Vor dem Hintergrund zunehmender gesellschaftlicher Differenzierung ist auch eine Differenzierung des Verwandtschaftssystems nicht zu übersehen: „This process has involved a further step in the reduction of the importance in our society of kinship units other that the nuclear family. It has also resulted in the transfer of a variety function from the nuclear family to other structure of society" (Parsons und Bales 1955, S. 9). Diese Entwicklung hat aber nichts mit einem Niedergang der Familie zu tun, sondern „means that the family has become a more specialized agency" (Parsons und Bales 1955, S. 9). Nach diesem Modell war der Trend zur Kernfamilie unumgänglich, sie ist – anders als das weitverzweigte sekundäre Verwandtschaftssystem – an die Bedürfnisse der modernen Industriegesellschaften wie zum Beispiel Mobilität oder geschlechtsspezifische Arbeitsteilung gut angepasst und sichert deren Fortbestand.

Kritisch zu den Analysen des Strukturfunktionalismus ist anzumerken, dass viele seiner Einlassungen den Charakter von ex-post-Interpretationen der gesellschaftlichen Entwicklung aufweisen. Sie sind weniger als erklärendes und prognosefähiges Theoriesystem konzipiert (Hempel 1959). Auch inhaltlich wurde aus sehr verschiedenen Perspektiven Kritik geäußert. Anthropologische und ethnologische Forschungen bemängelten die gelegentlich stark simplifizierenden Interpretationen des Verwandtschafts- und Familiensystems, das der empirischen Vielfalt insbesondere in vormodernen Gesellschaften nicht gerecht werde. Soziologische Beiträge wiederum sahen in der Funktionalitätsperspektive eine einseitige Verengung, die den Beitrag bzw. den kausalen Input der Familie auf die gesellschaftliche Entwicklung ausblende. Typisch hierfür ist der Beitrag von Berger und Berger (1984), die in der bürgerlichen Familie nicht das Produkt eines übergeordneten Systems sehen, sondern den bedeutsamen Beitrag der Familie und ihrer Strukturen zur Etablierung der modernen Gesellschaft hervorheben.

Der große Verdienst dieser Funktionalanalysen ist in der deutlichen Verankerung der Familie und der familialen Prozesse in der Sozialstruktur zu sehen. Manche scheinbar moderne Fragestellung zur Mobilität, zur Vereinbarkeit von Familie und Beruf oder zur Fertilität und Frauenerwerbstätigkeit ist bereits in Ansätzen in diesen frühen Überlegungen zu finden. Letztlich sind in

der Interdependenz von Familien- und Sozialsystem wesentliche Forschungsfelder erkennbar, die auch die praktische Bedeutsamkeit der Familiensoziologie
demonstrieren.

Zwar finden sich gegenwärtig immer wieder vereinzelte Beiträge, die
in dieser Tradition allgemeine gesellschaftliche Veränderungsprozesse und
die sich wandelnde Gestalt der Familie bzw. des familialen Systems in eine
kausale Verbindung setzen; für die konkrete Erforschung der Vielfalt und eine
Erklärung der Unterschiedlichkeit der Familie und des familialen Handelns
sind diese Ansätze aber wohl kaum geeignet – zumindest finden sie in der
praktischen empirischen Forschung so gut wie keine Beachtung. Trotzdem sind
funktionalistische Überlegungen in der Familienforschung heute noch von einer
gewissen Bedeutung, wenn auch auf einem gänzlich anderen Aggregationsniveau
als in der entsprechend klassischen Forschung: Seit den 1980er-Jahren finden
sich vielfältige Anwendungen der Soziobiologie in der Familienforschung. Die
Gemeinsamkeiten dieser beiden Überlegungen liegt in der funktionalistischen
bzw. genauer teleologischen Erklärungsfigur. Was einmal das Funktionieren der
Gesellschaft als Telos ist, ist das andere Mal die *fitness*. Was die Soziobiologie für
die Familiensoziologie so interessant macht, ist unter anderem die Übertragung
von erfolgreichen Erklärungsmodellen und Erkenntnissen des tierischen Sozial-
verhaltens auf das menschliche Handeln und die Überlappung von Themen der
Soziobiologie und der Familiensoziologie: Monogamie oder Polygamie, Partnerwahl, Reproduktion und sogar Trennungen (Voland 2013).

Ausgangspunkt der *Soziobiologie* ist die Evolutionstheorie von Charles
Darwin, der die Evolution als einen ziellosen, keinem höheren Telos ver-
pflichteten Entwicklungsmechanismus, dem alle Lebewesen unterliegen, begreift.
Die Entwicklung einer Gattung ist somit prinzipiell offen, aber durch die spezifischen Ausprägungen von relevanten Variablen determiniert. Die wesent-
lichen Ideen lassen sich wie folgt zusammenfassen (Mayr 1988): (a) Jede
Population kann prinzipiell exponentiell wachsen. (b) Meist sind relativ stabile
Populationsgrößen zu beobachten. (c) Alle Populationen stehen begrenzten
Ressourcen gegenüber. Aus diesen Prämissen folgerte schon Malthus (1924),
dass es zu einem Existenzkampf der Individuen untereinander kommt. (d) Zudem
ist festzuhalten, dass sich die Fähigkeiten von Individuen unterscheiden. (e)
Schließlich kommt es zu einer Vererbung der individuellen Variabilität.

Die Konsequenz dieser Überlegungen ist, dass es zu einer differentiellen
Überlebensrate entsprechend der unterschiedlich vererbten Eigenarten, also zu
einer natürlichen Selektion kommt. Verfolgt man diesen Prozess über mehrere
Generationen hinweg, so kann man einen Evolutionsprozess beobachten. Jede
Gattung verfügt also von ihrem Reproduktionspotenzial her über wesentlich

mehr Möglichkeiten, als sie realisiert. Es kommt zu einer Selektion unter den Populationsmitgliedern und damit – und dies ist der eigentlich entscheidende Prozess – aufgrund der knappen Ressourcen zu einer unterschiedlichen Chance, sich erfolgreich fortzupflanzen. Dabei wird davon ausgegangen, dass diese Chance von der genetischen Ausstattung abhängt. Es kommt also zu einer differentiellen Reproduktion. Zwar herrscht eine gewisse Rivalität der Mitglieder einer Population um knappe Ressourcen, wie Nahrung, Brutplätze oder Paarungs-partner, aber dies ist nicht gleichbedeutend mit einer permanenten ‚Kriegs-führung‘ unter den individuellen Populationsmitgliedern. Gerade Kooperation kann eine wesentliche, beidseitig vorteilhafte Strategie für eine Optimierung des Reproduktionserfolges sein (Trivers 1971). Eine entscheidende Größe bei diesen Überlegungen ist die sogenannte *fitness* (Smith und Hamon 2022, S. 407). Welche Verhaltensweisen nun aber funktional sind und die *fitness* erhöhen, ist häufig nicht klar zu bestimmen und legt dann einen funktionalistischen Zirkelschluss nahe: Die gut Angepassten überleben, und die Überlebenden sind gut angepasst.[3]

Wie lässt sich nun aber konkret diese Erklärungsstrategie auf mensch-liches Verhalten übertragen? Hierfür sollen als ein Beispiel die familialen Ver-haltensmuster innerhalb der Bevölkerung von Krummhörn, einer ostfriesischen Küstenregion, im 18. und 19. Jahrhundert näher betrachtet werden. Bei dieser Untersuchung wurden hauptsächlich mit Hilfe der Kirchenbücher die jeweiligen Familiengeschichten rekonstruiert. Bei der Analyse dieser Daten zeigte sich ein interessanter Zusammenhang: „Männer der jeweiligen lokalen Besitz-elite, also die vergleichsweise wohlhabenden Vollerwerbsbauern mit den lokal besten Lebenschancen, heirateten deutlich jüngere Frauen als der jeweilige Rest der Population. (…). Möglicherweise könnten diese sozialgruppenabhängigen Unterschiede im Heiratsalter der Frauen ein Ergebnis einer konditionellen weib-lichen Partnerwahlstrategie mit abnehmenden Standards sein. Die Partnerwahl-maxime lautete dann: ‚Wenn du jung bist, sei besonders wählerisch und heirate nur einen Mann, der dir einen überdurchschnittlichen Reproduktionserfolg ver-spricht. Je älter du wirst, desto mehr reduziere deine Ansprüche an deinen Partner!‘" (Voland 1992, S. 294). Die Krummhörner Daten bestätigen nun, dass

---

[3] Diese natürliche Selektion ist auf Phänotypen bezogen, da diese die handelnden Individuen darstellen, die aufgrund ihrer Eigenschaften in ihrer natürlichen und sozialen Umgebung um knappe Ressourcen rivalisieren, wobei die phänotypischen evolutionären Erfolge selbstverständlich genotypisch, also auf genetischer Ebene, basiert sein müssen. Die entscheidende Grundlage für die Soziobiologie stellt aber die Prämisse dar, dass die Gene die entscheidende Ebene der evolutionären Anpassung sind (Dawkins 1976). Altruis-mus und andere auf den ersten Blick unvorteilhafte Verhaltensweisen werden so erklärbar.

vor allem junge Frauen gutsituierte Männer geheiratet haben. Dies stellt für beide Partner:innen die bestmögliche Strategie dar: Junge Frauen haben noch eine lange reproduktive Phase vor sich und stellen somit die optimalen Bedingungen für die Großbauern, ihren Reichtum in reproduktiven Erfolg umzusetzen, der ja letztlich und langfristig das einzige Ziel darstellt. Für die Frauen empfiehlt es sich, in jungem Alter besonders erfolgreiche Partner zu wählen, da diese auch das Überleben, den sozialen, schließlich aber auch den reproduktiven Erfolg der eigenen Kinder sichern können. Es zeigt sich dann auch, dass diese Frauen einen größeren reproduktiven Erfolg aufweisen können als entsprechende Vergleichsgruppen (Voland 1992, S. 296). Das nicht nur hier feststellbare Heiratsmuster wird also bei diesen Erklärungen auf biologische Strategien zurückgeführt. Diese genetisch verankerten Strategien führen zu einer Erhöhung des reproduktiven Erfolgs und werden evolutionär selektiert.

Dem skizzierten Vorhaben – verschiedene Explananda mit Hilfe eines einheitlichen Erklärungsansatzes zu erfassen – kommt dabei aus wissenschaftstheoretischer Sicht große Bedeutung zu, denn Theorien sind umso besser, je einfacher sie sind und je größer ihr Anwendungsfeld und damit die Zahl der potenziellen Falsifikatoren ist. Ein Erklärungsmuster, das nun versucht, die verschiedenen Phänomene von der Entstehung des Menschen, über sozial unterschiedliche Reproduktionsmuster bis hin zur Erklärung ethnischer Konflikte oder der Entstehung bestimmter kognitiver Strukturen und damit also eine Vielzahl auch soziologischer Fragen mit Hilfe eines einzigen Modells zu erfassen und damit eine „Einheit des Wissens" (Wilson 1998) zu schaffen, ist daher faszinierend.

Gegen die Verwendung soziobiologischer Argumentationsmuster waren innerhalb der Familienforschung über längere Zeit Vorbehalte zu spüren. Zum Teil ist dies darauf zurückzuführen, dass mit der Betonung des Einflusses biologischer Ursachen ein gewisser biologischer Determinismus einhergeht und die Gefahr der Reifikation der vorhandenen sozialen Strukturen gesehen wird. Nun spricht diese gerade in der popularisierten Darstellung simplifizierte und eben fehlerhafte Darstellung – so werden beispielsweise vermeintliche Unterschiede im Orientierungsvermögen zwischen Männern und Frauen auf die Aufgabenteilung zwischen den Geschlechtern in Jäger- und Sammlergesellschaften zurückgeführt – nicht gegen die grundlegende theoretische Argumentation. Gerade in der öffentlichen Diskussion werden bestehende familiale Strukturen und entsprechende Handlungsmuster ex-post mit Hilfe derartiger Erklärungsversuche angegangen. Vorhandene Strukturen und Muster müssen ja eine gewisse Funktion gehabt haben, um sich zu erhalten. Somit ist nahezu alles Gegebene auch funktional. Ein Test derartiger Vermutungen ist jedoch in der Regel schwer, da ein experimentelles Design nicht möglich ist und alternative Erklärungen denkbar sind.

Eine der wichtigsten Einsichten der historischen Familienforschung ist es, dass Partnerschafts- und Lebensformen schon immer sehr vielfältig waren und die Antwort auf die unterschiedlichen Anforderungen und Probleme des Lebens darstellten. Aus dieser Perspektive ist es wohl eher die Plastizität des Verhaltens, die als evolutionäre Errungenschaft gelten kann und weniger einzelne konkrete Verhaltensformen oder -muster. Darüber hinaus ist es empirisch unklar, welche Rolle diese evolutionären Argumente bei den in der Familiensoziologie wichtigen strukturellen zu erklärenden Mustern spielt. Es finden sich zwar Studien, die den Einfluss der Zyklusphase der Frau auf Attraktivitätseinschätzungen über Männer belegen (Fink und Sövegjarto 2007), es ist jedoch eine offene Frage, inwieweit hierdurch die sozialstrukturell bedingten Homogamietendenzen bei der Partnerwahl, eines Prozesses, der ja meist ohnehin über einen längeren Zeitraum und damit in verschiedenen Zyklusphasen stattfindet, beeinflusst wird. Der letzte und sicher wichtigste Kritikpunkt liegt jedoch in der bislang fehlenden empirischen Erklärungskraft soziobiologischer Theorien menschlichen familialen Verhaltens. Es fehlt ein kritischer Test der unterschiedlichen theoretischen Ansätze. Trotzdem müssen diese Überlegungen bei der Analyse langfristiger familialer Veränderungen, wie beispielsweise beim Zusammenhang zwischen familialen Strukturen und der Hominidenentwicklung, ernst genommen werden, denn langfristig sind evolutionär unvorteilhafte Strategien nicht erfolgreich.

In einem starken Kontrast zum Strukturfunktionalismus und zur Soziobiologie steht der *Symbolische Interaktionismus* (Smith und Hamon 2022, Kap. 1). Er rückt das individuelle Handeln und seine Orientierung an sozialen Gegebenheiten ins Zentrum der Argumentation: „Symbolic interaction is a general theory that posits that social behavior can only be understood in relation to the symbols and meanings any behavior has for actors within a context" (White 2013, S. 23). Danach orientieren sich Akteur:innen in ihrem Handeln nicht an ,objektiven' Fakten, sondern an subjektiven Interpretationen der sozialen Wirklichkeit. Im Gegensatz zur traditionellen, an Normen und Rollen orientierten Soziologie eines normativen Paradigmas der 1960er- und 1970er-Jahre, betont der Symbolische Interaktionismus die Variabilität des sozialen Handelns trotz der gesellschaftlich vorgegebenen und vermittelten Werthaltungen, Rollenverständnisse und Normorientierungen und somit ein interpretatives Paradigma. All diese handlungsrelevanten Faktoren sind in ihrer Bedeutung nicht festgeschrieben, sondern variabel. Die Konzepte des normativen Paradigmas bilden eher einen Rahmen, dessen inhaltliche Füllung einer individuellen bzw. sozialen Interpretation bedarf. So sind „Situationsdefinitionen und Handlungen nicht als ein für alle Mal, explizit oder implizit getroffen und festgelegt" (Wilson 1973, S. 61) zu sehen: Soziales Handeln bedarf eines Aushandlungsprozesses, in dem die Beteiligten eine gemeinsame Situationsdefinition schaffen und daran ihr Handeln orientieren. Dieser Prozess ist dem der Handlungsentscheidung und dem faktischen Handeln vorgelagert; alle an Normen, Rollen oder individuellem Nutzen orientierten Erklärungen des normativen Paradigmas übersehen bzw. ignorieren – so der Vorwurf – dieses Faktum. Selbst bei weitgehender objektiver Situations- und Akteursgleichheit kann der Interpretationsprozess zu unterschiedlichen Deutungen führen und damit differente Handlungen erzeugen. Die Folge aus der Sicht dieser Theorieperspektive ist, dass nomologische Erklärungen in den Sozialwissenschaften nicht sinnvoll und möglich sind. Statt des Erklärens wird das individuelle Verstehen zur einzig möglichen Methodologie.

Sieht man davon ab, dass der Symbolische Interaktionismus mit der Betonung der Notwendigkeit des interpretativen Aktes die Ausnahme zur Regel deklariert,[4] ist die Argumentation durchaus wichtig und nachvollziehbar. Die moderne Handlungstheorie hat diesen wichtigen Hinweis aber auch in ihr Theoriegebäude integriert (Esser 1993). Die seit Jahrzehnten übliche Gegenüberstellung der normativen und interpretativen Soziologie ist zumindest nicht zwingend. In der sozialen Realität lassen sich sowohl stark gesellschaftlich vordefinierte Situationen, die – wenn überhaupt – nur geringe Interpretationsleistungen erfordern, erkennen, als auch solche, die eines Aushandlungsprozesses bedürfen.

Hinsichtlich der methodologischen Frage ‚Verstehen oder Erklären‘ stehen sich weiterhin die zwei Lager scheinbar unversöhnlich gegenüber. Die Tatsache, dass Situationsdefinitionen ausgehandelt und Symbole interpretiert werden, lässt jedoch nicht den Schluss auf eine Unerklärbarkeit zu. Vielmehr ist davon auszugehen, dass der Deutungs- und Aushandlungsprozess selbst einer inneren Logik bzw. Regelhaftigkeit folgt, die aber sowohl Erklärungsargumente wie auch empirische Prüfungen zulässt. Zudem lassen sich aus dem alleinigen Verstehen individueller Handlungen fast nur in trivialen Fällen deren gesellschaftliche Konsequenzen ableiten. Viele erklärungsbedürftige kollektive Phänomene sind nur als unintendierte Konsequenzen individuellen Handelns zu erklären (Boudon 1980). Und schließlich ist die Verstehensmethodologie in ihrem Kern selbst auf allgemeine Theorien angewiesen, auch wenn dies fast immer unerwähnt bleibt (Nagel 1972).

---

[4] Es wird verkannt, dass Situationsinterpretationen zum großen Teil auch gelernt werden. Bestimmte Schlüsselreize können auch ‚automatisch‘ zur kognitiven Generierung bzw. Wiedererkennung von Situationen und ihrer Interpretation führen. Nur dadurch sind ‚spontane‘ Reaktionen und die Ausbildung von Handlungsroutinen möglich. Solche elementaren Institutionalisierungen sind für soziale Interaktionen entlastend und notwendig.

2.4 Ökonomische Theorie der Familie und Austauschtheorie

Die Erklärung familialen Handelns hat durch die ökonomische Theorie der Familie eine wichtige Erweiterung erfahren. Bereits zum Beginn der 1950er-Jahre erschienen die ersten Publikationen, die eine breitere Diskussion einleiteten und die zunächst nicht sonderlich viel Resonanz in der Soziologie fanden. Den elaboriertesten Beitrag leistet Gary S. Becker (1960 1974, 1981), dessen *new home economics* (Neue Haushaltsökonomie) – unbesehen ihrer empirischen Bestätigung – als eine der wenigen sozialwissenschaftlichen Theorien gelten kann und dies in einem strikten Sinne. Es gibt klare Prämissen, ein theoretisches Kernmodell und eine Reihe stringent abgeleiteter und empirisch testbarer Hypothesen.

Die ökonomische Theorie der Familie unterstellt zunächst, dass Individuen versuchen, ihren subjektiven Nutzen zu maximieren. Auch Partnerschaften und Familien unterliegen diesem Gebot. Sie versuchen ihre knappen Mittel so einzusetzen, dass ein Optimum an Output realisiert wird. Die Beteiligten maximieren somit ihre Nutzenfunktion, und dies tun sie immer innerhalb ihres knappen Ressourcenrahmens. Damit ist der Perspektivenwechsel, den diese Überlegungen vornehmen, klar. Partnerschaften und Familien werden nicht – wie sonst bestenfalls üblich – als konsumierende Einheit gesehen, sondern hier werden sie Produzenten ihres eigenen Wohlergehens. Die neue Perspektive sieht somit in den familialen Einheiten ,Produktionsstätten', die genau wie andere (kommerzielle) Firmen ihren Mitteleinsatz optimieren und dadurch mit geringstem Aufwand den Output maximieren wollen. Sieht man dies so, lässt sich das gesamte ökonomische Instrumentarium auf die Gestaltung des Zusammenlebens anwenden, und genau diesen Versuch unternimmt Gary S. Becker in seinen Analysen.

Während die Ökonomie aber von der Produktion marktgängiger Güter ausgeht, produzieren Partnerschaften und Familien *commodities* (Becker 1976, S. 207), also Güter und Zustände, die entweder nicht auf dem Markt erworben werden können (beispielsweise Kinder, Zuneigung) oder nur zu deutlich höheren Preisen (beispielsweise Mahlzeiten, Kinderbetreuung, Sinnesfreuden, Empathie). Implizit erhält dadurch die nichterwerbliche Arbeit eine wichtige Bedeutung. Erwerbsarbeit schafft die Grundlagen für den Mittelsatz, und nichterwerbliche Arbeit generiert – mit Rückgriff auf die (verdienten) materiellen Ressourcen – die erstrebten *commodities*. Das Produktionsergebnis selbst ist von verschiedenen Faktoren abhängig: Humankapital, Zeit, Grad der Arbeitsteilung und Spezialisierung. Diese Größen sind durchweg mit der sozialstrukturellen

Position der Beteiligten verknüpft. Zudem sind die produzierten *commodities* in Art und Ausprägung different und reproduzieren die soziale Schichtung. Deshalb trifft der gelegentlich erhobene Vorwurf einer ‚unsoziologischen Argumentation' kaum. Richtig ist, dass diese Dimensionen in der ökonomischen Analyse ‚nur' als ‚Inputvariablen' gesehen werden, aber damit ist die soziologische Perspektive nicht obsolet, sondern sogar besonders bedeutsam.

Vor dem skizzierten Hintergrund und einigen weiteren Annahmen wird eine Reihe von Phänomenen einer Erklärung zugänglich, die man durchaus als zentrale Aspekte der Familiensoziologie einordnen kann. Einige seien hier ansatzweise skizziert (vgl. hierzu auch die folgenden Kapitel zu Partnerschaft und Fertilität).

1. *Partnerwahl:* Bevor die Produktion von *commodities* aufgenommen werden kann, müssen sich die Partner:innen finden. Im Modell organisiert der Heiratsmarkt diesen Prozess. Aus Sicht der Handelnden sind zwei Sachverhalte von besonderer Bedeutung, die beide von der klassischen Ökonomie vernachlässigt werden. Während des Suchprozesses können die angestrebten *commodities* nicht (oder bestenfalls partiell) produziert werden. Es fallen also Opportunitätskosten an, die mit der Dauer des Suchprozesses steigen. Die Suche selbst ist mit Aufwand verbunden; es sind also Suchkosten zu beachten. Mit längerer Suche steigt zwar die Wahrscheinlichkeit, optimale Partner:innen zu finden, zugleich aber steigen auch die Opportunitätskosten. Damit wird der Suchprozess in der Regel mit einem suboptimalen Ergebnis abgebrochen. Der *match* der Partner:innen ist also in der Regel eher ein *mismatch,* der vielfältige Konsequenzen etwa für die Stabilität von Beziehungen hat.

2. *Fertilität:* Kinder sind vielleicht das wichtigste ‚Gut', das in Partnerschaften generiert wird. Wann Kinder geboren werden, ist aus Sicht der ökonomischen Theorie der Familie vor allem eine Frage nach der „Konkurrenz der Genüsse" (Brentano 1909). Die Realisierung des Kinderwunsches steht in Konkurrenz zu anderen Zielen. Auch hier sind die Opportunitätskosten zentral. Lange Ausbildungszeiten sichern häufig ein hohes Einkommen, das aber u. U. verloren geht. Das aufgebaute Humankapital amortisiert sich erst über längere Berufstätigkeit, was zu einer ‚späten' Geburt führen kann. Auch die Frage nach der Kinderzahl ist davon tangiert. Ein zweites oder drittes Kind verursacht tendenziell weniger Kosten und eine geschlechtsspezifische Arbeitsteilung wird effizienter. Und schließlich ist die Zahl der Kinder gekoppelt an die angestrebte ‚Qualität' der Kinder (Becker 1960).

3. *Arbeitsteilung:* Direkt auf der Fertilitätsfrage baut die Argumentation hinsichtlich der Arbeitsteilung auf. Wer was und mit welchem Zeitaufwand erbringt,

kann mit Blick auf das Humankapital, das Erwerbseinkommen, das Arbeits-
aufkommen und ggf. das Erziehungsaufkommen im Haushalt analysiert
werden. Bei hinreichenden Spezialisierungsanreizen wird wohl die- oder der-
jenige mit dem höheren Marktlohnsatz außerhäuslich tätig sein (Becker 1960).
4. *Trennung:* Der über die gleichläufige Entwicklung von Suchkosten und
Informationssicherheit zu erwartende *mismatch* der Partner:innen ist zugleich
eine Quelle für die Auflösung der Beziehung. Mögliche Alternativen zur
bestehenden Verbindung und die bereits in die Partnerschaft investierten
Ressourcen machen einen ‚Ausstieg' verlustreicher und damit unwahrscheinlicher (Becker 1981).

Diese Beispiele zeigen, dass die ökonomische Theorie der Familie ein beträcht-
liches Erklärungspotenzial und die Entwicklung der Familiensoziologie nachhaltig bereichert hat, auch wenn sie in der gegenwärtigen Theoriediskussion
in ihrer ‚Reinform' an den Rand gerückt ist. Ihre zentralen Argumente haben
in der Fertilitäts- oder Partnerwahlfrage häufig bereits ‚Selbstverständlich-
keitscharakter'. Trotz dieser Verdienste sei auf zwei Merkmale kritisch verwiesen. Die Theorie geht über weite Strecken von einem Modell aus, bei dem
der gemeinsame ‚Ehegewinn' maximiert wird. Dies muss natürlich nicht der Fall
sein. Realistischer scheint eine Mischung aus Kollektiv- und Individualnutzen.
Becker verweist zwar auf die Möglichkeit von Verhandlungsprozessen zwischen
den Beteiligten, übersieht aber, dass manche Entscheidungen sehr unterschiedliche Konsequenzen für die beiden Akteur:innen haben, was bei Fertilitätsentscheidungen besonders deutlich wird (Ott 1989).
      Die wohl wichtigste soziologische Theorie zur Erklärung familialen Ver-
haltens ist die *Austauschtheorie* (Thibaut und Kelley 1959), die historisch in
kritischer Auseinandersetzung mit dem Strukturfunktionalismus entstand. Die
Grundannahme der Theorie ist abermals das rationale, nutzenmaximierende
Verhalten der Akteur:innen. Sie verfügen über Ressourcen, die gesellschaftlich ungleich verteilt sind. Zudem streben Akteur:innen nach Ressourcen, die
anderen gehören oder von anderen kontrolliert werden. Ressourcen sind keineswegs nur materieller Art, sondern häufig handelt es sich um Verhaltensweisen
bzw. Handlungen, die Akteur:innen kontrollieren bzw. deren Ausführung von
anderen gewünscht wird. Das Interesse an Verhaltensweisen und Handlungen
anderer ist gerade für enge, affektive Beziehungen wesentlich. Man kann in
Anlehnung an Coleman (1990) formulieren: Es gibt Interessen an und Kontrolle
über Ressourcen. In dieser Situation ist der Austausch zwischen den Akteur:innen
ein probates Mittel um das Wohlergehen beider bzw. den realisierten Nutzen
der Beteiligten zu erhöhen. Im sozialen Tausch können Geben und Nehmen

zeitversetzt auftreten, und zudem gilt das Reziprozitätsprinzip. Verlaufen die Anfangsinteraktionen zum beiderseitigen Vorteil, dann liegt es nahe, die Interaktionen fortzuführen und auf andere inhaltliche Bereiche zu erweitern. Bedingt durch zeitliche Asymmetrie entsteht ein Geflecht von wechselseitigen Ansprüchen. Es gibt offenstehende Rechnungen bzw. Verpflichtungen, aber auch Guthaben und Anleihen im sozialen Sinne. Ist die Bilanz der Tauschbeteiligten insgesamt positiv – was partielle Enttäuschungen nicht ausschließt –, wird die Interaktion weitergeführt und verdichtet, sofern der oder die andere über weitere Ressourcen verfügt, die von den Akteur:innen begehrt werden. Ist die (Zwischen-)Bilanz negativ, dann werden die Tauschverhältnisse nicht ausgeweitet oder gar abgebrochen.

Vor diesem Hintergrund werden zwei Begriffe eingeführt, die für die Entscheidung zum Tausch ausschlaggebend sind. Thibaut und Kelley (1959) konstatieren zunächst, dass jede Handlung mit Kosten und Nutzen verbunden ist. Die Entscheidung für bzw. gegen eine Tauschhandlung erfolgt dann über die Abschätzung zweier Größen: Zunächst werden Kosten und Nutzen über ein Vergleichsniveau (*comparison level* = CL) bewertet, das die individuellen Erwartungen (z. B. an Belohnung) von Akteur:innen widerspiegelt. Ein höherer Nutzen erzeugt Zufriedenheit, ein niedriges Nutzenniveau Unzufriedenheit. Dieser individuelle Erwartungswert beruht auf eigenen Erfahrungen und/oder ist durch gesellschaftliche Werte und Normen beeinflusst. Die Entscheidung ist aber zudem von einer zweiten Größe, dem Vergleichsniveau der Alternativen (CL_{alt}) abhängig: „CL_{alt} can be defined informally as the lowest level of outcomes a member will accept in the light of available alternative opportunities. It follows from this definition that as soon as outcomes drop below CL_{alt} the member will leave the relationship. The height of the CL_{alt} will depend mainly on the quality of the best of the member's available alternatives, that is, the reward-cost positions experienced or believed to exist in the most satisfactory of the other available relationships" (Thibaut und Kelley 1959, S. 21 f.).

Je nach Höhe der beiden Größen ergeben sich unterschiedliche Konstellationen, von denen zwei besondere Beachtung verdienen. Akteur:innen können auch dann eine Handlung wählen bzw. in einer Beziehung bleiben, die als unbefriedigend empfunden wird, wenn sie keine besseren Alternativen erkennen. Aber möglich sind auch das Ausschlagen eines Tausches bzw. das Verlassen einer Beziehung, obwohl diese als befriedigend wahrgenommen wird, wenn sich denn eine noch bessere ergibt. In der Forschung zur Beziehungsqualität und -stabilität ist diese Differenzierung sehr bekannt geworden. Trotz hoher Beziehungsqualität kann die Beziehungsstabilität gering sein (bzw. eine Trennung erfolgen), wenn die Alternativen zur bestehenden Beziehung noch anreizstärker sind. Und umgekehrt ist es möglich, dass eine Beziehung stabil bleibt, obwohl Unzufriedenheit dominiert, aber eben keine oder nur schlechtere Alternativen zu erkennen sind (Lewis und Spanier 1979).

Eine wichtige Ergänzung hat die Austauschtheorie durch die Arbeiten von Rusbult (1980) erhalten (siehe auch Rusbult et al. 2006). Als *commitment* hat sie einen theoretischen Begriff eingeführt, der erklären kann, warum – ceteris paribus – mit zunehmender Bestandsdauer enge Beziehungen stabiler werden bzw. das Trennungsrisiko geringer wird. Die simple Basishypothese lautet, dass mit zunehmender Beziehungsdauer auch die Investitionen in die Ehe bzw. Partnerschaft steigen. Unabhängig vom Zufriedenheitsniveau und auch unabhängig von den Alternativen steigt das *commitment* durch die Investitionen, die gänzlich unterschiedlicher Art sein können: gemeinsame Erfahrungen und Geschichte, emotionale Bindung und Unterstützung, materielle Investitionen oder auch eine Paaridentität. Die auch empirisch untermauerte Idee hat zweifellos eine gewisse Ähnlichkeit zur Annahme von *sunk costs* in der Familienökonomie. Die Geltung des Reziprozitätsprinzips führt somit auch zu einer Verdichtung der sozialen Interaktion zwischen zwei oder mehr Akteur:innen.

Prinzipiell gibt es keinerlei Beschränkungen beim Tausch der verschiedenen Ressourcen, aber empirisch sind durchaus gewisse Restriktionen zu beobachten. So erscheint es zumindest unüblich, Geld gegen emotionale Zuwendung zu tauschen. Mit der Ressourcentheorie gehen Foa und Foa (1980) dieser Frage genauer nach. Bei diesem Ansatz geht es nicht um die handlungstheoretischen Grundlagen des Tausches, sondern um die Tauschbarkeit von Ressourcen, die hier als „anything transacted in an interpersonal situation" (Foa und Foa 1980, S. 78) verstanden werden. Die Vielzahl von konkreten Ressourcen lassen sich in sechs Klassen einteilen, die in einem zweidimensionalen Raum angeordnet werden können. Bei den Klassen handelt es sich um Liebe, Status, Information, Geld, Güter und (Hilfs- und Versorgungs-)Dienste.

Diese Intensivierung des Austauschverhältnisses kann in langfristigen Beziehungen ein sehr hohes Ausmaß annehmen. Tauschverhältnisse lassen mit der Zeit Muster bzw. Regeln erkennen, sie werden routinisiert und laufen ‚automatisch' ab – ganz ähnlich wie im Modell der Institutionenentstehung des Symbolischen Interaktionismus. Das Wissen der Partner:innen übereinander wächst, es werden Partnerschafts- bzw. ehespezifische Skripte und Schemata aufgebaut und aus der Außensicht erscheinen solche Beziehungen nicht selten trist und erstarrt. Erst gravierende, krisenhafte Ereignisse können dann zu einer Durchbrechung der monoton wirkenden Beziehung führen. Dadurch kann dann auch wieder ein hohes emotionales Potenzial freigesetzt werden, das zuvor verloren gegangen schien. Insbesondere durch die Arbeiten von Berscheid (1983) konnte die emotionale und kognitive Unterfütterung von langfristigen, engen Beziehungen aufgedeckt werden. Die Metapher vom Tausch charakterisiert somit eher die Interaktionsebene, die erkennbar, aber einer Tiefenerklärung zugänglich ist (Daly 2003).

2.5   Neuere theoretische Perspektiven

Wie bereits erwähnt, wird die aktuelle familiensoziologische Forschung vor allem durch vielfältige empirische Studien zu Einzelaspekten familialen Handelns und Verhaltens geprägt. Die theoretische Basis bildet dabei häufig eine ‚aufgeklärte‘ und ‚abgeklärte‘ handlungstheoretische Position, deren Grundlagen gerade vorgestellt worden sind. In den letzten Jahren finden sich jedoch einige Akzentverschiebungen bzw. Erweiterungen, die hier abschließend skizziert werden sollen.

1. Einen wichtigen Beitrag zum Verständnis innerfamilialer Interaktion und Kommunikation, aber auch zu familialen Handlungen liefert der *family systems* Ansatz (Smith und Hamon 2022, Kap. 5; White et al. 2019, Kap. 6). In diesem, vor allem auch in der Familientherapie verwendeten, Ansatz steht der Gedanke im Mittelpunkt, dass die einzelnen Familienmitglieder als (Teil-) Systeme zu verstehen sind, die sich gegenseitig als Umwelt wahrnehmen und sich auf diese Art gegenseitig beeinflussen und zusammen wiederum das Familiensystem bestimmen. Auch wenn diese Überlegung sicherlich eng an die strukturfunktionalistische Tradition sowie die allgemeine Systemtheorie und damit an große Theoriegebilde anschließt, gewinnt sie ihre Bedeutung doch eher in der kleinräumlichen Analyse von alltäglichen familialen Interaktionen und Ereignissen. Aus den Grundannahmen der allgemeinen Systemtheorie – alle Teile eines Systems sind verbunden, für ein Verständnis der interessierenden Prozesse muss das ganze System betrachtet werden, innerhalb eines Systems existieren Feedback-Beziehungen – und einem konstruktivistischen Verständnis von Systemen werden nun konkrete Familien untersucht. Dabei sind natürlich auch die Systemgrenzen – wer gehört zur Familie und wer nicht? – sowie die internen Routinen, Kommunikations- und Interaktionsstile zu berücksichtigen. Seine Stärke gewinnt der *family systems* Ansatz bei der Analyse von Einzelfällen: Warum misslingt systematisch die Kommunikation zwischen zwei Partner:innen? Werden hier unterschiedliche Codesysteme verwendet, Routinen verschieden interpretiert und Systemgrenzen unterschiedlich wahrgenommen?

2. Eine große Ähnlichkeit zu diesen Überlegungen weist nicht nur auf den ersten
   Blick das *ecological framework* auf (Smith und Hamon 2022, Kap. 6). Unter
   diesem Label werden unterschiedliche Ansätze zusammengefasst, die aber
   alle die Gemeinsamkeit haben, dass sie die Gesamtheit der Lebensumstände
   bei der Erklärung von Entwicklungsprozessen im Auge behalten (wollen).
   Theoretischer Ausgangspunkt sind in der Ökologie entwickelte Überlegungen,
   die auch für die Soziobiologie und die Evolutionsbiologie zentral sind (siehe
   Smith und Hamon 2022, Kap. 10). Als theoretisches Primat kann man die Idee
   betrachten, dass alles Handeln und alle Entwicklungen nur kontextualisiert
   zu verstehen und zu erklären sind. So wird die kindliche Entwicklung selbstverständlich vom familialen System und dieses wiederum vom Kontext der
   Gemeinde und der allgemeinen Gesellschaft beeinflusst (Chibucos und Leite
   2005). Dabei ist der proklamierte Einfluss keineswegs einseitig – Individuen
   beeinflussen Familien und diese wiederum den größeren gesellschaftlichen
   Kontext. Im Einzelnen wird zwischen dem *Mikrosystem* der Akteur:innen,
   ihrem direkten Umfeld wie etwa der Familie oder der Schule, dem *Meso-
   system,* also deren institutioneller Verflechtung, dem Exosystem und damit
   nicht direkt mit der Person verbundenen, aber sie indirekt beeinflussenden
   Größen wie etwa dem Arbeitsplatz der Eltern, und dem Makrosystem, hier
   also beispielsweise der allgemeinen Gesellschaft und schließlich dem *Chrono-
   system* unterschieden, wobei hierunter die zeitliche Verortung der einzelnen
   Einflussgrößen im Lebensverlauf verstanden wird (Bronfenbrenner 1979).
   Ein gelungenes Beispiel liefert die Arbeit über die soziale Ökologie der Ehe
   und anderer intimen Gemeinschaften. Um partnerschaftliche Interaktionen
   angemessen zu analysieren, müssen folgende Ebenen berücksichtigt werden:
   „(a) a society, characterized in terms of both macrosocietal forces and the
   ecological niches within which particular spouses and couples function; (b)
   the individual spouses, including their psychosocial and physical attributes, as
   well as the attitudes and beliefs they have about each other and their relationships; and (c) the marriage relationship, viewed as a behavioral system
   embedded within a larger network of close relationships" (Huston 2000,
   S. 298).

3. Insbesondere die Berücksichtigung des Chronosystems macht die Nähe
   dieser Überlegungen zu *Familienentwicklungsmodellen* deutlich. Es ist hier
   kaum möglich, die verschiedenen Ansätze und Überlegungen auch nur auf-
   zuzählen, die allesamt die Idee proklamieren, dass die Verortung von Ereignissen im Lebens- und Familienverlauf eine ausgesprochen bedeutsame Rolle
   spielt: Die grundlegende Idee ist dabei recht einfach: „Family development
   concentrates on how families change over their lifetimes" (Aldous 1996,

S. 3). Beziehungsweise: „One of the enduring puzzles in family studies is the description and explanation of changes in roles and relationships among family members over time. Here, too, the metaphor of ‚development' has been used, along with notions of ‚family cycle', (…), ‚life cycle', and ‚life span development' – Ideen, die sich alle als *Lebensverlaufsperspektive* (Fasang und Zagel 2023) zusammenfassen lassen und die beginnend mit den Überlegungen zum Familienzyklus (Glick 1947) eine lange Tradition aufweisen (White 2013). Diese Berücksichtigung einer diachronen, zeitverlaufsorientierten Perspektive geht einher mit der theoretischen und methodisch-statistischen Trennung von Alters-, Perioden- und Kohorteneffekten und damit der Trennung von ontogenetischen Alterungsprozessen, historischen Ereignissen und dem sozialen Wandel zwischen den Generationen oder Kohorten (Mayer und Huinink 1990). Gerade in der empirischen Forschung wurde diese theoretische Perspektive durch die (Weiter-)Entwicklung und Verbreitung ereignisorientierter Analysemethoden unterstützt. Zentral ist dabei, dass es (starke) Interdependenzen zwischen dem Lebenslauf und sich verändernden historischen Umständen und den verschiedenen Entscheidungen im Lebenslauf gibt – frühere Entscheidungen haben somit Effekte auf spätere Prozesse, d. h. Entwicklungen sind immer in ihrer Pfadabhängigkeit zu interpretieren (Fasang und Zagel 2023).

4. Eine weitere, in der klassischen Diskussion der Familiensoziologie häufig nicht deutlich genug herausgearbeitete theoretische Perspektive lässt sich als *feminist theory* (Chibucos und Leite 2005; Smith und Hamon 2022, Kap. 9) bezeichnen. Es ist nicht einfach, in der Fülle an Publikationen allgemein akzeptierte gemeinsame Grundlagen zu finden, aber man kann sicher festhalten, dass die meisten Vertreterinnen und Vertreter der *feminist theory* familiale Ereignisse als Konsequenz der Geschlechter- und Machtverhältnisse betrachten.[5] Ein Ausgangspunkt ist dabei, die weibliche Sicht familialer Interaktionen und Prozesse und die zentrale Rolle des Geschlechterkonzeptes als Organisationskriterium in den Mittelpunkt des Interesses zu stellen. Machtfragen – bis hin zur Gewalt gegen Frauen – finden hier besondere Berücksichtigung. So lässt sich beispielsweise zeigen, dass die Teilung der häuslichen

---

[5] Im Rahmen dieser Diskussionen finden sich auch häufig Forderungen nach aktivem Handeln. „The basic goal of feminist theory is to inform and encourage change in social structures that will ultimately empower women. Feminist theory is focused on empowering women and other disenfranchised groups" (Chibucos und Leite, 2005, S. 209). Diese Ideen einer gesellschaftspolitischen Aktionsforschung sind jedoch stark umstritten.

Arbeit nicht nur von der Produktivität und den relativen Ressourcen, sondern offensichtlich auch von traditionellen Rollenvorstellungen bestimmt und damit ungleichgewichtigen Belastungen Vorschub geleistet wird (siehe Abschn. 3.2.5) oder dass es deutliche, nur auf das Geschlecht zurückführbare Einkommensunterschiede (Schmitt und Auspurg 2022), also geschlechtsspezifische Diskriminierungen, gibt. Wenn man diese Prozesse theoretisch erfassen will, zeigt sich, dass die Familie keine, wie etwa in den *new home economics* vermutet, einheitliche Handlungseinheit darstellt, sondern dass hier (mindestens) zwei Akteur:innen interagieren und miteinander verhandeln und dass dabei selbstverständlich auch strukturell bedingte Machtunterschiede eine wichtige Rolle spielen (Ott 1989). Ohne Berücksichtigung dieser Prozesse lassen sich aber familiale Entwicklungen, wie etwa die Verschiebungen im Heiratsalter und der Heiratsneigung oder Veränderungen im Fertilitätsniveau nicht angemessen erklären.

5. Ebenfalls noch keine in der Familiensoziologie vollständig etablierte Theorierichtung ist die Bindungstheorie bzw. die *attachment theory* (Bowlby 1975; Smith und Hamon 2022). In der Soziologie wird sie nur selten wahrgenommen, innerhalb der stärker (sozial-)psychologischen Forschung ist sie hingegen von zentraler Bedeutung. Ihr liegt eine alte und wohlbekannte Argumentation zugrunde, die aber eine theoretische Neuinterpretation erhalten hat. Man geht davon aus, dass die grundlegenden Verhaltensmuster bzw. konkreten Bindungsstile, die sich insbesondere in engen, intimen Beziehungen auch im Erwachsenenalter zeigen, bereits in der frühkindlichen Sozialisation erworben werden. Kinder haben zunächst ein genetisch disponiertes Bindungsverhalten, das in bestimmten (Ausnahme-)Situationen virulent wird. Sie suchen die Nähe zur Bezugsperson und reagieren deutlich emotional geprägt etwa durch Weinen oder Lächeln. Ab etwa einem knappen Jahr beginnen Kinder verstärkt ihre Umwelt zu erkunden und zeigen somit das explorative Verhalten. Dabei entfernen sie sich sukzessiv weiter und länger von der Bindungsperson, aber brauchen diese weiter als sichere Rückzugsbasis. Die Erfahrungen des Kindes mit den Reaktionen der Bezugsperson (liebevolle Aufnahme, Abweisung, Strafe etc.) auf das Rückzugsverhalten generieren dann den grundlegenden Bindungstyp. Für das Bindungsverhalten wird ein ‚inner working model' entwickelt, das langfristig das Verhalten insbesondere in engen Sozialbeziehungen steuert. Eine einfache Typologie geht von drei Typen aus: sichere Bindung, ängstlich-ambivalente Bindung und unsichere Bindung (Shaver und Hazan 1987). Die Bindungstheorie ist ohne Zweifel potenziell auf eine Reihe von Problemstellungen – wie etwa die Partnerwahl, das Konfliktverhalten, die Partnerschaftsentwicklung sowie

Partnerschaftsqualität und -stabilität – anwendbar (Hill 2004). Bei der Diskussion dieser Theorie sollte man nicht aus dem Auge verlieren, dass sie zwar eine deutliche Nähe zur Psychoanalyse hat, aber auch kompatibel zur kognitiven Psychologie ist. Zudem ist das Kernargument der Theorie keineswegs einseitig ‚psychologisch', sondern durchaus ‚soziologisch', da das Verhalten bzw. Handeln eben nicht in stabilen ‚Charaktermerkmalen' gründet, sondern als Resultat einer sozialen Interaktion modelliert ist. Methodisch stellt die Theorie ebenfalls eine Herausforderung dar, weil ihr Test aufwendige Langzeitstudien notwendig macht.

6. Von den oben skizzierten soziobiologischen Überlegungen sind schließlich andere „biosocial influences on the family" (D'Onofrio und Lahey 2010) zu unterscheiden. In dieser Forschungstradition werden biologische Faktoren und deren teilweise komplexen Beeinflussungsmöglichkeiten für konkrete Handlungen untersucht. „For example, cortisol (a stress hormone) can serve as a transcription factor (…) and the experience of harsh parenting is associated with elevated levels of cortisol in children (…). Thus, it is plausible that harsh maternal parenting could influence gene expression by influencing levels of cortisol" (D'Onofrio und Lahey 2010, S. 769). Ein anderes Beispiel greift den Tatbestand auf, dass in modernen Gesellschaften der „Morgen danach" (Kaufmann 2004) über den weiteren Verlauf einer Partnerschaft entscheidet. Als kausaler Mechanismus wird die Ausschüttung von Oxytocin während des Orgasmus vermutet, da Oxytocin ein Neurotransmitter ist, der auch für das Bindungsverhalten verantwortlich gemacht wird. Derartige Ansätze liefern eine Tiefenerklärung für bisherige Beobachtungen und sind – nicht nur – aus wissenschaftstheoretischer Sicht immer zu begrüßen, verdrängen aber soziologische Theorien keinesfalls, sondern liefern – wie gesagt – Vertiefungen der Erklärung.

2.6   Fazit

Lässt man unsere Ausführungen zu den theoretischen Perspektiven der Familiensoziologie Revue passieren, kann leicht der Eindruck entstehen, die Familiensoziologie stehe vor einem bunten Korb unterschiedlicher Theorien, die mehr oder weniger frei verfügbar und einsetzbar sind und deren Anwendung – und dies ist der entscheidende Punkt – keinerlei Kriterien unterliegt.[6] Eklektizismus oder theoretische Idiosynkrasien sind damit vorbestimmt und unvermeidbar. Diesem Eindruck soll hier abschließend deutlich widersprochen werden: So unterschiedlich die verschiedenen Ideen auf den ersten Blick auch vielleicht sein mögen, die wichtigsten Ideen lassen sich recht mühelos in ein einheitliches Modell integrieren, das im Folgenden kurz skizziert werden soll.

Ausgangspunkt der Überlegungen ist dabei eine modifizierte Form des familienökonomischen Ansatzes: Menschen versuchen, unter gegebenen Restriktionen das Beste aus (sozialen) Situationen zu machen – wie immer man diesen theoretischen Kern auch nennen mag. Erklärungskraft und damit Tragfähigkeit gewinnen diese Überlegungen durch die spezifische Formulierung von prüfbaren empirischen Hypothesen. Ein wichtiger Aspekt der Familienökonomie ist dabei die Tatsache, dass mit Hilfe dieser Modellierungsidee gezeigt werden kann, dass die längerfristige Bündelung von Ressourcen und das jeweilige *commitment* in einer Beziehung sinnvoll ist. Dabei gilt das Prinzip der abnehmenden Abstraktion: Zuerst sollte man versuchen, mit möglichst einfachen Ideen soziale Phänomene zu erklären. Wenn dies nicht erfolgreich ist, kann man diese einfachen theoretischen Annahmen spezifizieren und entsprechend ergänzen.

In den vorangegangenen Ausführungen wurden die wichtigsten theoretischen Zugänge vorgestellt: So sind eingespielte und kulturell erprobte Routinen sicherlich eine wesentliche Erleichterung in alltäglichen Entscheidungssituationen. Entscheidungen zu treffen ist keine einfache Übung und deshalb kann man mit Luhmann (1983) ein ‚Lob der Routine' formulieren. Dass innerhalb des Rational-Choice-Ansatzes auch Werte und Normen recht mühelos integriert werden können, ist evident (Esser 1993). Ebenfalls evident und belegt ist die theoretische Prämisse, dass sich familiale Prozesse nur durch Berücksichtigung der Interaktionen und Machtdifferenzen analysieren und erklären lassen. Genau

---

[6]Es sei noch einmal darauf hingewiesen, dass auch die Familiensoziologie – wie auch die allgemeine Soziologie – sicherlich eine doppelte Rolle in einer modernen Gesellschaft zu spielen hat. Einerseits dient sie dazu, im Rahmen einer umfassenden Sozialberichterstattung die relevanten Informationen für eine rationale Politikgestaltung zu liefern. Wer nicht über die notwendigen Informationen über die Realität verfügt, kann nicht geplant handeln. Andererseits – und dies ist der Mittelpunkt der hier zu findenden Überlegungen – wollen die beschriebenen empirischen Tatbestände auch erklärt werden, und hierzu bedarf es nun einmal, trotz aller hier zu findenden Unklarheiten, theoretischer Modelle, denn nur wer die (gültigen) Mechanismen kennt, kann Veränderungen sinnvoll und nicht nur erratisch gestalten.

auf diese Art ist eine Gender-Perspektive unumgänglich. Dass familiale Prozesse ebenso wenig ex nihilo zu verstehen sind und eben in den jeweiligen Lebenskontext eingebunden werden müssen, ist ebenso zwingend. Sozialökologische Eingebundenheit ist hier ebenso wichtig wie die ontogenetische Verortung im Lebenslauf. Ob man diese verschiedenen Aspekte und Hinweise jeweils gleich als Theorien klassifizieren muss, ist eine müßige Frage, die zu keinem Ergebnis kommen muss, da Namensgebungen letztlich wenig fruchtbar – wenn auch ab und an folgenreich – sind. Hier wird die Ansicht vertreten, dass die im letzten Abschnitt genannten Aspekte wichtige Ergänzungen und Hinweise bieten und auf Lücken in der bisherigen Forschung verweisen, jedoch letztlich keine eigenständigen Theorien darstellen. Vor dem Hintergrund der in der allgemeinen Soziologie geführten Diskussion über theoretische Mechanismen (Hedström und Swedberg 1998) kann man die gerade genannten Erweiterungen der theoretischen Perspektive jedoch durchaus als eine progressive Problemverschiebung auffassen.

▶ **Kurz zusammengefasst** Die Familiensoziologie will familiale Gegebenheiten beschreiben, verstehen und sie in ihrer gegebenen Form und ihren Entwicklungen erklären. Für diese Aufgaben benötigt man tragfähige Theorien. Die eine, jedes Phänomen gleichermaßen gut erklärende Theorie gibt es zwar nicht – aber mit der Annahme, dass Menschen versuchen, unter gegebenen Restriktionen das Beste aus (sozialen) Situationen zu machen, liegt zumindest ein gut brauchbarer theoretischer Kern vor, auf dem auch viele der in den folgenden Kapiteln vorgestellten empirischen Arbeiten beruhen.

Partnerschaft

3

Inhaltsverzeichnis

Zu den wichtigsten Arbeitsfeldern der Familiensoziologie gehört die theoretische und empirische Aufarbeitung von typischen partnerschaftlichen und familialen Entscheidungs- und Entwicklungsprozessen, die in drei übergeordnete Fragestellungen eingeordnet werden können. Zunächst ist der Frage nachzugehen, wie sich die Entstehung von Partnerschaften, seien es nichteheliche oder eheliche Formen, erklären lässt und welche Regelmäßigkeiten dabei zu beobachten sind (Abschn. 3.1). Danach geht es um die Ausgestaltung partnerschaftlicher Beziehungen (Abschn. 3.2). Innerhalb jeder Partnerschaft sind Veränderungen in den Interaktionsgrundlagen zu beobachten. Während im Anfangsstadium einer Partnerschaft die Interaktion häufig durch eine starke positive emotionale Komponente gezeichnet ist, kann in lang andauernden Beziehungen eine Routinisierung und Versachlichung verzeichnet werden. Zudem bilden sich zumeist bestimmte Regeln bzw. Normen aus, welche die Interaktion und Kooperation steuern. Dazu gehört z. B. die Einigung darüber, wie Erwerbs- und Familienarbeit aufgeteilt werden sollen. Schließlich sind Partnerschaften zunehmend nicht von lebenslanger Stabilität geprägt; sie finden ihr Ende vermehrt in einer Trennung oder Scheidung (Abschn. 3.3). Die Auflösung partnerschaftlicher und familialer Verbindungen und deren Folgen für die Betroffenen ist somit ebenfalls ein zentrales Feld der Familiensoziologie.

© Der/die Autor(en), exklusiv lizenziert an Springer Fachmedien Wiesbaden 55
GmbH, ein Teil von Springer Nature 2023
K. Hank et al., *Familiensoziologie*, Studienskripten zur Soziologie,
https://doi.org/10.1007/978-3-658-41878-6_3

3.1 Partnerwahl, Partnermarkt und Partnerschaftsformen

Es gibt wohl nur sehr wenige Lebensbereiche, denen subjektiv eine größere Bedeutung zugeschrieben wird als den affektiven Bindungen, wie sie in – mehr oder minder stark institutionalisierten – ‚romantischen' Beziehungen gelebt werden. Ein wesentliches *individuelles Motiv* dafür, eine auf eine gewisse Stabilität und Langfristigkeit angelegte Partnerschaft einzugehen, besteht heute darin, dass wir hier in besonderer Weise emotionale und sexuelle Bedürfnisse befriedigen können. Des Weiteren kann eine Partnerschaft das Prestige eines Individuums steigern, insbesondere dann, wenn der oder die Partner:in allgemein als besonders attraktiv bewertete Merkmale (z. B. Schönheit oder Reichtum) aufweist. Und schließlich lassen sich in einer Partnerschaft Effizienzvorteile realisieren (Becker 1981), z. B. durch Spezialisierung bei der Haushaltsproduktion (die Frau ist erwerbstätig, der Mann kümmert sich um die Kinder; siehe Abschn. 3.2.5 und 3.2.6) oder die gemeinsame Nutzung bestimmter Güter (z. B. Wohnung, Spülmaschine, etc.).

Über die ihnen zugrunde liegenden individuellen Motive und Nutzenerwägungen hinaus kommt Partnerschaften, obwohl sie aus heutiger Sicht doch etwas scheinbar so Privates sind, jedoch auch eine erhebliche *gesellschaftliche Bedeutung* zu. Eheschließungen und Familiengründungen waren in nicht-modernen Gesellschaften den individuellen Gefühls- und Bedürfnislagen der Betroffenen weitgehend entzogen und stattdessen in die kollektiven Logiken des übergeordneten Sozialverbandes, also der Herkunftsfamilie (oder des Clans, Stammes, etc.) eingebettet (Rosenbaum 2014; siehe auch Kap. 1). So zeigt etwa Levi-Strauss (1981) in seiner klassischen Arbeit über die elementaren Strukturen der Verwandtschaft, dass neben der Überwindung des Inzestproblems der Frauentausch zwischen einzelnen Stämmen vor allem dazu diente, soziale Integration zu erzeugen. Die *Partnerwahl* wurde hier also primär durch kollektive Interessen bestimmt, nicht durch die womöglich ‚romantischen' Motive der einzelnen Frauen und Männer. Wer mit wem wann eine Partnerschaft einging, war damit eine Entscheidung, die in der Vergangenheit im Interesse der Herkunftsfamilie zumeist patriarchalisch gefällt wurde: „While cross-cultural studies have suggested that passionate or romantic love is likely to be a human universal [...], it appears that romantic love did not become a normatively expected basis for marriage until the nineteenth century, particularly in Western societies" (Van Bavel 2021, S. 219).

3.1.1 Die Partnerwahl als sozial strukturierter Prozess

Auch wenn kollektive Interessen an Partnerschaften – als Ort der Reproduktion, Sozialisation und Solidarität – heute nicht gänzlich verschwunden sind, so gilt in ‚modernen' Gesellschaften *die Liebe* als eine alle anderen Rationalitäten außer Kraft setzende Beziehungsgrundlage und genügt als alleinige Legitimation für eine auf Dauer angestrebte Bindung (Coontz 2005).[1] Sie bringt und hält die Akteur:innen zusammen und sie gehorcht scheinbar keinen Regelmäßigkeiten. Eine soziale Strukturiertheit ‚romantischer' Beziehungen ist auch mit gängigen Theorien der Moderne, für die Merkmale wie Universalismus, Offenheit, soziale Durchlässigkeit und Individualisierung zentral sind, wenig kompatibel. Wo die Liebe hinfällt, ist nicht berechenbar. Keine Konstellation ist ausgeschlossen. Oder doch?

In einer frühen Studie fand Bossard (1932, S. 222), dass in Philadelphia ein Drittel aller Paare vor ihrer Heirat innerhalb einer Distanz von maximal fünf Häuserblocks wohnten und kommentierte diesen bemerkenswerten Befund so: „Cupid may have wings, but obviously they are not adopted for long flights". Spätere Analysen moderner Heirats- und Partnerwahlmuster konnten zeigen, dass neben der räumlichen Nähe und sozio-demografischen Merkmalen – wie dem Alter (Klein und Rapp 2014), der Ethnizität oder der Konfessionszugehörigkeit – vor allem Faktoren der sozialen Schichtung bis heute eine wesentliche struktur-bildende Bedeutung zukommt (Schwartz 2013).

Besonders gut untersucht ist die Bedeutung der Bildung im Partner-wahlprozess (Blossfeld 2009). Vor allem findet sich Evidenz für eine bildungshomogame Partnerwahl, d. h. beide Partner:innen verfügen über einen gleichwertigen Abschluss. Ist dies nicht der Fall, neigen Frauen dazu, Partner-schaften mit Männern einzugehen, die über einen höheren Bildungsabschluss als sie selbst verfügen (Hypergamie); der vergleichsweise seltene Fall, dass der männliche Partner ein niedrigeres Bildungsniveau hat als die Frau, wird als Hypogamie bezeichnet. Während sich in der Bildungshypergamie (also: Chefarzt heiratet Krankenschwester) die Erwartung an eine traditionelle Arbeitsteilung in der Partnerschaft basierend auf einem männlichen Ernährer widerspiegelt (siehe Abschn. 3.2.5 und 3.2.6), reflektiert die bildungshomogame Partnerwahl eine all-gemeine Homogamiepräferenz (also: „Gleich und gleich gesellt sich gern."). Es

---

[1] Diese allgemeine Annahme schließt jedoch weder den Fortbestand arrangierter Ehen (Wurm 2022) noch zweckrational ökonomische, nutzenmaximierende Elemente bei der Partnerwahl aus!

konnte jedoch nachgewiesen werden, dass im Kontext der deutschen Bildungsexpansion seit den 1960er Jahren die Bildungshomogamie in Partnerschaften
weiter zugenommen hat (Blossfeld und Timm 1997).

Dies weist auf eine strukturierende Wirkung des Bildungssystems als Partnermarkt hin (Stauder und Kossow 2021), die darauf zurückzuführen ist, dass sich
durch eine längere gemeinsame Ausbildungsdauer Kontaktgelegenheiten insbesondere für Menschen mit gleichen oder ähnlichen Bildungsabschlüssen
ergeben, und zwar gerade in einem für die Partnerschaftsgründung besonders
relevanten Alter. Hier kann es durchaus zu Ungleichgewichten hinsichtlich des
Angebots und der Nachfrage potenzieller Partner:innen kommen (z. B. stehen
Physikstudenten typischerweise einer deutlich geringeren Zahl von Physik-
studentinnen gegenüber). Solche Ungleichgewichte können auch entstehen, weil
Partnermärkte in hohem Maße sozial reguliert sind. Dies wird besonders deutlich
am Beispiel des Inzestverbotes, es lassen sich aber auch mehr oder minder strikte
Altersnormen („Der ist doch viel zu alt für Dich!") beobachten. Das Individuum
steht bei der Partnerwahl also, relativ unabhängig von der individuellen
Ressourcenausstattung, einer ganzen Reihe von Restriktionen gegenüber
(Erlinghagen und Hank 2018, S. 76 f.).

Die Ursachen und Folgen der sozialen Strukturiertheit von Heirats- und
Partnerwahlmustern sind vielfältig (Schwartz 2013). So stellen etwa Klein und
Rapp (2014, S. 204) fest, dass homogame Partnerwahl „nicht notwendigerweise auf homogamer Partnersuche [beruht], sondern Homogamie erklärt sich
auch als Ergebnis des Wettbewerbs auf dem Partnermarkt". Und schon bei Max
Weber (1985 [1922], S. 179) ist die Eheschließung innerhalb bestimmter Kreise
eines der wichtigsten Anzeichen einer ständischen Lage und der damit einhergehenden sozialen Schließung. Wenn Ehen eben nicht unbesehen der sozialen
Position, sondern entlang bestimmbarer und bedeutsamer sozialer Dimensionen
geschlossen werden, perpetuieren sich soziale Ungleichheiten und es verfestigt
sich die soziale Struktur einer Gesellschaft. Eheschließungen über die Grenzen
bestimmter Statusgruppen hinweg sind und waren lange Zeit eine der sichersten
Möglichkeiten zur vertikalen Mobilität – und dies vor allem für Frauen, denen
andere Wege, etwa über die berufliche Qualifikation, strukturell verschlossen
waren.

Der Charakter einer Gesellschaft bestimmt sich zu einem nicht unwesent-
lichen Teil aus derartigen Mobilitätsmöglichkeiten bzw. strukturellen Ver-
harrungstendenzen und sozialen Ungleichheitsstrukturen. Daher wollen wir im
Folgenden etwas ausführlicher zwei zentrale theoretische Ansätze zur Erklärung

der Partnerwahl – und der Bedeutung des Partnermarktes – vorstellen: den familienökonomischen Ansatz von Gary S. Becker (1974, 1981) sowie die soziologische Perspektive von Peter M. Blau (1994).[2]

3.1.2 Theoretische Ansätze zur Erklärung der Partnerwahl

Der familienökonomische Ansatz
Wenn sich die Familienökonomie mit dem Phänomen der Paarbildung auseinandersetzt, wird zuerst gefragt, warum Partnerschaften überhaupt sinnvoll sind. Hierzu verweist die ökonomische Theorie der Familie vor allem auf zwei Argumente (Becker 1981): Partnerschaften und Familien stellen Gemeinschaften dar, in denen bestimmte Güter besser produziert werden können als außerhalb dieser Gemeinschaft. Das Argument zielt auf die Zusammenlegung von Ressourcen und die dadurch erzielbaren Skalenerträge (ob Single oder Paar: ich brauche nur eine Waschmaschine) sowie die mögliche Arbeitsteilung und dadurch realisierbare Spezialisierungsvorteile (auf dem Arbeitsmarkt bzw. bei der Hausarbeit) ab. Ein derartiges ‚Zusammenlegen‘ von Ressourcen kann für beide Partner:innen gewinnbringend sein: Das klassische Beispiel stellt etwa ein Paar dar, bei dem eine Partner:in erwerbstätig ist und die oder der andere sich auf die Haus- und ggf. Erziehungsarbeit konzentriert. Partnerschaften werden hier als langfristige Vertragsgemeinschaften zur Produktion von Dienstleistungen und Gütern verstanden, die auf dem freien Markt nicht – oder nur zu einem höheren Preis – erhältlich sind. Auch wenn dies eine zunächst vielleicht etwas befremdliche Terminologie ist, so gehören zu diesen Gütern vor allem auch Kinder (siehe Kap. 4), die einen psychologischen Nutzen spenden können und ein zentrales Motiv für längerfristig angelegte Partnerschaften darstellen: „The main purpose of marriage and families is the production and rearing of own children" (Becker 1981, S. 93). Zudem ist die Produktion von wechselseitiger Zuwendung, Fürsorge und Vertrauen in einem gemeinsamen Haushalt ebenfalls effektiver: „Persons in love can reduce their cost of frequent contact and of resource transfer between each other by sharing the same household" (Becker 1974, S. 304).

---

[2] Siehe hierzu auch die aktuellen Handbuchbeiträge von Klein (2023, Abschn. 3) sowie Van Bavel (2021). Weitere Ausführungen zur Entstehung und Entwicklung von Partnerschaften, die vor allem auf sozialpsychologischen Modellen basieren, finden sich bei Hill und Kopp (2013).

Nach diesen allgemeinen Überlegungen zum Nutzen von Partnerschaften stellt sich die weitere Frage, wer nun eigentlich mit wem eine Partnerschaft eingeht. Denn damit eine Partnerschaft effizient gestaltet werden kann, ist es notwendig, dass sich Personen zu Paaren verbinden, die hinsichtlich ihrer persönlichen Eigenschaften und Ressourcen besonders gut zueinander passen. Individuen suchen Partner:innen, mit denen sie aufgrund ihrer jeweiligen Eigenschaften und Fähigkeiten ein Maximum an Gewinn – dies ist ja die zentrale Größe der Familienökonomie, die über die Entstehung und Aufrechterhaltung einer Partnerschaft entscheidet – erwirtschaften können. Besonders interessant ist die Frage, welche Eigenschaftskombinationen besonders vorteilhaft zu sein versprechen. Nach Becker (1974) sind die meisten Eigenschaften Komplemente, durch deren Zusammenlegen ein positiver Effekt für die Qualität der Beziehung entsteht. Als Beispiele für solche Eigenschaften, die positiv korrelieren sollten, dienen Erziehung, Sozialisation, Intelligenz, körperliche Attraktivität, Alter und Vermögen. Aber auch substitutive Eigenschaften können sich vorteilhaft auf den Partnerschafts- bzw. Ehegewinn auswirken. Hier hat eine negative Korrelation der Ausprägungen bei den Partner:innen positive Effekte für den Gewinn. Das bedeutsamste Substitut stellt wohl die Fähigkeit zur Erwerbsarbeit oder genauer das Einkommenspotenzial dar. Wenn beide Partner:innen etwa ein gleiches Lohneinkommen realisieren können, dann ist der Anreiz zu einer Spezialisierung auf häusliche Tätigkeiten und der entsprechende Spezialisierungsgewinn eher gering. Sind die Lohnsätze jedoch unterschiedlich, dann ist der Anreiz hoch, dass der oder die Partner:in mit den geringeren Verdienstmöglichkeiten sich auf die Hausarbeit spezialisiert.[3] Diese Ansätze sind generell zwar geschlechtsneutral, empirisch sind die entsprechenden Möglichkeiten jedoch geschlechtsspezifisch unterschiedlich (Becker 1974, 1981).

Wie finden nun aber die passenden Partner:innen zueinander? Für die ökonomische Theorie übernimmt der Partner- oder Heiratsmarkt diese Funktion (Becker 1974; Van Bavel 2021). Anders als die klassische Ökonomie geht die ökonomische Familientheorie jedoch nicht von einem perfekten Markt aus, auf dem alle Anbieter:innen und Nachfrager:innen ohne Transaktionskosten und mit vollständigen Informationen ausgestattet agieren. „Participants in marriage

---

[3] Hierbei ist es wichtig zu beachten, dass im Mittelpunkt solcher Überlegungen der Neuen Haushaltsökonomie die Maximierung des *Haushaltsnutzens* steht, der nicht unbedingt identisch mit dem *individuellen Nutzen* sein muss (etwa, wenn ein oder eine Partner:in auf ein individuelles Erwerbseinkommen verzichtet, damit das Haushaltseinkommen durch Spezialisierungsvorteile maximiert werden kann).

markets are assumed to have limited information about the utility they can expect with potential mates, mainly because of limited information about the traits of these mates" (Becker 1981, S. 220). Die Suche nach optimalen Partner:innen ist durch Unsicherheit über die oft nicht direkt erkennbaren Eigenschaften potenzieller Partner:innen und Suchkosten geprägt. Die Suchkosten tangieren knappe Ressourcen wie Zeit, Geld und persönliches Engagement. Längere Suche und näheres Kennenlernen kann zwar die Unsicherheit reduzieren, aber man verzichtet auch zumindest partiell und zeitweise auf die Realisierung angestrebter Güter. Die oben skizzierte Strukturiertheit von Paarbeziehungen wird in dieser Theorietradition letztlich also auf individuelle Wahlakte zurückgeführt. Dabei wird auch deutlich, wie die zu beobachtenden geschlechtsspezifischen Unterschiede hinsichtlich der gewünschten Präferenzen bei der Suche nach Partner:innen zu erklären sind (Buss und Schmitt 2019; Zentner und Eagly 2015): Für Männer und Frauen sind es eben bis heute jeweils spezifische Eigenschaften (z. B. körperliche Attraktivität vs. Einkommen), die sie am anderen attraktiv und wünschenswert finden, da diese den zu erwartenden Partnerschaftsgewinn maximieren.

Auch strukturelle Faktoren bestimmen die Wahloptionen auf dem Partner- oder Heiratsmarkt. Ein klassisches Beispiel sind hierbei die Geschlechterproportionen. Besteht zwischen Männern und Frauen im ‚heiratsfähigen' Alter numerisch ein relevantes Ungleichgewicht *(marriage squeeze),* dann hat dies Konsequenzen für eine Vielzahl demografischer und familialer Prozesse. Ist zum Beispiel die Zahl der Frauen – etwa durch geschlechtsselektive Migration, wie in Teilen Ostdeutschlands (Kröhnert und Vollmer 2012) – geringer als die der entsprechenden Männer, wächst die (Verhandlungs-)Macht der Frauen, weil der Mann schlechtere Alternativen bzw. höhere Suchkosten für eine alternative Partnerin hat. Umgekehrt kann bei Männerknappheit – häufig infolge von Kriegen – die (Verhandlungs-) Macht der Männer anwachsen (siehe hierzu etwa Stauder und Röhlke 2022).

Die hier skizzierten Überlegungen der Familienökonomie zur Partnersuche und Partnerwahl stellen also strukturelle Faktoren trotz der Berücksichtigung von Marktmechanismen eher in den Hintergrund. Die Strukturiertheit der Beziehungen entlang bestimmbarer sozialer Dimensionen und die dadurch entstehenden sozialen Strukturen sind in dieser Perspektive vor allem das Ergebnis der jeweiligen Präferenzen sowie den jeweiligen Bedingungen der Nutzenproduktion.

Eine soziologische Perspektive
Soziologische Analysen zur Partnerwahl setzen sich weniger mit der Entstehung von Zuneigung und romantischer Liebe auseinander (Hill 1992), sondern

versuchen vielmehr, strukturelle Gründe dafür auszumachen, was Personen zueinander führt. Beispielhaft in diesem Zusammenhang sind die Überlegungen von Peter M. Blau (1994).

Ausgangspunkt ist hier der Begriff der Sozialstruktur (siehe auch Stauder 2015), die als mehrdimensionaler Raum angesehen wird. Das Ausmaß, in dem die soziale Differenzierung auf einer Dimension mit einer Unterscheidbarkeit in anderer Hinsicht zusammenhängt, also das Ausmaß der Geschlossenheit oder der Kreuzung der sozialen Kreise, bestimmt die Möglichkeiten und Chancen, Kontakte innerhalb und außerhalb der eigenen sozialen Position auszunehmen: „Strong correlations consolidate group boundaries and hierarchical differences. Weak correlations indicate that social differences intersect, which implies that many people who differ in some respects are alike or similar in others. Such intersecting differences often become dialectical forces that counteract the influences of the specific structural differences" (Blau 1994, S. 5).

Besonders wichtig bei diesen Überlegungen ist der soziale Status einer Person. Es kann angenommen werden, dass Bekanntschaften, Freundschaften und vor allem natürlich Partnerschaften umso unwahrscheinlicher werden, je größer die Statusdistanz zwischen zwei Gruppen ist: Mit zunehmender sozialer Distanz (Steinbach 2004, Kap. 4) vergrößern sich die Unterschiede der jeweiligen Lebenschancen. Mit zunehmender Unterschiedlichkeit dieser Lebenschancen vergrößern sich aber auch die Unterschiede in der Lebensgestaltung, den Gepflogenheiten und Sitten oder kurz dem Lebensstil. Wenn sich jedoch diese Alltäglichkeiten des Lebens unterscheiden, verringert sich auch die Wahrscheinlichkeit der Gründung einer Partnerschaft. Ein derartiges Argument übersieht jedoch den beschränkenden Effekt der Sozialstruktur und überbewertet individuelle Motive: Denn eine zunehmende gesellschaftliche Differenzierung hinsichtlich verschiedener sozialer Dimensionen und damit einhergehend eine Vergrößerung der gesellschaftlichen Distanzen macht es entsprechend unwahrscheinlicher, geeignete Partner:innen mit dem jeweiligen sozial homogamen Hintergrund zu finden: „Consequently, once members of a population with extensive intersection have made the ingroup choices most crucial to them, they cannot readily find anybody who shares still another of their group affiliations" (Blau 1994, S. 35). In einer Gesellschaft, die sich durch eine große Kreuzung der sozialen Kreise auszeichnet, werden die Personen also mehr oder weniger automatisch gezwungen, auch Partner:innen mit unterschiedlichen Merkmalen zu akzeptieren und somit – zumindest hinsichtlich einiger sozialer Dimensionen – Intergruppenbeziehungen zu etablieren.

Dabei stellt sich jedoch die Frage, welche theoretischen Prozesse hier im Einzelnen wirksam sind. Es erscheint unbestreitbar, dass die strukturellen Vorgaben des Partnermarktes die Partnerwahl wesentlich beeinflussen – dies war ja schon das Ergebnis der Diskussion innerhalb der Familienökonomie. Unklar ist jedoch, wie dieser Einfluss zustande kommt. Eine wichtige – wenn auch letztlich triviale – Grundvoraussetzung für die Entwicklung einer persönlichen affektiven Beziehung ist, dass sich die beiden potenziellen Partner:innen überhaupt treffen und kennenlernen: *Who does not meet does not mate!* Allein diese Opportunitätsstruktur ist jedoch sozial stark geprägt: Besuche ich etwa regelmäßig die Kölner Philharmonie oder habe ich eine Dauerkarte für das Duisburger Wedaustadion (die heutige Schauinsland-Reisen-Arena) – und wen treffe ich dort wohl (siehe Lazarsfeld und Merton (1954) für eine frühe Untersuchung dieser *meeting-and-mating*-These)? Bei den durch die gesellschaftlichen Vorbedingungen strukturierten Interaktionsgelegenheiten wirken dann recht einfache Handlungsgesetzmäßigkeiten.

Für das Kennenlernen und die Partnerwahl relevante Gelegenheitsstrukturen sind jedoch nicht nur durch die allgemeine gesellschaftliche Differenzierung und Stratifizierung vorgeprägt. Die empirisch relevanten sozialen Aktionsräume sind nicht abstrakt, sondern vielmehr recht klein und konkret (etwa hinsichtlich ihrer regionalen Dimension; Stauder 2015). Vor allem sind sie aber ebenfalls deutlich sozial strukturiert. Eine wichtige Weiterführung dieser Überlegungen stellt die Fokustheorie (Feld 1981) dar. Ausgangspunkt ist hierbei, dass die wichtigen Aspekte der sozialen Umgebung als Foki zu verstehen sind, um die herum die gemeinsamen sozialen Aktivitäten organisiert sind. Hierunter sind sowohl der Arbeitsplatz, Vereine und Organisationen, aber auch die Familie und – zunehmend – das Internet (Potarca 2021) zu verstehen. Die sozialen Kontaktchancen von Personen und damit die *meeting*-Wahrscheinlichkeiten konzentrieren sich im Wesentlichen auf Personen, mit denen man einzelne Foki teilt. Da diese Gelegenheitsstrukturen nun aber selbst wieder – hinsichtlich verschiedener Dimensionen wie räumlicher Nähe, Ethnie oder Bildung – sozial strukturiert sind, ist es eine einfache nicht intendierte Folge, dass auch die entsprechenden Partnerschaften nicht sozial zufällig sind. Die Foki dienen als kleinräumliche Opportunitätsstrukturen und Partnermärkte. Solange diese sozialen Aktivitäten eine soziologisch bestimmbare Größe darstellen, sind auch Partnerschaften keine zufällig zustande kommenden Ereignisse.

3.1.3   Von der Partnerlosigkeit bis zur Ehe: Beziehungsformen und ihre Entwicklung

Üblicherweise werden vier Beziehungsgrundformen unterschieden, die sich hinsichtlich des Institutionalisierungsgrades der Partnerschaft (Kopp et al. 2010) unterscheiden und zu denen neben Partnerschaften ohne gemeinsamen Haushalt, der nichtehelichen Lebensgemeinschaft (Kohabitation) sowie dem partnerschaftlichen Zusammenleben in einer Ehe auch die Partnerlosigkeit gehört (Klein 2023).[4]

Während wir – wie in den vorangegangenen Abschnitten gezeigt wurde – davon ausgehen, dass das Eingehen einer Partnerschaft eine unter bestimmten Restriktionen erfolgende (rationale) *Wahl*handlung ist, bleibt in Bezug auf Singles zunächst unklar, ob sie sich bewusst gegen ein partnerschaftliches Zusammenleben entschieden haben *(solo living),* oder unfreiwillig alleinleben, weil sie auf dem Partnermarkt (noch) keinen passenden *match* gefunden haben. Dennoch: „Singlehood is […] typically framed as being less desirable than being romantically partnered […]. Research [also] tends to emphasize the negative attributes of singlehood even as research illustrates that some young adults are satisfied with being single" (Beckmeyer und Jamison 2023, S. 2). Wie das Alleinleben bewertet wird, dürfte aber nicht nur subjektiv deutlich variieren, sondern auch seine gesellschaftlichen Konsequenzen hängen u. a. stark davon ab, ob es sich dabei um ein eher temporäres Phänomen im Lebensverlauf oder aber um eine (freiwillig oder unfreiwillig) dauerhafte Alternative zu festen Partnerschaften – als Orten der Reproduktion, Sozialisation und Solidarität – handelt. Empirisch lässt sich diesbezüglich feststellen, dass der Anteil Alleinlebender junger Erwachsener in Europa zwar gestiegen ist (vor allem unter gut ausgebildeten Frauen) und in jüngeren Geburtskohorten bei gut 50 % (Frauen) bis 60 % (Männer) liegt (van den Berg und Verbakel 2022), der Anteil *lebenslang* Partnerloser in der Europäischen Union allerdings nur fünf Prozent beträgt (Bellani et al. 2017). Individualisierungsprozesse und die Bildungsexpansion mögen also zwar so weit zu einem Aufschub der Gründung von Partnerschaften geführt haben, dass Phasen des Alleinlebens nach dem Auszug aus dem Elternhaus zu einem ‚normalen', für Männer und Frauen sozial akzeptierten Bestandteil

---

[4] In ‚klassischen' Theorieansätzen, wie z. B. der Familienökonomie, wurde ursprünglich nicht zwischen den verschiedenen Formen einer Partnerschaft und vor allem nicht zwischen nichtehelichen Lebensgemeinschaften und Ehen unterschieden: Die Partnerwahl wurde von vornherein als Ehepartnerwahl konzipiert.

des Übergangs ins Erwachsenenlebens geworden sind – für die Mehrheit der Menschen scheint das *solo living* aber nach wie vor keine dauerhafte (erstrebenswerte?) Alternative zu einer Partnerschaft – deren mögliche Auflösung zu neuen Phasen des Alleinlebens führen kann – darzustellen.

Während also das Eingehen von Partnerschaften im Lebensverlauf eine fast universelle Erfahrung zu sein scheint, die in der Vergangenheit fast zwangsläufig auf eine Eheschließung hinausgelaufen ist, hat sich seit den 1960er Jahren tatsächlich eine sozial und rechtlich zunehmend anerkannte und von Paaren ‚nachgefragte' Alternative zur Heirat entwickelt: das Zusammenleben in einer nichtehelichen Lebensgemeinschaft (Kohabitation). Zwar ist die ‚wilde Ehe' kein historisch neues Phänomen (Rosenbaum 2014, Abschn. 5), doch noch in der Mitte des 20. Jahrhunderts war Kohabitation „a marginal phenomenon, practiced only by the poor who could not afford a marriage ceremony or by avantgarde groups who were opposed to marriage. Cohabitation was also chosen for higher-order unions among those who were unable to obtain a divorce from a previous spouse [… and …] postmarital cohabitation was the most prevalent type in Europe during the 1950s and 1960s" (Sanchéz Gassen 2023a, S. 350). Erst ab den 1960er Jahren breitete sich die Kohabitation zunächst in Skandinavien und Frankreich, dann in anderen westeuropäischen Ländern und ab den 1980er Jahren schließlich auch in Süd- und Osteuropa aus. Bis heute bestehen allerdings deutliche Unterschiede hinsichtlich ihrer Verbreitung: Während z. B. in Schweden mehr als die Hälfte der in einer Partnerschaft lebenden 20–39-Jährigen kohabitieren, tun dies nur weniger als 10 % der gleichaltrigen Griech:innen und Pol:innen. Ähnlich große regionale Unterschiede finden sich innerhalb der USA, die jedoch insgesamt mit etwa einem Viertel in einer Partnerschaft lebenden kohabitierenden Frauen deutlich unter dem Durchschnitt anderer westlicher Länder liegen (Sanchéz Gassen 2023a, S. 353 f.).

Die möglichen Gründe für die zunehmende Verbreitung nichtehelicher Lebensgemeinschaften sind stark diskutiert worden. Viele Arbeiten, die nach der Entwicklung von Partnerschaft und Familie unter den Bedingungen der Moderne fragen, weisen als theoretischen Hintergrund die Idee der gesellschaftlichen Differenzierung auf, bei der die Entstehung neuer Partnerschaftsformen als Reflex auf eine hochdynamische und komplexe Gesellschaft verstanden wird und somit die Folge einer umweltinduzierten Anpassung des Systems Familie darstellt: Das Teilsystem Familie differenziert sich in unterschiedlichste Arten privater Lebensformen mit ihnen jeweils eigenen Rationalitäten, Systemlogiken und funktionalen Vorteilen (Nave-Herz 1999). Andere Erklärungsansätze betonen die Bedeutungszunahme individueller Autonomie und Selbstverwirklichung bei gleichzeitigem Bedeutungsverlust traditioneller Wertvorstellungen und religiöser Normen sowie die Folgen einer zunehmenden Bildungs- und Erwerbsbeteiligung von Frauen, die das Eingehen einer Ehe weniger vorteilhaft erscheinen lassen (Sanchéz Gassen 2023b). Die Zunahme nichtehelicher Lebensgemeinschaften wird hier als integraler Bestandteil des sogenannten ‚zweiten demografischen Übergangs' (Lesthaeghe 2014) verstanden. Zudem verweisen Hank und Steinbach (2019, S. 378) auf die Rolle struktureller Faktoren, die im Zusammenhang mit Ungleichheiten in den Geschlechterbeziehungen stehen: „There is a macro-correlation between men's and women's aggregate economic equality and union type in the sense that 'marriage is more prevalent in male breadwinner family regimes such as Italy, whereas cohabitation is more prevalent in regimes supporting greater gender equality such as Sweden [...].' Within more equal gender settings, however, we observe a micro-correlation suggesting that women with greater individual resources tend to opt for marriage rather than for cohabitation".

Bemerkenswert ist neben der quantitativen Ausbreitung nichtehelicher Lebensgemeinschaften vor allem deren qualitativer Bedeutungswandel und sich ihr damit auch veränderndes Verhältnis zur Ehe (Sassler und Lichter 2020): Kohabitation wurde lange lediglich als vergleichsweise instabile Vorstufe zur Ehe (bzw. ‚Ehe auf Probe') betrachtet – und gelebt. Heute stellt Sanchéz Gassen (2023a, S. 350) jedoch zu Recht fest, dass „[c]ohabitation includes a wide range of relationships. Research distinguishes between premarital cohabitation, which is particularly prevalent among young people, and postmarital cohabitation, when people live with a new partner after a separation, divorce, or widowhood. Cohabitation may be a prelude to marriage, where couples live together to test the strength of their relationship and the suitability of their partner. Cohabitation may also be similar to a dating relationship, with couples living together without any concrete plans of marrying or starting a family. Some couples also cohabit together long-term, sometimes with children [...]. In these cases, cohabitation functions a real alternative to marriage [...]. The role and meaning that people attach to cohabitation may differ between countries, population groups, individuals, and even between partners in a couple. The meaning of cohabitation may also change over time and during the life course" (siehe hierzu auch Thomson 2023).

Betrachtet man die langfristige Entwicklung der Heiratsziffern in Deutschland (siehe Abb. 3.1) stellt man zunächst einmal fest, dass die Eheschließung in der Vergangenheit weniger universell war, als man gemeinhin vielleicht annimmt: Sie war bis ins 19. Jahrhundert hinein nicht nur sozial, sondern auch obrigkeitsstaatlich kontrolliert und „blieb so lange ein Privileg und Statussymbol der

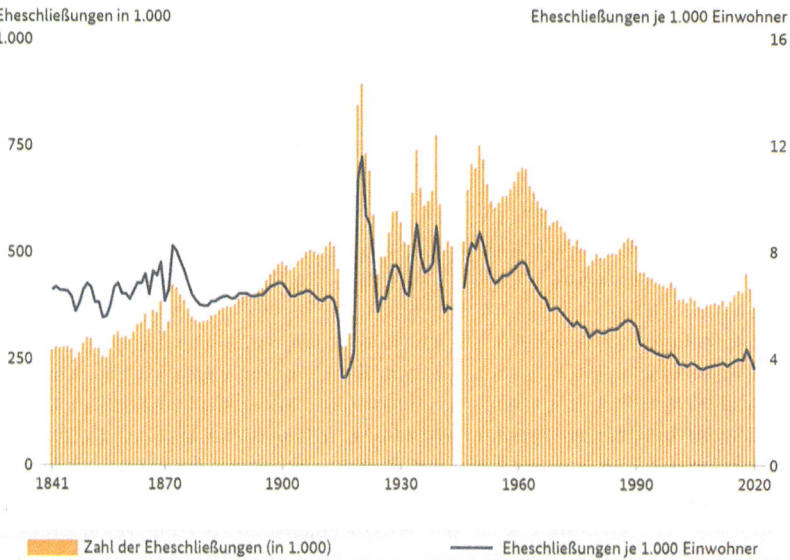

Abb. 3.1 Eheschließungen und rohe Eheschließungsziffer in Deutschland* (1841–2020). (Quelle: https://www.bib.bund.de/DE/Fakten/Fakt/L101-Eheschliessungen-ab-1841.html)

Besitzenden" (Rosenbaum 2014, S. 22). Des Weiteren zeigen sich sogenannte Periodeneffekte der Art, dass etwa nach Kriegen besonders viele Menschen geheiratet und damit meist aufgeschobene Eheschließungen nachgeholt haben. Nach einem letzten, außergewöhnlich stark ausgeprägten ‚Heiratsboom' im *golden age of marriage* der Zeit nach dem 2. Weltkrieg lässt sich seit einigen Jahrzehnten in Deutschland, wie in vielen anderen Ländern, eine deutlich rückläufige Heiratsneigung beobachten. Sassler und Lichter (2020, S. 37) sprechen in diesem Zusammenhang etwa von „America's retreat from marriage" – und weisen darauf hin, dass ein wachsender Anteil von Eheschließungen keine Erstheiraten, sondern Wiederverheiratungen sind. Zum Teil ist diese Abwendung von bzw. die ‚Deinstitutionalisierung' (siehe auch Cherlin 2020) der Ehe darauf zurückzuführen, dass Sexualität außerhalb der Ehe heute längst kein Tabu mehr ist und die soziale Akzeptanz nichtehelicher Partnerschaften, wie wir gesehen haben, deutlich gestiegen ist. Einige Restriktionen, die sich früher positiv auf die Heiratsneigung ausgewirkt haben, sind also inzwischen abgebaut worden. Allerdings wurde die abnehmende Bedeutung der Ehe als Partnerschaftsform nicht vollständig durch die steigende Zahl nichtehelicher Lebensgemeinschaften kompensiert. Darüber hinaus stellen wir fest, dass Ehen (und andere feste Partnerschaften) immer später geschlossen werden und weniger stabil sind (siehe Abschn. 3.3), als etwa in den 1960er Jahren. Auch dies ist zu einem wesentlichen Teil auf veränderte Restriktionen (z. B. eine Liberalisierung des Scheidungs-rechts; Hank und Steinbach 2019, S. 379) zurückzuführen, die insgesamt mehr individuelle Autonomie erlauben: Männer profitieren von der gestiegenen sozialen Akzeptanz von Lebensentwürfen jenseits der mit einem männlichen Versorgermodell verbundenen Verpflichtungen und Frauen verfügen heute über höhere Bildungsabschlüsse als Ressource, die sie in die Lage versetzt, eine öko-nomisch selbstständige Existenz zu führen (d. h. sie sind nicht mehr unbedingt von einem männlichen Ernährer abhängig). Mit anderen Worten: Kosten und Nutzen langfristiger partnerschaftlicher Bindungen haben sich deutlich verändert. Dies bedeutet zwar keineswegs, dass Partnerschaft (und Familie) bedeutungslos geworden sind. Allerdings sollte der Wirkmechanismus, der die Veränderungen der gesellschaftlichen Rahmenbedingungen und die Wahl einer bestimmten Partnerschaftsform verbindet, aus einer akteursbezogenen Perspektive heraus noch einmal genauer betrachtet werden. Diesen Versuch wollen wir im folgenden Abschnitt unternehmen.

3.1.4   Warum entscheiden sich Menschen für (den Wechsel in) eine bestimmte Beziehungsform?

Aus Sicht der Akteur:innen sind Single-Dasein, Partnerschaft, Kohabitation und Ehe Zustände, für die jeweils spezifische Gründe sprechen, und die – zumindest teilweise – in Übereinkunft mit dem oder der Partner:in gewählt werden. Der Wechsel von einem Zustand zu einem anderen ist typischerweise mit bestimmten individuellen Vor- und Nachteilen verbunden. Die steigende Zahl von nichtehe-lichen Lebensgemeinschaften ist dann auf eine typische Verschiebung dieser Vor- und Nachteile der einzelnen Lebensformen zurückzuführen.

(i) Dass der Mensch auf andere Menschen verwiesen ist, dass er Beziehungen unterhalten kann und soziale Beziehungen aus rein egoistischen Gründen unter-halten muss, gehört zu den anthropologischen Grundlagen. Die Sozialibilität und Sozialität als individuelle Fähigkeiten bzw. Eigenschaften sind Ausgangs-punkt der Bildung enger Beziehungen auch im Erwachsenenalter. Relativ stabile Beziehungen sind eine wichtige Quelle sozialer und emotionaler Anerkennung,

Unterstützung und Orientierung. Zwar leisten auch andere Sozialbeziehungen
– etwa berufliche – einen wichtigen Beitrag zur Ausbildung und Stabilisierung
der Persönlichkeit und zu einer befriedigenden Lebensführung, jedoch sind
diese zumeist nicht auf die individuelle Persönlichkeit zugeschnitten und von
geringerer individueller Gestaltbarkeit. Sie wenden sich weniger an eine Persönlichkeit als an Inhaber:innen bestimmter Positionen; ihrem Charakter nach sind
sie eher universalistischer als partikularistischer Art. In der Familiensoziologie
wurde immer wieder darauf hingewiesen, dass familiale Beziehungen, und damit
auch ihre potenziellen Vorformen, wie keine anderen Bindungsformen durch ihre
positive und negative Affektivität und Emotionalität ausgewiesen sind (König
1976). Es sind diese engen privaten oder familialen Beziehungen, in denen man
seine Individualität ausformt und es ist diese Lebenswelt, die im Gegensatz zum
systemischen Charakter der Umwelt, zur modernen rationalen Gesellschaft steht,
in denen Menschen und ihre Aktivitäten auf weitgehend affektfreie Aufgaben-
erfüllung reduziert werden. Neben der Chance zur Erfüllung gleichermaßen
fundamentaler wie individuell gefärbter sozio-emotionaler Bedürfnisse tritt die
Sexualität als weitere zentrale Bindungskraft. Ihre Befriedigung ist gesellschaftlich häufig an enge Sozialbeziehungen gekoppelt. Enge, auf Dauer angelegte
Partnerschaften, wie zum Beispiel Ehen, sind auch in modernen Gesellschaften
die legitimen und auch individuell ganz überwiegend präferierten Institutionen
für Sexualität und Intimität.

Über die sozio-emotionale und sexuelle Dimension hinaus haben Partnerschaften auch einen gesellschaftlichen Aspekt. Für alle Gesellschaften, aber
insbesondere für vorindustrielle, ist die Partnersuche ein entscheidendes
gesellschaftliches Organisations- und Kooperationskriterium, und entsprechend seiner hohen sozialen Relevanz ist dieser Bereich gesellschaftlichen
Reglementierungen unterworfen. Diese sind, wie die Ethnologie lehrt, äußerst
vielfältig, aber sie fehlen in keiner Gesellschaft (Harris 1989). Nirgends wird
die Partnerwahl reinen Zufallsprozessen überlassen. Die Regelungen reichen
von einfachen Altersnormierungen für sexuelle Bindungen und bindungs-
relevantes Verhalten, welches häufig zudem geschlechtsspezifische Regelungen
impliziert, bis zu expliziten Exogamie- und Endogamieregeln. In modernen
Gesellschaften, in denen die romantische Liebe als handlungsleitende Fiktion
dient, sind diese Normen fraglos von geringer Restriktivität, aber auch hier
gehört es beispielsweise zu den tradierten Erwartungen, ab einem gewissen Alter
eine Partnerschaftsbeziehung zu suchen und unter Umständen auszubauen. Die
Suche und das Bemühen um den Aufbau einer auf Dauer projektierten Bindung
sind ein wichtiger Teil der Erwachsenenrolle und gehört zu den wichtigsten
individuellen Lebenszielen. Entsprechend wird die Suche nach Partner:innen

auch gesellschaftlich positiv sanktioniert. Die Sanktionen reichen von sozial-
und familienpolitischen Gratifikationen bis zu persönlichem Zuspruch und der
Anerkennung und Wertschätzung durch die *peer group*.

Wahrscheinlich sind es somit drei Komponenten, die sozio-emotionale, die
sexuelle und die gesellschaftliche, die in ihrem Zusammenwirken den Über-
gang vom ungebundenen Single zur Partnerschaft vorteilhaft erscheinen lassen.
Zweifellos lässt sich das eine oder andere Bedürfnis auch außerhalb einer auf
Dauer angelegten Beziehung erfüllen, aber eine enge Beziehung dient in positiver
Weise zugleich mehreren unterschiedlichen Zielvorstellungen. Es sind also die
verschiedenen, aber innerhalb einer einzigen Sozialbeziehung realisierbaren
Zielzustände, die als wechselseitige Koppelprodukte in einer funktionierenden
Partnerschaft anfallen und die diese im Regelfall erstrebenswert erscheinen
lassen. Eine enge Partnerschaft, in welcher konkreten Form auch immer, birgt
das Potenzial zur Erreichung der skizzierten fundamentalen Ziele. Hingegen
wäre ein multiples Partnerschaftsmodell, welches für die unterschiedlichsten
Bedürfnisse und Interessen jeweils andere optimale Partner:innen anstrebt, mit
sehr hohen Suchkosten und in seiner Realisierung mit erheblichen Transaktionskosten verbunden. Die Grenzen der Differenzierung in engen Sozialbeziehungen
aber auch anderen Beziehungen sind spätestens dann erreicht, wenn der Grenz-
nutzen der Differenzierung geringer ist als die Grenzkosten der Suche und Trans-
aktion (Hill 1999). Neuere Studien zeigen, dass dieser Übergangsprozess noch
weiter differenziert werden kann und die Paarbildung verschiedene, empirisch
unterscheidbare Schritte durchläuft – beginnend mit dem gegenseitigen Liebes-
bekenntnis und der Aufnahme sexueller Beziehungen bis hin zur Einbindung in
familiale und Freundschaftsnetzwerke und die Herausbildung einer Identität als
Paar (Kopp et al. 2010).

(ii) Den nächsten Schritt stellt der Wechsel von einer engen Beziehung zur
Kohabitation dar. Dieser Übergang ist vor allem mit den Transaktionskosten zu
begründen. Wenn eine Beziehung sich zum beiderseitigen Vorteil entwickelt,
dann ist dies auf eine über den erwartbaren Alternativen liegende wechselseitige
Belohnung zurückzuführen. Diese Erfahrung führt zu einer Erweiterung der Inter-
aktionsbereiche und zu einer Interaktionsverdichtung: Es werden zunehmend
mehr Lebensbereiche gemeinsam gestaltet, Wünsche offengelegt, Probleme
gemeinsam gelöst und Zukunftsplanungen entworfen. Zugleich steigt das Wissen
über den oder die Partner:in, seine oder ihre Präferenzen und Fähigkeiten. Die
wechselseitige Verhaltensanpassung gewinnt an Bedeutung, man denkt und
fühlt als Teil der Paargemeinschaft und die Investitionen in diese Gemeinschaft
nehmen zu. Dieser Prozess ist selten kontinuierlich positiv, sondern auch von
Rückschlägen und Moratorien geprägt. Empirisch ist auch dieser Übergang nicht

dichotom, sondern durchläuft häufiger verschiedene kleine Stufen – beginnend bei dem Deponieren kleinerer Gegenstände wie beispielsweise einer Zahnbürste oder dem Überlassen eines Wohnungsschlüssels – und kann als langsame Institutionalisierung verstanden werden (Kopp et al. 2010). Der entscheidende Grund für den Übergang von einer Partnerschaft ohne gemeinsamen Haushalt zur Kohabitation scheint im Ausmaß der faktischen oder angestrebten Interaktionsverdichtung zu liegen. Wenn diese Dichte eine kritische Schwelle übersteigt, dann hat das Zusammenwohnen und die gemeinsame Haushaltsführung einen massiven Vorteil hinsichtlich der Transaktionskosten, die das Paar zu erbringen hat. Man gewinnt mit der Kohabitation gemeinsame nutzbare Zeit und kann die Haushaltsführung, sofern dies lohnend erscheint, durch Arbeitsteilung effizienter und kostengünstiger gestalten. Hinsichtlich der wechselseitigen Verfügbarkeit der Partner:innen, ihrer Zeitbudgets und der Kosten der Haushaltsführung, scheint ein solches Arrangement deutlich günstiger als das Modell eine Lebensgemeinschaft ohne gemeinsamen Haushalt (*living apart together;* Asendorpf 2008). Derartige Lebensformen treten im Lebensverlauf oft nur in Übergangsphasen oder durch bestimmte berufliche Konstellationen auf.

Da bei der Kohabitation die Ressourcen für eine gemeinsame Nutzung und die Produktion von *commodities* zusammengelegt werden, ist sie in diesem Punkt mit einer Ehe vergleichbar. Damit sind die grundlegenden Argumente der ökonomischen Theorie, die mit den Begriffen Produktionsgemeinschaft, Arbeitsteilung und Spezialisierung charakterisierbar sind, auch auf nichteheliche Lebensgemeinschaften anwendbar. Durch dieses Arrangement kann ein Kohabitationsgewinn, der in völliger Analogie zum Konzept des Ehegewinns zu verstehen ist, erwirtschaftet werden. Eine nichteheliche Lebensgemeinschaft wird demnach genau dann angestrebt, wenn dieser erwartete Gewinn über dem Gewinn liegt, der in einer entsprechenden engen Partnerschaft ohne gemeinsames Haushalten realisiert wurde. Zugleich aber unterscheiden sich diese Lebensgemeinschaften hinsichtlich eines wichtigen theoretischen Punktes von Ehen: Die Summe der spezifischen Investitionen ist im Allgemeinen deutlich geringer.

Kohabitierende haben vor allem in der Vergangenheit seltener gemeinsame Kinder oder größere gemeinsame materielle Investitionen, etwa in Wohnungseigentum, getätigt. Gerade für Ostdeutschland muss diese These allerdings relativiert werden, da hier beinahe zwei Drittel aller Geburten außerhalb einer Ehe zu beobachten sind (Goldstein et al. 2010). Es ist zwar richtig, dass vielen Personen in nichtehelichen Gemeinschaften aufgrund einer noch nicht abgeschlossenen Ausbildung die Ressourcen für größere Investitionen fehlen, aber dies dürfte nicht der alleinige Grund für die empirisch beobachtbare Zurückhaltung sein. Hinzu tritt die Tatsache, dass diese Form des Zusammenlebens kaum eine Absicherung für nachhaltige Investitionen zur Verfügung stellt. Und entsprechend ist ein Kind dann einer der entscheidenden Gründe für die Eheschließung zuvor Kohabitierender. Dies bedeutet anders gesprochen, dass die Austrittskosten aus der Gemeinschaft bzw. die Trennungskosten in der Regel deutlich niedriger sind als bei Ehen. Die Auflösung des gemeinsamen Haushaltes ist nicht an juristische Verfahren gekoppelt, langfristige über die Verbindung hinausreichende – materielle – Verpflichtungen entfallen und die sozialen Trennungskosten mögen niedriger erscheinen.

Es stellt sich jedoch die Frage, wie die Zahl der nichtehelichen Lebensgemeinschaften in den letzten Jahrzehnten so deutlich zunehmen konnte und wie diese Beziehungsform für die jüngeren Kohorten zu einer typischen Etappe im Bindungsverhalten wurde. Einmal sind es natürlich die genannten Vorzüge dieses Partnerschaftsmodells, welches hohe Interaktionsgewinne und Spezialisierungsvorteile bei geringem Verlustrisiko im Trennungsfall verbindet. Diese Gründe hatten aber fraglos bereits Geltung, als die Kohabitation noch kein präferiertes Modell war, sondern eine gesellschaftlich kaum akzeptierte Verhaltensweise. Wie kann dieser Prozess beschrieben und erklärt werden?

Zuerst ist festzuhalten, dass diese Veränderung im Wesentlichen nicht auf einen Wertewandel hinsichtlich des Stellenwertes von Liebe, Partnerschaft, Ehe und Familie zurückzuführen sind. In der privaten Lebensführung hat sich trotz vielfacher Veränderungen kaum etwas an dem Wunsch nach einer dauerhaften Zweiergemeinschaft – in welcher Form auch immer – geändert. Das verstärkte Auftreten der Kohabitation kann vor dem Hintergrund der nach wie vor hohen Übergangsraten zur Ehe nicht als Symptom für allgemeine Ehemüdigkeit oder eine fundamentale Abkehr von der Ehe als Institution bei den jüngeren Generationen gewertet werden. Gar von einer Bindungsmüdigkeit oder -unfähigkeit zu sprechen, ist geradezu abwegig, rein spekulativ und letztlich unsoziologisch.

Entscheidend sind vielmehr Veränderungen in den gesellschaftlichen Randbedingungen, unter denen Partnerschaften in den letzten Jahrzehnten verstärkt eingegangen werden. Im Kern sind es die Veränderungen im Bildungsbereich und daraus resultierend im Beschäftigungssystem. Hier hat sich die Partizipation der Frauen deutlich erhöht. Für viele moderne Gesellschaften gilt, dass der Anteil an gut ausgebildeten und beruflich überdurchschnittlich hoch qualifizierten Frauen derzeit höher ist als je zuvor. Damit verändern sich aber auch die Handlungsoptionen der Frauen nachhaltig. Sie sind zu einem erheblichen Teil nicht mehr aufgrund eines Bildungs- und beruflichen Qualifikationsrückstandes quasi selbstverständlich an die ‚Hausfrauenrolle' gebunden. Ehe und Familie nach dem alten Rollenteilungsmodell ist für diese Frauen mit extrem hohen Opportunitätskosten verbunden. Sie verzichten auf Einkommen, berufliche Anerkennung und ein Stück Unabhängigkeit und Selbstbestimmung. Ehe, und als häufig eintretender Folgezustand Familie, sind für Frauen ein deutlich risikoreicheres Unternehmen als für Männer: Sie investieren – bei traditioneller Arbeitsteilung – deutlich mehr als Männer und verlieren bei einem Scheitern auch mehr. Deshalb dürften insbesondere Frauen mit hoher Bildung und beruflichen Ambitionen die Kohabitation auch als erweiterte Such- und Testphase begrüßen, da diese Beziehungsform die Unsicherheiten reduziert und einen günstigeren Informationsstand hinsichtlich weiterreichender Entscheidungen erbringt.

Zudem sind Ehe und Familiengründung, d. h. die Geburt des ersten Kindes, offensichtlich weiterhin oft stark verkoppelte Ereignisse, und durch die verlängerte Ausbildungsphase werden Ehe und Fertilität von immer mehr Personen in spätere Phasen des Lebenslaufs verschoben. Durch die erhöhte Verweildauer im Ausbildungsbereich wird so ein Raum für die Kohabitation und die damit verbundenen Vorteile des Zusammenlebens geschaffen. Aus diesen Gründen, die in den praktischen Lebensumständen – geringes Einkommen, hohe Zukunftsunsicherheit und hohe Mobilitätsanforderungen – und nicht primär im Werte- und Einstellungsbereich liegen, hat dann auch die schulische Bildung einen positiven Einfluss auf die Kohabitation. Ohne Zweifel wird die gesamte Entwicklung auch gesellschaftlich unterstützt. So wurden Normen zum Geschlechterverhältnis und zur Sexualität auch rechtlich liberalisiert und enttabuisiert, so dass dieses Modell nicht mehr negativ stigmatisiert ist.

(iii) Der letzte hier zu betrachtende Übergang betrifft den Wechsel von der Kohabitation zur Ehe. Die beiden Formen des Zusammenlebens unterscheiden sich vor allem durch die Tatsache, dass Ehen eine deutlich höhere Verbindlichkeit haben als nichteheliche Lebensgemeinschaften. Trotz einer teilweisen rechtlichen Gleichstellung (Helms 2023, Abschn. 3) besteht sozial und juristisch gegenüber Ehen immer noch ein höherer Kohäsionsdruck und auch individuell dürfte häufig ein ausgeprägteres Verpflichtungsgefühl gegenüber dem oder der Partner:in zu konstatieren sein. Entsprechend ist die Auflösung einer Ehe ein vergleichsweise aufwändiges Verfahren (Helms 2023, Abschn. 2). Insbesondere wenn Kinder vorhanden sind und langfristige materielle Versorgungsleistungen geregelt werden müssen, können Scheidungen einen einschneidenden Charakter haben. Ehen stellen somit langfristige Vertragsbeziehungen dar, die eben auch die getätigten und beabsichtigten Investitionen absichern sollen. Sie sind der Versuch, sich gegen die in Ehe und Familie anfallenden Risiken zu versichern. Die Risiken betreffen zwar zentral die Investitionen, aber auch die Fürsorge und Zuwendung des anderen in allen Lebenslagen, auch bei Krankheit und Not.

Für Kohabitierende stellt sich die Frage nach der Ehe vor allem im Kontext der Investitionssicherung. Werden beispielsweise Kinder gewünscht, wobei sich zumeist dann auch andere wichtige Veränderungen, etwa in der Erwerbssituation und der Arbeitsteilung (siehe Abschn. 3.2.5 und 3.2.6), ergeben, dann erscheint es vernünftig, die ‚Exit'-Kosten zu erhöhen und sich selbst und den oder die Partner:in massiver an die Beziehung zu binden. Zudem stellt die Eheschließung auch einen expressiven Akt des *commitments* dar, der gesellschaftlich positiv sanktioniert wird und einer normativen Erwartung entspricht. Empirisch ist der Wechsel deshalb häufig in Phasen des Lebensverlaufs zu beobachten, in denen auch andere berufliche und private Entscheidungen (z. B. in Bezug auf eine Elternschaft) getroffen werden, die mit der Entscheidung für eine bestimmte Partnerschaftsform fest verwoben sind (Thomson 2023).

Gerade wenn aber nichteheliche Lebensgemeinschaften sozial akzeptiert sind und sie sich nur noch hinsichtlich der Absicherung der beziehungsspezifischen Investitionen, und hier vor allem wiederum in Verbindung mit der Realisierung des Kinderwunsches, von Ehen unterscheiden, so kann die Zunahme der Kohabitation als Bestandteil des Lebenslaufes auch dadurch erklärt werden, dass sie als Folge der Entscheidungen über diese Investitionen zu verstehen sind. So kann durchaus vermutet werden, dass sich aufgrund der Bildungsexpansion und der verbesserten Chancen vor allem für Frauen auf eine selbständige Versorgung das Geburtenverhalten drastisch verändert hat. Ein Vergleich verschiedener Kohorten zeigt, dass sich die Geburt eines ersten Kindes in den letzten Jahrzehnten immer mehr nach hinten verschoben hat (siehe Abschn. 4.5). Die Gründung eines gemeinsamen Haushaltes – sei es nun als Ehe oder als nichteheliche Lebensgemeinschaft – hat sich im Kohortenvergleich jedoch nur vergleichsweise wenig verändert (Hill und Kopp 1997). Die Zunahme der Kohabitation kann so als Begleiterscheinung der Verschiebung im Geburtenverhalten verstanden werden. So ist von einem kaum veränderten Zusammenhang von Familienbildung und Eheschließung auszugehen. Verschoben wurde die Familienbildung. Da die Eheschließung nur als Absicherung der asymmetrischen Investitionen und der dadurch entstehenden Möglichkeit, Verhandlungsungleichgewichte einseitig auszunutzen, verstanden werden kann, stellt die Verschiebung der Eheschließung nur eine Begleiterscheinung der Verschiebung der Familienbildung dar. Die Bildung nichtehelicher Lebensgemeinschaften ist dann, bei der Annahme unveränderter Präferenzen nach einer festen Beziehung, und unter der Voraussetzung, dass diese Lebensform rechtlich und sozial nicht negativ sanktioniert wird, die logische Folge.

3.1.5 Neuere Entwicklungen: Die zunehmende Bedeutung von Online Dating und gleichgeschlechtlichen Partnerschaften

Abschließend wollen wir uns kurz mit zwei neueren Entwicklungen befassen, die nicht nur bisherige Überlegungen zu Partnerwahl und Partnerschaftsformen ergänzen, sondern auch gesellschaftlich relevant erscheinen und jenseits der Fachöffentlichkeit erhebliche Aufmerksamkeit erfahren: die wachsende Verbreitung von (i) Online Dating und (ii) gleichgeschlechtlichen Partnerschaften (siehe hierzu auch Van Bavel 2021).

(i) Die Untersuchung der Mechanismen der Partnerwahl beim Online Dating sind für die (Familien-)Soziologie aus mehreren Gründen interessant: *„Erstens* handelt es sich bei der Partnerwahl im Internet um eine soziale Innovation, die vielen Menschen neue Gelegenheitsstrukturen der Partnersuche bietet, und der ein starkes öffentliches und wissenschaftliches Interesse entgegengebracht wird. Die Möglichkeit, online einen Partner zu suchen, ist in den letzten Jahren zunehmend wichtiger geworden und auch die Verbreitung hat durch die verstärkte Nutzung des Internets im Alltag stark zugenommen [...]. *Zweitens* wird dem Internet häufig im Sinne des Individualisierungsprinzips eine eher egalisierende Wirkung auf die Paarbildung zugeschrieben [...]. Dahinter steht die These, dass klassische sozioökonomische Ungleichheitsmerkmale beim Zugang zum Heiratsmarkt sowie für die Partnerwahlentscheidung im Internet eine weitaus geringere Rolle spielen als im realen Alltag" (Skopek et al. 2009, S. 3; Hervorhebungen im Original).

Unbestritten ist, dass das Internet die Möglichkeiten für *meeting-and-mating* deutlich vergrößert (und wohl auch die Effizienz der Partnersuche verbessert) hat. Dies gilt insbesondere für solche Gruppen, die sich sonst relativ stark begrenzten Opportunitäten auf dem Partnermarkt gegenübersehen (z. B. hochgebildete Frauen mit Homogamie- oder Hypergamiepräferenz; Potarca 2021). Dass die Vorteile der Partnersuche im Internet nicht für alle gleich groß ist, dürfte zumindest teilweise erklären, warum trotz ihrer deutlich gewachsenen Verbreitung die Gruppe derjenigen, die online nach Partner:innen suchen, immer noch hinsichtlich verschiedener sozio-demografischer Merkmale selektiv ist: Es handelt sich dabei eher um Frauen, die Nutzenden sind älter und besser gebildet als der Durchschnitt, sie hatten bereits eine größere Zahl früherer und kürzerer Partnerschaften, und sind weniger extrovertiert (Danielsbacka et al. 2019). Allerdings scheinen traditionelle geschlechtsspezifische Suchstrategien weitgehend in digitale Partnermärkte übertragen worden zu sein: „Overall, recent

studies […] imply that, fundamentally, dating in the online world is structured in
similar ways to dating in the offline world, as traditional social conditions found
offline are reproduced online. Online daters exhibit categories of perception and
sets of mate preferences that correspond systematically with their position in the
(offline and online) partner market, and in society at large" (Van Bavel 2021,
S. 227).

(ii) Gleichgeschlechtliche Partnerschaften und Familien haben einen
enormen Zuwachs an gesellschaftlicher und rechtlicher Anerkennung erfahren
(Digoix 2020) und sind zunehmend Gegenstand familiensoziologischer Untersuchungen (Fischer und de Vries 2023; Reczek 2020). Diese konnten im Zeitverlauf einen deutlichen und kontinuierlichen Anstieg gleichgeschlechtlicher
Partnerschaften in ‚westlichen' Ländern nachweisen – der jedoch i. d. R. auch
heute einen Anteil von 1 % aller Paarhaushalte nicht übersteigt (Rault 2023).
Die Wahl gleichgeschlechtlicher Partner:innen hängt dabei nicht allein von der
sexuellen Orientierung, sondern auch von sich wandelnden sozialen Normen und
strukturellen Gelegenheiten der Partnerwahl ab (Lengerer und Bohr 2019). Sozio-
demografisch zeigt sich, dass gleichgeschlechtliche Paare eher jünger und besser
ausgebildet sind als heterosexuelle Paare, dafür aber seltener heiraten und mit
Kindern zusammenleben (Badgett et al. 2021; Rault 2023). Dabei ist zu beachten,
dass sich gleichgeschlechtliche Paare lange – z. T. bis heute – rechtlichen Ein-
schränkungen hinsichtlich einer stärkeren Institutionalisierung ihrer Beziehung
(und der Etablierung einer Familie) gegenübergesehen haben, was auch zu ihrer
häufig beobachteten größeren Instabilität beitragen dürfte. Betrachtet man die
Dynamiken gleichgeschlechtlicher Partnerschaften im Zeitverlauf, so zeigt sich in
den diesbezüglich besonders gut untersuchten skandinavischen Ländern die deutliche Tendenz einer ‚Feminisierung' (übrigens auch in Bezug auf die weitere Verbreitung von Elternschaft in lesbischen als in schwulen Beziehungen): „Women
are much more prone than men to both enter and dissolve same-sex marriages.
To some extent, these gender-specific differences relate to differences in behavior
that can be observed for women and men in opposite-sex couples, with women
often initiating marriage but also being more likely than men to initiate divorce"
(Kolk und Andersson 2020, S. 166).

Bemerkenswerte Unterschiede zwischen Männern und Frauen in gleichgeschlechtlichen Partnerschaften zeigen sich schließlich auch hinsichtlich
der Arbeitsteilung (siehe Abschn. 3.2.5 und 3.2.6): „Our results indicate that
female same-sex couples spend less time on the *labor market* than male same-
sex couples, but that female couples divide their paid work as equally as male
couples. […] These task allocations are […] in line with traditional gender role
expectations, as male couples work more hours in paid employment than do

female couples. Male and female couples differ in their division of *household labor*. […] Female partners […] both perform household labor and divide their household tasks equally, while male couples have more freedom in allocating household labor based on other preferences or restrictions, leading to more variance and inequality in household task division. [W]e thus find evidence of gendered behavior for men and women in same-sex couples when we compare between same-sex male and same-sex female couples. Even though they challenge traditional gender norms by definition *within the couple*, they still display behavior appropriate for their sex roles *as a couple*. This indicates that gender role socialization thus not only matters for men and women in cross-sex relationships, but for those in same-sex relationships as well" (van der Vleuten et al. 2021, S. 162; Hervorhebungen im Original). Also zeigt sich auch hier: *Gender matters!*

▶ **Kurz zusammengefasst** Angesichts der in diesem Kapitel dargelegten Überlegungen erscheint die Partnerwahl auf den ersten Blick ein recht kompliziertes Unterfangen zu sein. Gerade in modernen Gesellschaften, in denen Ehen nicht mehr arrangiert werden, erscheint die Paarbildung vielleicht sogar eher unwahrscheinlich – und doch scheinen die einzelnen Frauen und Männer mit diesen Entwicklungen relativ wenig Probleme zu haben. Entgegen aller Prognosen und Unwahrscheinlichkeitsvermutungen finden heute unverändert viele Menschen den Weg in eine – oft langfristige – Partnerschaft. Allerdings lassen sich deutliche Veränderungen in der Wahl der partnerschaftlichen Lebensformen beobachten. Der Charakter und die interne Organisation des Alltags unterscheiden sich zwischen diesen aber nicht dramatisch.

3.2 Die Ausgestaltung partnerschaftlicher Beziehungen

Neben der Partnerwahl ist auch die Gestaltung des partnerschaftlichen Alltags ein wichtiges Thema der Familiensoziologie. Das partnerschaftliche Zusammenleben ist ein Prozess, in dessen Verlauf eine Reihe von Verhaltensmodifikationen und wechselseitigen Anpassungen zu beobachten sind. Bei der Analyse des Alltags partnerschaftlicher Beziehungen stehen verschiedene Problemfelder im Mittelpunkt: die Entwicklung von partnerschaftlichen Routinen und Normen, die Gestaltung der alltäglichen Interaktion einschließlich der Sexualität, Kommunikationsmuster und der Umgang mit alltäglichen Konflikten, Aggression und Gewalt sowie die Entstehung und Ausgestaltung der Teilung von Haus- und Erwerbsarbeit zwischen den Partner:innen.

3.2.1 Emotionale Grundlagen und Bewertung von Partnerschaften

Nach den für die industrialisierten europäischen Gesellschaften und die USA gültigen kulturellen Normen, Mustern und Skripten wird davon ausgegangen, dass Partnerschaften und Ehen auf Liebe beruhen sollten. Dies schlägt sich auch in den subjektiv relevanten Heiratsgründen nieder, bei denen Liebe immer wieder als wichtigster Grund genannt wird. Obwohl Liebe von besonderer Bedeutung ist, wurde zumindest einer speziellen Erscheinungsform der Liebe, der romantischen oder leidenschaftlichen Liebe, innerhalb der Familiensoziologie und der entsprechenden sozialpsychologischen Forschung lange Zeit nur wenig Beachtung geschenkt. Zwar wurde die Relevanz der Homogamie, die Bedeutung der räumlichen Nähe oder auch die Attraktivität der Partner:innen in einer fast unüberschaubaren Zahl von Studien untersucht, die romantisch-leidenschaftliche Liebe hingegen wurde als wissenschaftliches Phänomen vernachlässigt. Erst in den letzten Jahren wurde diese Thematik auch von der Familienforschung näher betrachtet (Berscheid 2010). Dabei werden fast immer mindestens zwei Arten der Liebe unterschieden: einerseits die romantisch-leidenschaftliche Liebe und andererseits die kameradschaftliche Liebe (Sternberg 1986). Die hier angesprochene, lediglich dichotome Unterscheidung wird häufig auch mit der Differenzierung zwischen Lieben und Mögen thematisiert.

Im Gegensatz zur Zuneigung ist Liebe durch „a state of intense absorption in another (…) a state of intensive physiological arousal" (Kelley 1983, S. 282) gekennzeichnet und empirisch häufig mit einer Idealisierung des anderen und intensiven Glücksgefühlen, Nervosität, Angst vor Verlust und Eifersucht verbunden (Lenz und Adler 2021). Die romantisch-leidenschaftliche und die kameradschaftliche Form der Liebe schließen sich dabei nicht gegenseitig aus. Es mag Beziehungen geben, in deren gesamtem Verlauf die kameradschaftliche Liebe zentral ist und die romantische Liebe nur eine untergeordnete oder sehr geringe Rolle spielt. Insbesondere dürfte dies bei arrangierten Partnerschaften und Ehen so sein. Aber auch für auf romantischer Liebe begründeten Beziehungen scheint es typischerweise eine Relevanzveränderung zu geben: Während die romantische Liebe beim Kennenlernen und in den ersten Phasen der

Partnerschaft dominant ist, wird diese in ihrer dominanten Position in stabilen Beziehungen sukzessiv von anwachsender Zuneigung und *commitment* abgelöst. Damit stellt sich die Frage, wie das Auftreten von romantischer Liebe und die Veränderung ihrer Relevanz erklärt werden kann.

Der Aufbau einer engen Beziehung kann als zunehmende Vermischung von Handlungssequenzen der Partner:innen verstanden werden, wobei die Handlungen wechselseitig kausal verknüpft sind und zunehmend reibungslos ineinandergreifen (Berscheid 1983; Hill 1992). Auf der kognitiven Ebene kann der Aufbau einer Beziehung auch als Wissenserwerb betrachten werden: Es werden Informationen über den oder die Partner:in und die Partnerschaft erworben und gespeichert; Skripte und Schemata werden spezifiziert. Im Anfangsstadium von Partnerschaften existieren normalerweise nur wenig elaborierte und unspezifische Skripte. Dadurch sind viele konkrete Interaktionen mit einer hohen Unsicherheit über die Präferenzen der anderen Person verbunden, wobei diesen Interaktionen aber zugleich eine hohe subjektive Relevanz zugeschrieben wird. Entsprechend häufig treten Emotionen auf, die je nach Erwartungserfüllung oder -enttäuschung positiver oder negativer Art sind. Die Betroffenen erleben ein Wechselbad aus Freude, Glück, Furcht, Eifersucht und Schmerz (Berscheid und Walster 1974, S. 371 f.). Mit zunehmender Intensivierung der Beziehung und Steigerung der Interaktionshäufigkeit wird das Wissen über den oder die Partner:in größer, die Unsicherheit geringer und effektive, funktionierende partnerschaftsbezogene Verhaltensroutinen werden ausgehandelt und gelangen zur Anwendung. Nach der *script-disruption*-Hypothese (Mandler 1980) bedeutet dies aber auch einen Verlust an offener Emotionalität und Aufmerksamkeit, die zwar subjektiv als negativ empfunden werden kann, aber nach der kognitionstheoretischen Erklärung von Emotionen unumgänglich und auch psycho-physiologisch sinnvoll ist. „Ironically, a relationship may become emotionally sterile in the interests of emotional tranquility within the relationship and in the participants' well-meaning desire for harmony with each other" (Berscheid 1983, S. 144).

Unter der Bedingung, dass dieser Prozess bereits einsetzt, ohne dass ein hinreichendes *commitment*, welches auf den Interaktionsgewinnen und den Beziehungsinvestitionen beruht, ausgebildet wurde, kann dies auch das Ende einer Beziehung bedeuten. Romantische Liebe scheint also in erster Linie Beziehungen zu initiieren, hält sie aber nicht stabil. Hierzu scheinen eine wechselseitig befriedigende Interaktion und entsprechende Investitionen wichtiger (siehe Abschn. 3.3). Die in funktionierenden Partnerschaften zu beobachtende zunehmende enge Vermaschung der Handlungen und ihre Routinisierung und deren entsprechende alltagsweltliche Charakterisierung als ignorant oder langweilig kann jedoch nicht darüber hinwegtäuschen, dass auch solche Beziehungen ein sehr hohes Emotionspotenzial aufweisen. Konkret ist dieses Emotionspotenzial von der Menge der kausal verknüpften partnerschaftlichen Handlungsroutinen abhängig. In Beziehungen, in denen nur wenige solcher vermaschten Sequenzen etabliert wurden, die Partner:innen also nur nebeneinanderher leben, ist das Potenzial entsprechend gering. Interessanterweise unterscheiden sich solche Beziehungen auf der Beobachtungsebene in ihrer sterilen Routinehaftigkeit kaum von solchen, in denen viele vermaschte Sequenzen dominieren, die also als enge Beziehungen gekennzeichnet werden können (Berscheid 1983, S. 144).

Eine in der Familienforschung lange theoretisch diskutierte und bis in die 1990er Jahre für empirisch eindeutig bestätigt gehaltene These ist die des u-förmigen Verlaufs partnerschaftlicher Zufriedenheit (Glenn 1990): Die Zufriedenheit ist bei jungen und alten Partnerschaften besonders hoch, in der Mitte des Familienzyklus jedoch relativ gering. Diese These hält sich bis heute hartnäckig, obwohl schon vor längerer Zeit die methodischen Schwächen der Studien, die diesen Verlauf nachgewiesen haben, systematisch zusammengetragen und ausführlich diskutiert wurden (Bradbury et al. 2000; Miller 2000).[5] Welche Faktoren beeinflussen nun die partnerschaftliche Zufriedenheit? Hier lassen sich sowohl exogene als auch endogene Faktoren anführen (Nurhayati et al. 2019). Bei den exogenen Faktoren ist zuerst an Veränderungen in den Randbedingungen der Paarbeziehung zu denken. Berufliche Veränderungen, Arbeitslosigkeit, Krankheiten, Veränderungen in der sozialen Netzwerkstruktur, aber auch der Wandel individueller Eigenschaften und Einstellungen sowie Veränderungen in der Interaktionsweise können für den Wandel der partnerschaftlichen Zufriedenheit verantwortlich sein. Aus diesen Stressoren lässt sich jedoch nur schwer ein u-förmiger Verlauf ableiten. Theoretisch ist die beschriebene Entwicklung wohl vor allem auf das Anwachsen des Rollendrucks und die

---

[5] Die vorhandenen Studien sind dabei generell mit verschiedenen methodischen Problemen behaftet: Die abhängige Variable – partnerschaftliche Zufriedenheit – wird sehr unterschiedlich operationalisiert, die einzelnen Phasen des Familienzyklus sind in den verschiedenen Studien nicht immer vergleichbar, und schließlich werden fast nie Paarbefragungen durchgeführt, so dass die Partnerschaft nur durch ein oder eine Partner:in bewertet wird. Durch Trennungen und Scheidungen findet zudem häufig eine positive Selektion der relativ zufriedenen Partnerschaften und Ehen statt, so dass allein durch diesen sogenannten Aschenputtel-Effekt – es handelt sich eben um eine Gesamtheit zweier unterschiedlicher Populationen – die durchschnittliche Bewertung der Partnerschaften und Ehen im Laufe der Zeit ansteigen müsste.

erforderliche hohe Rollenkomplexität, die mit der Erziehung der Kinder einhergeht, erklärbar. Pollmann-Schult (2014) kann empirisch zeigen, dass der häufig zu findende negative Zusammenhang zwischen partnerschaftlicher Zufriedenheit und Kindern auf die Ressourcenkonkurrenz und -knappheit zurückzuführen ist. Durch Kinder sinkt z. B. die gemeinsam verbrachte Zeit des Paares und damit die Beziehungsqualität. Anzumerken ist allerdings, dass die generelle Zufriedenheit deshalb nicht sinken muss. Die Interaktion mit den Kindern selbst kann als sehr befriedigend empfunden werden, so dass der – zumindest zeitweise – Rückgang der partnerschaftlichen Zufriedenheit bewusst in Kauf genommen wird (siehe auch Keizer und Schenk 2012).

3.2.2 Sexualität

Ein wichtiger Handlungsbereich in allen Partnerschaften – und wohl das Hauptmotiv zu Beginn einer Beziehung – stellt die Sexualität dar. „A Common thread unifying all relationships is a desire for intimacy – whether emotional or sexual" (Sassler 2010, S. 557). In der westlichen Welt war Sexualität lange Zeit an Ehe und Fortpflanzung gekoppelt. Nach den christlichen Dogmen ist die Ehe der einzig legitime Rahmen für sexuelle Handlungen und diese waren bzw. sind ausschließlich zum Zwecke der Fortpflanzung akzeptabel (Lenz und Adler 2021). In vielen Gesellschaften waren sexuelle Aktivitäten intensiven Reglementierungen ausgesetzt und erkannte Verstöße wurden negativ sanktioniert. Mit der Verbreitung wirkungsvoller Kontrazeptiva, zunehmender ökonomischer Sicherheit und einer allgemeinen moralischen Liberalisierung, war ab den 1960er Jahren eine Entkopplung von Sexualität und Ehe zu beobachten. Ungewollte Schwangerschaften und ihre Konsequenzen wie übereilte Eheschließungen, die vor allem die jungen Frauen auf ein sehr traditionelles Mutter- und Hausfrauendasein festlegten, konnten insbesondere durch den Gebrauch der ‚Pille' mit geringem Aufwand und relativ sicher vermieden werden. Die Verfügbarkeit dieser Kontrazeptiva war eine wichtige Voraussetzung für die Veränderungen in der Sexualmoral und der sexuellen Aktivitäten, die seit der sexuellen Revolution empirisch zu verzeichnen sind.

Die wichtigste Folge des Umbruchs lag in der deutlichen Vorverlegung sexueller Aktivitäten. So sinkt in den 1960er und 1970er Jahren das Durchschnittsalter für beispielsweise die erste Verabredung, das erste Küssen und das erste Petting. Auch der Zeitpunkt des ersten Geschlechtsverkehrs wird vorgezogen und erfolgt weitgehend unabhängig von einer ehelichen Bindung (Matthiesen und Dekker 2018). Außerdem wächst die Anzahl der

Sexualpartner:innen, die erste Bindung wird zunehmend früher eingegangen und vor der ersten Eheschließung sind sexuelle Erfahrung bei den jüngeren Kohorten deutlich häufiger als bei den älteren.

Nach der aus der bürgerlichen Ideologie erwachsenen Vorstellung, waren sexuelle Aktivitäten nur als Konsequenz einer vorgängigen Bewährung und sozialen Verpflichtung des Paares denkbar. Entsprechend waren Handhalten, Küssen und Geschlechtsverkehr an bestimmte Bindungsstadien gebunden, etwa an eine angemessene Zeit des Werbens, Verlobung oder Verheiratung. Mit der sexuellen Revolution wurden sexuelle Aktivitäten zu einem normalen enttabuisierten partnerschaftlichen Handlungsfeld – und zwar für Männer aber vor allem auch für Frauen (Matthiesen und Dekker 2018). Eine beiderseits als befriedigend empfunden Sexualität ist nicht mehr späte Belohnung erfolgreicher wechselseitiger Anpassung, sondern eher Voraussetzung für den weiteren Aufbau einer längerfristigen Beziehung (Teachman 2003). Sexualität gewinnt immer mehr eine eigenständige Rolle in der Paarentwicklung. Dies ist aber nicht gleichbedeutend mit einer verstärkten Permissivität (Kraaykamp 2002). Die Vorverlegung des Zeitpunktes erster sexueller Erfahrungen und die Offenheit, mit der über Sexualität gesprochen wird, sind zwar verändert, aber davon unbenommen existieren weiterhin sehr bürgerliche Vorstellungen über Liebe, Treue, Ehe und Familie (Lenz und Adler 2021; Matthiesen und Dekker 2018). Nirgendwo ist erkennbar, dass die Exklusivität der romantischen Liebe, das Bestehen auf Treue oder der Wunsch nach einer dauerhaften Ehe und glücklichen Familie ernsthaft in Frage gestellt werden. Andere Regeln bestimmen somit das gegenwärtige Verhalten, aber keineswegs Regellosigkeit.

Auch die Familiensoziologie hat die Veränderungen im Sexualverhalten registriert und greift den Themenkomplex nun zunehmend in der Forschung und Theoriebildung auf (siehe hierzu für einen Überblick Christopher und Sprecher 2000; Lenz und Adler 2021). Die bislang beobachtbare Zurückhaltung hinsichtlich der Thematisierung des Sexualverhaltens liegt weniger in der Geringschätzung der Bedeutung der Sexualität für partnerschaftliche und familiale Prozesse, sondern vor allem in den gravierenden Problemen, die bei der empirischen Bearbeitung entsprechender Themen bestehen.[6] Fragen zum Sexualverhalten finden aber trotzdem in den letzten Jahren zunehmend Eingang in die

---

[6] Noch immer müssen Fragen zum Sexualverhalten als besonders anfällig für Interviewereffekte und Effekte der sozialen Erwünschtheit gelten, wie sich etwa bei den deutlichen Geschlechtereffekten zeigt (Alexander und Fisher, 2003). Deshalb sind ganz besondere methodische Anstrengungen notwendig, um die Zuverlässigkeit und Gültigkeit entsprechender Messungen zu sichern (Wiederman und Whiteley, 2002).

empirische Sozial- und Familienforschung und dadurch wird eine wissenschaftliche Bearbeitung des Themas möglich.

Eine der Fragestellungen betrifft dabei den Zusammenhang zwischen Sexualität und Partnerschaftszufriedenheit (Irmer 2008) und in der Folge auch Partnerschaftsstabilität. In verschiedenen Studien konnte der nicht wirklich überraschende Zusammenhang zwischen der Zufriedenheit mit dem Sexualleben und der Beziehungsqualität bzw. der Beziehungszufriedenheit nachgewiesen werden (van den Brink et al. 2018). Auch die Tatsache, dass Personen in Partnerschaften mit ihrem Sexualleben zufriedener sind als Singles, lässt sich in diesem Sinne interpretieren, denn vor allem (auch sexuell) funktionierende Partnerschaften sind stabil (Christopher und Sprecher 2000). Obwohl die große Bedeutung eines positiven Sexuallebens für die persönliche Lebens- und Partnerschaftszufriedenheit empirisch relativ gut gesichert ist, lässt sich auch nicht bestreiten, dass mit zunehmender Partnerschaftsdauer (und damit auch steigendem Lebensalter) die Bedeutung der Sexualität und die Häufigkeit sexueller Aktivitäten abnehmen. Ebenso wie Gefühle der romantischen Liebe transformiert werden, lässt die sexuelle Interaktion mit der Zeit nach (Irmer 2008). Entsprechende Untersuchungen zur sexuellen Aktivität zeigen, dass diese – insbesondere bei Frauen – mit zunehmenden Alter sinkt (Brose und Zank 2023).

Zur Erklärung des Sexualverhaltens werden vor allem zwei Theorieansätze herangezogen (Ainsworth und Baumeister 2012). Zum einem greift die Evolutionstheorie bzw. die Soziobiologie (siehe Kap. 2), die in ihrem Kern den reproduktiven Erfolg als zentralen Handlungsantrieb betrachtet, die gesellschaftlichen, sozialen und geschlechtsspezifischen Differenzen als Erklärungsobjekte auf. „In particular, evolutionary perspectives were used to explain gender differences in extramarital behavior, jealousy reactions to extradyadic affairs, sexual conflict in marriage, and choice of sexual influence tactics in dating" (Christopher und Sprecher 2000, S. 1000). Zum anderen wird die Theorie der rationalen Wahl (siehe Kap. 2) auf Differenzen und Veränderungen im Sexualverhalten angewandt. Diese Perspektive ist ebenso naheliegend, da auch bei sexuellen Handlungen das Verhältnis von Aufwand und Ertrag bei gegebenen Präferenzen abgewogen wird. So erklärt beispielsweise Liu (2000), warum Untreue bzw. außerehelicher Sex bei verheirateten Frauen und Männer unterschiedlich häufig vorkommt und warum die Häufigkeit des ehelichen Sex mit steigender Ehedauer abnimmt. Für Letzteres greift er auf das Gesetz des abnehmenden Grenznutzens zurück: „In other words, marital sexual actions between a husband and a wife initially bring about a relatively high level of satisfaction; therefore, one can expect sexual activity to be more frequent. As marital sex increases, the level of satisfaction lowers; thus, fewer resources will be allocated to it. Consequently, the frequency of marital sex declines" (Liu 2000, S. 365).

3.2.3　Konflikte

Obwohl Konflikte zum Alltag von Partnerschaften und Familien gehören, waren sie lange Zeit ein wenig beachtetes Thema der Familiensoziologie. Erst gegen Ende der 1960er Jahre änderte sich dieses Bild langsam (Farrington und Chertok 1993). Zuvor wurde die Familie auch in der familiensoziologischen Forschung eher idealisiert. Die dem Familienalltag innewohnenden Friktionen, Enttäuschungen und Konflikte wurden systematisch ignoriert bzw. übersehen. Erst im Zuge der antiautoritären und ideologiekritischen Debatten der Studierendenbewegung begann dann auch eine „demystication of family life" (Skolnick und Skolnick 1974, S. 16). Obwohl sich das Bild gewandelt hat, zeigt die Familiensoziologie auch heute noch wenig Neigung zu einer extensiven theoretischen und empirischen Beschäftigung mit Konflikten (Tyrell 2001).

Die Ursache von (familialen) Konflikten kann man allgemein in der Divergenz sehen, die zwischen den sozialen und ökonomischen Ressourcen, wobei hier neben Gütern auch die Kontrolle über Ereignisse und Zustände verstanden werden muss, die eine Person kontrolliert und den Handlungszielen dieser Person besteht. Akteur:innen streben nach bestimmten Gütern, Zuständen oder Handlungsweisen, die sie nicht selbst kontrollieren, sondern über die andere verfügen bzw. die andere kontrollieren (Coleman 1990, S. 27 ff.). Und umgekehrt möchten die Mitakteur:innen, dass Ego bestimmte Handlungen, von denen sie profitieren, ausführt oder ihnen Zugang zu seinen oder ihren Ressourcen gewährt. Diese Asymmetrie ist einerseits die Ursache sozialen Handelns und damit der Gesellschaft schlechthin, aber auch der Kern von Konflikten – und daraus resultierend von Macht, Herrschaft und gesellschaftlicher Dynamik.

In der einschlägigen familiensoziologischen Forschung zu Konflikten kann man zwei Fragestellungen unterscheiden: Die erste fragt nach den Ursachen bzw. thematischen Feldern, die zu Streit führen, und die zweite analysiert den Umgang mit Konflikten und das Konfliktmanagement und dessen Folgen für die Partnerschaft und Familie.

In einer Studie zu Konfliktfeldern kommt Rüssmann (2006, S. 109 ff.) zu dem Resultat, dass in der Bundesrepublik insbesondere die Themen Verwandtschaft und Freunde, Finanzen, Zeit füreinander, Verständnis, emotionale Zuwendung sowie Ordnung und Sauberkeit zu Problemen führen. Dabei lassen sich aber deutliche Variationen hinsichtlich des Geschlechts und auch zwischen Ost- und Westdeutschland erkennen. Männer berichten im Allgemeinen signifikant weniger Konfliktbelastungen als Frauen. Diese Tendenz lässt sich über alle thematischen Felder beobachten. In Ostdeutschland zeigt sich eine eindeutig geringere Konfliktbelastung als im Westen. Auch hier gilt dies für alle Themenbereiche, also auch im Hinblick auf finanzielle Probleme. Einen signifikanten Erklärungsbeitrag für die Konfliktintensität liefern auch die Merkmale sozio-ökonomischer Status, Beziehungsdauer, Stadium im Familienzyklus, Geschlechtsrollenorientierung, Entscheidungsmacht in der Partnerschaft sowie Homogamie der Partner:innen auf der Wert- und Einstellungsebene (Fincham und Beach 2010; Rüssmann 2006, S. 109 ff.).

Der zweite Forschungsschwerpunkt befasst sich mit der Verarbeitung von Konflikten. Hier sind vor allem sozialpsychologische Arbeiten zu finden, die das Konfliktmanagement bzw. die Konfliktstile näher beschreiben. Dabei scheint der konkrete interaktive Umgang mit Konflikten von hoher Bedeutung für die Zufriedenheit und Stabilität von Beziehungen. Insbesondere Gottman (1994) hat den Zusammenhang zwischen bestimmten Verhaltensmustern und der Qualität und Stabilität von Beziehungen untersucht. Er benennt vier populär gewordene sogenannte ‚apokalyptische Reiter', die das Ende einer Beziehung ankündigen: Kritik und Schuldzuweisung, Abwehr und Verleugnung, Verachtung und Geringschätzung sowie Rückzug. Eine andere bekannte Typologie legt Rusbult (1980) vor: Sie differenziert zwischen der Androhung bzw. dem realen Ausstieg aus der Beziehung *(exit),* dem Artikulieren von Unzufriedenheit *(voice),* dem Hoffen auf Besserung *(loyalty)* und der Distanzierung vom bzw. Vernachlässigung des oder der Partner:in.

Es lassen sich dabei drei Dimensionen des Konfliktverhaltens beobachten (Arrànz Becker 2004, S. 61 ff.): Konstruktive Kommunikationstechniken sind geprägt von Respekt, Wertschätzung, Zuwendung und einer klaren Problemorientierung. Destruktive Muster bedienen sich häufig einer pauschalen Schuldzuweisung, Dominanz, Herabwürdigung und gar Gewalt. Die dritte Dimension beschreibt das Engagement in Konflikten und den Rückzug aus und die Vermeidung von Konflikten. Empirisch vermitteln diese Verhaltensmuster zwischen den Konflikten und der Qualität sowie der Stabilität von Partnerschaften. Konflikte haben demnach vor allem dann negative Konsequenzen, wenn in der Partnerschaft zugleich destruktive Konfliktlösungsmuster – wie etwa Rückzug und Vermeidung – dominant sind. Zudem wirkt sich auch das allgemeine Interaktionsklima aus: Eine Atmosphäre, die durch Vertrauen, Offenheit und Intimität geprägt ist, kann die Belastungen durch Konflikte deutlich verringern oder gar kompensieren (Arrànz Becker et al. 2005). Von familialen Konflikten zu unterscheiden sind alle Formen von Aggression und Gewalt, die inzwischen ein eigenständiges Forschungsgebiet darstellen.

3.2.4 Aggression und Gewalt

Ähnlich wie das Thema Konflikte wurden auch Aggression und Gewalt in Partnerschaft und Familie über lange Zeit von der Familienforschung so gut wie nicht behandelt, obwohl Aggression und Gewalt in der Familie selbstverständlich schon immer zu beobachten waren. In den Vereinigten Staaten, aber auch in Deutschland finden sich jedoch in den letzten Jahrzehnten einige Arbeiten zum Thema (siehe für einen Überblick Arnold und Beelmann 2022; Devaney et al. 2021; Krahé 2023). Unter Aggression und Gewalt in der Familie werden dabei „Verhaltensweisen mit Schädigungsabsicht, die auf Mitglieder der eigenen Familie gerichtet sind" (Krahé 2023, S. 492) verstanden. Diese können sowohl physisch (z. B. Schlagen, Schubsen, Treten, Verletzten) als auch psychisch (z. B. Drohen, Erniedrigen, Kontrollieren) sein (Arnold und Beelmann 2022, S. 800). Meist wird zwischen der Gewaltanwendung gegenüber Partner:innen und gegenüber Kindern differenziert, aber seit kurzem ist auch das Thema Aggression und Gewalt gegenüber alten Menschen bzw. *elder abuse* in den Fokus geraten (Krahé 2023; Tolan et al. 2006). In Bezug auf Kinder und Alte umfasst Gewalt auch Vernachlässigung. Des Weiteren lässt sich die Literatur dahingehend unterscheiden, ob nach den Ursachen oder den Konsequenzen der Gewaltanwendung gesucht wird. Neben der physischen Gewalt tritt in letzter Zeit immer mehr das Thema der sexuellen Gewalt in den Mittelpunkt des – auch öffentlichen – Interesses.

Zunächst stellt sich die Frage nach der Prävalenz von Aggression und Gewalt in Partnerschaft und Familie. Eine entsprechende Antwort sieht sich dabei verschiedenen methodologischen Problemen gegenübergestellt: „Prävalenzschätzungen zu Gewalt in der Familie variieren stark und sind abhängig von der befragten Stichprobe, der Erhebungsart (telefonisch, persönlich, Fragebogen), den verwendeten Datenquellen (Kriminalstatistiken, Opfer- oder Täterbefragung) und der Definition von Gewalt (verbal, physisch)" (Arnold und Beelmann 2022, S. 800 f.). Einer repräsentativen Befragungen in Deutschland zufolge liegt die Lebenszeitprävalenz für partnerschaftliche Gewalterfahrungen bei 2,5 %, wobei das Risiko von Viktimisierung für Frauen (3,8 %) höher ausfällt als für Männer (1,3 %) (Hellmann 2014, S. 137). Ein weiterer Unterschied zwischen den Geschlechtern ist, dass männliche Gewalt gegenüber Frauen deutlich häufiger zu schweren Verletzungen führt (Arnold und Beelmann 2022; Krahé

2023). Aussagen zur Gewaltprävalenz gegenüber Kindern sind noch schwerer zu treffen: Angezeigte Kindesmisshandlungen sind extrem selten, aber retrospektive Angaben von Jugendlichen und Erwachsenen zu Erfahrungen von Gewaltausübung durch Eltern liegen bei immerhin 10 % (Arnold und Beelmann 2022, S. 801). Hinsichtlich der Prävalenz von Gewalt gegenüber älteren Familienangehörigen liegen für Deutschland keine Zahlen vor, aber im internationalen Kontext wurde ermittelt, dass etwa 16 % Älterer Gewalterfahren (zumeist psychische Aggression) gemacht haben (Yon et al. 2017). Insgesamt ist davon auszugehen, dass die Dunkelziffern von Aggression und Gewalt in Partnerschaft und Familie sehr hoch sind.

Zur Erfassung von Aggression und Gewalt in Partnerschaft und Familie wird in Umfragen regelmäßig auf die Conflict Tactics Scales (CTS) zurückgegriffen, die von einer Forschungsgruppe um Murray A. Straus und Richard Gelles entwickelt wurden (Straus 1990). Hierbei werden verschiedene Reaktionen beschrieben, die bei partnerschaftlichen oder familialen Problemen auftreten können. Die entsprechende Liste reicht von „discussed an issue calmly" bis hin zu „threw something" oder „used a knife or fired a gun". Dabei wird jeweils danach gefragt, ob und wie häufig die entsprechenden Handlungen aufgetreten sind. Empirisch lassen sich dann drei Konfliktstrategien unterscheiden: „The use of rational discussion, arguments, and reasoning (...), the use of verbal and nonverbal acts which symbolically hurt the other, or the use of threats to hurt the other (...), the use of physical force against another person as a means of resolving the conflict, which is called the ‚Physical Aggression' or ‚Violence' scale" (Straus 1990, S. 32).

Wird das Ausmaß von Gewalt in Partnerschaften mit Hilfe der CTS erfasst, kommen viele Studien zu dem Ergebnis, dass Frauen genauso oft oder sogar öfter über körperliche Aggressionen gegenüber ihrem Partner berichten als Männer gegenüber ihrer Partnerin (Hardesty und Ogolsky 2020; Krahé 2023). Hierbei ist jedoch zu beachten, dass durch die Art der Erfassung ggf. ein verzerrtes Bild entsteht, da nur die Häufigkeit und nicht der Kontext abgebildet wird. Eine Notwehrhandlung kann so nicht von einem auslösenden aggressiven Verhalten unterschieden werden. Gewalt in Partnerschaften sollte zukünftig entsprechend in ihren unterschiedlichen Erscheinungsformen erfasst werden (Krahé 2023, S. 500): „(1) zwanghaft kontrollierende Gewalt als stabiles Verhalten in einer Paarbeziehung, das häufiger von Männern gezeigt wird als von Frauen; (2) gewaltsamer Widerstand als Reaktion auf zwanghaft kontrollierende Partnergewalt, der häufiger von Frauen gezeigt wird als von Männern, und (3) situative Partnergewalt, die aus einem akuten Partnerschaftskonflikt entsteht und weitgehend gleichverteilt über beide Geschlechter auftritt". Darüber hinaus wäre es wünschenswert, danach zu unterscheiden, ob nur einer der beiden Partner:innen oder beide gewalttätig sind (Johnson und Ferraro 2000). Die unterschiedlichen Gewaltformen und Rahmenbedingungen gehen mit unterschiedlichen Beziehungsdynamiken, aber auch mit unterschiedlichen Interventionschancen und Präventionsmaßnahmen einher (Arnold und Beelmann 2022).

Zur Entwicklung von Präventionsmaßnahmen ist es außerdem notwendig, die Bedingungen zu identifizieren, die zu Aggression und Gewalt in Partnerschaft und Familie führen. Die meisten Risikofaktoren lassen sich dabei in vier Bereichen zusammenfassen:

(i) Gesellschaftliche Faktoren: Hierbei ist neben der normativen Orientierung in einer Gesellschaft vor allem an die sozialstrukturelle Position und damit einhergehende Handlungsspielräume verbundene Stressoren zu denken. Grob zusammengefasst, lautet die These in Bezug auf partnerschaftliche und familiale Gewalt, dass eine erhöhte Prävalenz von Gewalt bei „allgemein hohe[r] Toleranz für aggressives Verhalten in verschiedenen Lebensbereichen sowie eine[r] starke[n] Ungleichheit der Geschlechter" in einer Gesellschaft zu erwarten ist (Krahé 2023, S. 500 f.).

(ii) Familiale Faktoren: Dysfunktionale Kommunikations- und Konfliktlösungsstrategien sowie ein Mangel an Erziehungsfähigkeit oder ein autoritärer Erziehungsstil (Spencer et al. 2022) spielen auf der familialen Beziehungsebene eine besonders große Rolle für ein erhöhtes Risiko familialen Gewalterlebens. Aber auch der geschlechtsspezifischen Sozialisation sowie vor allem eigene Gewalterfahrungen in der Herkunftsfamilie scheint eine hohe Erklärungskraft für das Vorkommen familialer Gewalt zuzukommen. Als theoretischer Hintergrund kann hier auf Ansätze des Lernens am Modell (Bandura 1978) zurückgegriffen werden (siehe auch die Ausführungen zu intergenerationaler Transmission in Boehnke und Boehnke 2023).

(iii) Situationsfaktoren: Situationale Faktoren, die mit Gewaltanwendungen einhergehen sind z. B. der Konsum von Alkohol und Drogen oder akutes Stresserleben.

(iv) Individuelle Faktoren: Neben Risikofaktoren wie einem geringen Einkommen, einer geringen Bildung, Arbeitslosigkeit oder psychischen Problemen werden Charakteristika der Persönlichkeitsstruktur (auch der Kinder), geringe Impulskontrolle, niedrige Selbstachtung, starke Eifersucht, aber auch erlernte Hilflosigkeit zur Erklärung des Auftretens von Gewalt in der Familie herangezogen (Tolan et al. 2006).

Bei allen theoretischen Erklärungsversuchen wird darauf hingewiesen, dass monokausale Modelle nicht ausreichend sind und es sich bei familialer Gewalt um ein multidimensionales Problem handelt. Die physischen, psychischen und sozialen Konsequenzen familialer Aggression und Gewalt – sowohl für die betroffenen Personen, aber auch für die gesamte Familie – sowie verschiedene Interventionsstrategien und Präventionsmaßnahmen stellen ein weiteres Themengebiet der skizzierten Forschungstradition dar (Arnold und Beelmann 2022; Hardesty und Ogolsky 2020; Krahé 2023). Die meisten Angebote finden im Kursformat statt und richten sich an Paare und Eltern, aber eine breite öffentliche Aufklärung und die auch in der Bundesrepublik zu findende Möglichkeit von Haus- oder Wohnungsverboten scheinen durchaus brauchbare Mittel zu sein, um familialer Gewalt zu begegnen und Opfer zu schützen. Familienpolitik kann hier einen wichtigen Beitrag leisten: „Domestic violence policy raises such basic issues as the state's role and responsibility in protecting individuals from private violence and in reshaping community norms, as well as the nature of individual autonomy in making critical life choices" (Sack 2023).

3.2.5 Häusliche Arbeitsteilung und Kinderbetreuung[7]

Eine der wohl bemerkenswertesten sozialen Regelmäßigkeiten in allen (westlichen) Gegenwartsgesellschaften ist die *geschlechtsspezifische Arbeitsteilung,* also die unterschiedliche Zeitverwendung für bezahlte und unbezahlte Arbeit zwischen Frauen und Männern. Frauen übernehmen dabei insbesondere regelmäßig anfallende Routineaufgaben und investieren insgesamt deutlich mehr Zeit als ihre Partner in Hausarbeit und Kinderbetreuung. Dieses Muster gipfelte sozialhistorisch spätestens mit dem Aufkommen der ‚bürgerlichen Familie', die sich Ende des 19. Jahrhunderts als Leitbild etablierte, ihre tatsächliche Blütezeit jedoch erst im *golden age of marriage* in den 1950er und 1960er Jahren erlebte (siehe Kap. 1). In diesem Zeitraum fiel auch die einflussreiche Interpretation von Parsons und Bales (1955), dass die polare arbeitsteilige Organisation der Familie, nach welcher der Mann für die ökonomische Situation der Familie verantwortlich sei, während sich die Frau voll und ganz um Haushalt und Kinder kümmern könne, ein wesentliches Element des funktionalen Grundgerüsts der modernen Familie sei.

---

[7]Dieses Unterkapitel basiert auf Teilen der Ausführungen in Schulz und Steinbach (2023). Der Fokus liegt hier auf der innerfamilialen Arbeitsteilung heterosexueller Paare. Für einen Überblick zur Arbeitsteilung homosexueller Paare, der insbesondere vor dem Hintergrund der theoretischen Erklärung besonders interessant ist, siehe Evertsson et al. (2021) sowie Goldberg (2013).

Die Bildungs-, Erwerbs- und Karrierechancen von Frauen haben sich seit den 1960er Jahren deutlich verbessert. Dadurch wurde ihre Verhandlungsposition gegenüber ihren Partnern gestärkt (Goldscheider et al. 2015; Sullivan et al. 2018). Im gleichen Zeitraum haben sich die Einstellungen gegenüber der Rolle der Frau sehr deutlich dahingehend verändert, dass die Gleichheit und Gleichberechtigung zwischen den Geschlechtern betont und das bürgerliche Familienideal nicht mehr fraglos akzeptiert wird (Ebner et al. 2020). Dennoch zeigt die empirische Forschung bis heute eine ausgeprägte geschlechtsspezifische Differenzierung bei der Hausarbeit und bei der Kinderbetreuung sowohl in Paarbeziehungen als auch auf gesamtgesellschaftlicher Ebene (Sullivan et al. 2018). Insofern ist die *gender revolution*, d. h. der große Wandel in den Geschlechterrollen und deren Ausgestaltung, der sich trotz persistenter Ungleichheiten in den letzten Jahrzehnten vollzogen hat, heute noch immer ‚unvollständig' (Esping-Andersen 2009; Hochschild 1989).

In den meisten Studien, die sich mit der Zeitverwendung für und der Aufteilung von unbezahlter Arbeit in Paarbeziehungen und Familien beschäftigen, werden die Konzepte der Hausarbeit und der Kinderbetreuung eher pragmatisch definiert (Coltrane 2000). Studien zur Hausarbeit untersuchen zumeist Routinetätigkeiten, die in jedem Haushalt regelmäßig anfallen und normalerweise auch mit einer gewissen Notwendigkeit erledigt werden müssen. Dabei handelt es sich gleichzeitig um die zeitaufwändigsten Aufgaben (z. B. Kochen, Putzen, Wäschepflege). Hinzu kommen Tätigkeiten, die weniger regelmäßig anfallen und häufig auch zeitlich flexibler erledigt werden können wie Reparaturen, Verwaltungstätigkeiten oder die Pflege und Wartung von Kraftfahrzeugen. Barnett und Shen (1997) haben für diese beiden idealtypischen Tätigkeitsbereiche die Unterscheidung von *high- and low-schedule-control housework tasks* eingeführt. Sie heben damit vor allem den unterschiedlichen Nachdruck hervor, mit der die Aufgaben im Alltag zu erledigen sind. Empirisch hat sich gezeigt, dass die erstgenannten Routinetätigkeiten eher von Frauen erledigt werden und gleichzeitig normativ auch Frauen zugeschrieben werden, während die zweitgenannten Nicht-Routinetätigkeiten eher mit der männlichen Beteiligung an der unbezahlten Arbeit assoziiert werden (Coltrane 2000).

Kinderbetreuung wird zumeist über Einzeltätigkeiten wie Grundversorgung (z. B. Füttern oder Mahlzeiten für Kinder zubereiten, Körperhygiene, Windeln wechseln usw.), Spielen, Lernen und Unterstützung bei Hausaufgaben, Vorlesen und Geschichtenerzählen, Gespräche mit Kindern, Planung von Aktivitäten von und für Kinder oder Hol- und Bringdienste definiert (Steinbach und Schulz 2022). Diese Tätigkeiten, die Eltern für Kinder und mit Kindern im Alltag ausführen, unterscheiden sich stark nach dem Alter der Kinder und nach dem

Ausmaß an Interaktivität. Gerade interaktive und bildungsorientierte Tätigkeiten wie (Vor-)Lesen werden dabei häufig als ‚Qualitätszeit' etikettiert und mit einer ausgeprägten Präferenz für die kindliche Entwicklung in Verbindung gebracht (Budig und Folbre 2004). Letztlich wird auch bei der Kinderbetreuung zwischen Routinetätigkeiten (z. B. Grundversorgung) und Nicht-Routinetätigkeiten (z. B. Spielen) unterschieden. Inzwischen hat sich die Einsicht durchgesetzt, dass Hausarbeit und Kinderbetreuung getrennt voneinander analysiert werden sollten, da das jeweilige Engagement von unterschiedlichen Mechanismen abhängt. Während Hausarbeit häufig ‚lästige Pflicht' ist, scheint die Beschäftigung mit Kindern oft als deutlich angenehmer empfunden zu werden (McDonnell et al. 2019; Sullivan 2013).

Die Zeitverwendung für Hausarbeit und Kinderbetreuung sowie die Aufteilung der unbezahlten Arbeit in Paarbeziehungen wird in der modernen Familiensoziologie durch das Handeln der Frauen und Männern in ihren jeweiligen Kontexten erklärt. In der aktuellen Forschung hat sich die Einsicht etabliert, dass einzelne Mechanismen für die Erklärung und das Verständnis der Zusammenhänge nicht ausreichen, sondern verschiedene Ansätze miteinander kombiniert werden sollten (Bianchi und Milkie 2010; Sullivan et al. 2018). Die theoretische Diskussion orientiert sich dabei vor allem an zwei Theoriesträngen: erstens dem *ökonomischen Ansatz,* der auf der Annahme des Ressourcentausches beruht und zunächst grundsätzlich geschlechtsneutral funktioniert und zweitens dem *geschlechtersensiblen Ansatz,* der auf symbolischen Austausch sowie Geschlechtsidentitäten und normative Rahmenbedingungen abzielt.

In seinem familienökonomischen Ansatz geht (Becker 1965, 1981) davon aus, dass die Mitglieder eines Haushalts danach streben, den gemeinsamen Haushaltsnutzen durch die effiziente Produktion von *commodities* zu maximieren. Da rationale Akteur:innen einen großen Anreiz haben, in genau den Bereich zu investieren, in dem sie die größten Gewinne für den Haushalt abschöpfen können, spezialisieren sich die Beziehungspartner:innen entsprechend ihren komparativen Stärken und Fähigkeiten auf bestimmte Arbeitsbereiche, in diesem Fall auf (bezahlte) Erwerbsarbeit oder (unbezahlte) Haus -und Familienarbeit. Die Entscheidung, welcher der beiden Partner:innen in einer Paarbeziehung sich auf die außerhäusliche Erwerbstätigkeit und welcher sich auf die innerhäusliche Reproduktionsarbeit konzentriert, resultiert diesem Ansatz nach einzig aus den komparativen Vorteilen der Partner:innen, die in der Regel durch den Lohnsatz und den der Paarbeziehung vorangegangenen Investitionen im Lebenslauf bestimmt werden. Haben die Partner:innen einmal den Weg der Spezialisierung eingeschlagen, wird eine Veränderung dieses Arrangements aufgrund der damit verbundenen Humankapitalinvestitionen mit der Zeit immer unwahrscheinlicher.

Im Gegensatz zum familienökonomischen Ansatz (Becker 1965, 1981) geht die Verhandlungsperspektive davon aus, dass alle Entscheidungen reversibel sind und dass immer dann neue Verhandlungen nötig sind, sobald sich die Ressourcenbilanz und/oder paargemeinschaftliche Abhängigkeits- oder Machtverhältnisse verändern. In der Literatur werden vor allem zwei Arten dieses *resource bargaining* diskutiert, bei der Frauen und Männer versuchen, Hausarbeit zu vermeiden und möglichst viel Zeit in bezahlte Arbeit zu investieren. So spielen in Verhandlungsprozessen zum einen die am Markt verwertbaren ökonomischen Ressourcen eine Rolle, allen voran die Bildung und der erwartete Lohn (Lundberg und Pollak 1996). Zum anderen wird die Verhandlungsposition durch die Zeit bestimmt, die Frauen und Männer nach Abzug von Erwerbsarbeit, Freizeit und physischer Regeneration für Hausarbeit zur Verfügung haben (*time availability;* Coverman 1985). Der Mechanismus ist in beiden Fällen gleich: Verfügt eine Person über höhere Ressourcen, so besitzt sie eine größere Verhandlungsmacht, wenn es um die Verteilung der unangenehmen Hausarbeit geht. Diese Person kann sich nun im Aushandlungsprozess gegen die andere Person durchsetzen und sich aus der Hausarbeit ganz oder teilweise zurückziehen. Daraus folgt, dass der andere Partner in eine Abhängigkeitssituation gerät und entsprechend mehr Hausarbeit verrichten muss.

Neben diesen ökonomisch motivierten Modellen existieren weitere Erklärungsansätze der geschlechtsspezifischen Arbeitsteilung, die vor allem die Bedeutung des Geschlechts als Ursache für beobachtete Unterschiede zwischen Frauen und Männern betonen (*gender perspectives*). Dieser Vorstellung liegt die zentrale soziologische Einsicht zugrunde, dass Menschen in einen kulturellen Kontext eingebettet sind, in dem bestimmte gesellschaftlich geteilte Regeln (soziale Normen) existieren, wie sich Akteur:innen in bestimmten Situationen verhalten sollen (Geist und Ruppanner 2018). Bezogen auf die Arbeitsteilung ist beispielsweise das Modell der ‚bürgerlichen Normalfamilie' mit der polaren Differenzierung der Geschlechterrollen ein nach wie vor handlungsrelevantes Leitbild für viele Frauen und Männer in Paarbeziehungen und Familien, auch wenn es seit den 1970er Jahren an Bedeutung verloren hat.

Im Unterschied zu den ökonomischen Modellen sind diese Erklärungsansätze nicht geschlechtsneutral, sondern betonen die normative Kraft, die mit der Selbst- oder Fremdzuordnung der Menschen zu den etablierten bipolaren Geschlechterkategorien einhergeht (Thébaud 2010). So übernehmen Frauen nach einer ersten Lesart dieses Modells deshalb mehr Hausarbeit als Männer, weil es das vorherrschende Geschlechterarrangement in der Gesellschaft so vorsieht und Frauen und Männer diese Erwartungen im Verlauf ihrer Sozialisation internalisiert haben. Eine weitere, zweite Lesart der *gender perspective* ist der *doing gender*-Ansatz.

Dabei wird der Alltag als ‚Bühne' gesehen, auf der Frauen und Männer sich und signifikanten Anderen aktiv zeigen können, welcher Geschlechterkategorie sie sich zugehörig fühlen (West und Zimmerman 1987). Der unbezahlten Familienarbeit kommt dabei in westlichen Gesellschaften noch immer eine zentrale Bedeutung zu, da Frauen und Männer durch die Erledigung oder das Unterlassen bestimmter Tätigkeiten im Haushalt ihre Geschlechtsidentität besonders wirkungsvoll demonstrieren und reproduzieren können (Geist und Ruppanner 2018; Thébaud 2010).

Eine dritte Geschlechterperspektive betont zusätzlich die eher unbewussten Ursachen geschlechtsspezifischen Verhaltens, indem sie auf den Prozess des Herausbildens und Ausbalancierens von Berufs- und Familienidentitäten zusammenlebender Frauen und Männer fokussiert (Bielby und Bielby 1989). Dieser Sichtweise liegt die Annahme zugrunde, dass Frauen und Männer im Verlauf ihres Lebens, und speziell im Verlauf einer Paarbeziehung, *commitments* an bestimmte Lebensbereiche herausbilden. Indem Frauen und Männer gesellschaftlich vorgegebene Rollen im Erwerbsleben und der Familie spielen, identifizieren sie sich mit diesen. In diesem Sinne ist die Identitätsformation untrennbar gekoppelt an die biografischen und aktuellen Erfahrungen, Verantwortlichkeiten und Positionen in der Alltagspraxis des Berufs- und Familienlebens der Menschen. Durch die enge Koppelung des Prozesses der Identitätsformation an die Kultur einer Gesellschaft ist hinsichtlich der unbezahlten Arbeit in Paarbeziehungen eine weitgehende Übereinstimmung der dominierenden Muster mit den vorherrschenden Geschlechtsrollenbildern zu erwarten. Weiterhin ist nach dem Identitätsformationsmodell zu erwarten, dass sich der Wandel eingeschliffener Geschlechtsrollen in der Gesellschaft nur relativ träge vollzieht und sich die damit verbundenen arbeitsteiligen Strukturen in Paarhaushalten nur recht langsam verändern (Bielby und Bielby 1989). Mit der Herausbildung neuer geschlechtsspezifischer Strukturen im Zuge des sozialen Wandels der Rolle der Frau ist entsprechend nur über einen sehr langen Zeitraum zu rechnen (Sullivan et al. 2018).

Für die Erklärung der Kinderbetreuung kommen zunächst einmal die gleichen theoretischen Ansätze zur Anwendung wie bei der Hausarbeit, da es um die Aushandlung und Entscheidung bezüglich der Aufteilung von Aufgaben und Zeit zwischen Müttern und Vätern geht, die sich zum einen an ihren individuellen Ressourcen sowie Restriktionen und zum anderen an ihren Vorstellungen orientieren, welchem Geschlecht bestimmte Dinge zugeordnet werden. Doch mit der Kinderbetreuung sind spezifische Aspekte verbunden, die weiterer Argumente bedürfen, warum es in den letzten Jahrzehnten zu einer Veränderung in der Art und Weise kam, wie sich Eltern mit ihren Kindern beschäftigen (Craig et al. 2014). Dazu gehört die Idee des *good parenting* oder *intensive parenting*, die zu einem kulturellen Wandel der Kinderbetreuung in modernen Industriegesellschaften geführt hat. Diese neue soziale Norm der Elternrolle betrifft sowohl Mütter als auch Väter in ähnlicher Weise und zielt darauf ab, dass Kinderbetreuung „more intensive, involved, and time-consuming parenting practices" erfordert (Altintas 2016, S. 28). Diese Veränderungen in den Betreuungs- und Erziehungsnormen variieren zwar zwischen Eltern mit verschiedenem sozio-ökonomischen Hintergrund (Altintas 2016; Dotti Sani und Treas 2016), aber die Verhaltensänderungen sind inzwischen bei nahezu allen Eltern zu beobachten (Cha und Park 2021).

Der empirische Bezugspunkt der Debatte um den sozialen Wandel der Geschlechterungleichheit im Kontext von Familie und Arbeit ist häufig Hochschild (1989) Konzept der *second shift*. Mit diesem Begriff ist die Geschlechterungleichheit gemeint, die dadurch entstand, dass Frauen im Verlauf der vergangenen Jahrzehnte verstärkt erwerbstätig sind, aber gleichzeitig, d. h. gleichsam nach dieser ‚ersten Schicht', noch eine ‚zweite Schicht' zuhause in Form von Haushaltsarbeit verrichten (müssen). Das liegt daran, dass sich die Routinen in Paarhaushalten nicht in einem ähnlichen Tempo und nicht spiegelbildlich mitentwickelt haben. Von dieser Beobachtung ausgehend, zeigten empirische Studien, dass sich die Lücke zwischen den Geschlechtern über die letzten Jahrzehnte merklich verkleinerte (Altintas und Sullivan 2016; Sullivan et al. 2018). Diese Studien vermeldeten im Grunde übereinstimmend, dass die Konvergenz der Zeit für unbezahlte Arbeit vor allem aus einer massiven Verhaltensänderung bei den Frauen resultierte, die spätestens seit den 1970 Jahren ihre Zeit für Hausarbeit deutlich reduziert haben. Im gleichen Zeitraum ist die Zeit, die Männer für Hausarbeit verwendeten, leicht angestiegen. Zusammen mit der Entwicklung der Frauen führte das zu einer deutlichen Reduktion der Gesamtarbeitszeit für Hausarbeit sowie zu einem Rückgang der Geschlechterungleichheit (Sullivan et al. 2018). Ebenfalls zu beobachten war im gleichen Zeitraum ein Anstieg der Zeit für Kinderbetreuung von Frauen und Männern, der absolut betrachtet bei Frauen zwar größer war als bei Männern, aber aufgrund des niedrigeren Ausgangsniveaus bei Männern in relativer Hinsicht stärker ausfiel (Dotti Sani und Treas 2016; Pailhé et al. 2021; Steinbach und Schulz 2022; Sullivan et al. 2018).

Schaut man auf die Individual- oder Mikroebene zeigt sich, dass sich die Zeitverwendung und Aufteilung der unbezahlten Arbeit zwischen Frauen und Männern in Paarbeziehungen im Lebenslauf in Abhängigkeit von der jeweiligen Lebens- und Familienphase sowie über Kohorten und Perioden hinweg verändert (Leopold et al. 2018; Skopek und Leopold 2019). Wie alle Theorien zur geschlechtsspezifischen Arbeitsteilung annehmen, ist die Dynamik der Hausarbeitsteilung eng verknüpft mit anderen individuellen, paargemeinschaftlichen oder gesellschaftlichen Prozessen wie beispielsweise Erwerbs- und Familienbiografien (Schulz 2010). Diese Lebensverlaufsperspektive ist für die Analyse der unbezahlten Arbeit insofern wichtig, weil sie die Bedeutung von Ereignissen und Entwicklungen hervorhebt, im Zuge derer sich sowohl die Ressourcen als auch die normativen Bezugsrahmen des Handelns für die Akteur:innen ändern können. Gleichzeitig werden dadurch Pfadabhängigkeiten und Lernprozesse berücksichtigt, die in zukünftigen (Verhandlungs-)Situationen für die beteiligten Frauen und Männer von Bedeutung sein können.

Versucht man die vorliegenden empirischen Ergebnisse zusammenzufassen, ergibt sich folgendes Bild: Männer reduzieren ihr Zeit für Routinetätigkeiten, wenn sie einen Haushalt mit einer Frau gründen; für Frauen verhält es sich umgekehrt (Gupta 1999). Dies deutet darauf hin, dass die Veränderung des normativen Bezugsrahmens im Zuge einer Haushaltsgründung im Sinne eines *doing gender* auf das Verhalten von Frauen und Männern wirkt. Die Eheschließung spielt im Vergleich zum Zusammenzug des Paares dann nur noch eine relativ marginale Rolle hinsichtlich einer (weiteren) Traditionalisierung (Baxter et al. 2010). Den sicherlich größten Einfluss auf die Hausarbeitszeit und die geschlechtsspezifische Arbeitsteilung hat der Übergang zur Elternschaft. Übereinstimmend zeigt die internationale Forschung, dass eine Elternschaft der entscheidende Auslöser und Stabilisator für eine langfristige traditionelle Arbeitsteilung in Partnerschaften darstellt (Baxter et al. 2008; Grunow et al. 2012), die sich erst in späteren Phasen des Lebenslaufes wieder langsam zugunsten einer stärkeren Angleichung verändert, wenn die Kinder älter werden und den elterlichen Haushalt verlassen *(empty nest)* (Schulz und Raab 2023). Im Zuge des Übergangs zur Elternschaft ist als wichtige Entscheidung im Lebenslauf die Inanspruchnahme von Elternzeit von Bedeutung. Da die Elternzeit in aller Regel mit einem vorübergehenden Ausstieg aus dem Erwerbsleben verbunden ist, ändern sich dadurch die Ressourcenverhältnisse zwischen den Beziehungspartnern und damit gleichzeitig das Verhandlungspotenzial, wenn es um die Verteilung der Hausarbeit geht, und das umso stärker, je länger diese Zeiten andauern (Schober und Zoch 2019).

In Bezug auf Erwerbsereignisse zeigt die bisherige empirische Forschung, dass die Hausarbeitszeit negativ mit der Erwerbsarbeitszeit korreliert und das in aller Regel stärker für Frauen als für Männer (Coltrane 2000; Lachance-Grzela und Bouchard 2010). In dieser Hinsicht greift wohl zum einen der Mechanismus des *time availability*-Ansatzes und zum anderen der Mechanismus der *Ressourcenperspektive;* kurzum: je stärker die Eingebundenheit am Arbeitsmarkt und je höher das Einkommenspotenzial, desto geringer ist die Hausarbeitszeit (Sullivan und Gershuny 2016). Am Ende der Erwerbskarriere beeinflusst der Prozess der Verrentung die Zeitverwendung und Aufteilung der Hausarbeit in Paarhaushalten. Auch hier spielt die Veränderung des Ressourcenverhältnisses zwischen den Beziehungspartnern eine zentrale Rolle für die Erklärung der Verhandlung neuer Arrangements. Empirische Studien zeigen, dass die Geschlechterungleichheit bei der Hausarbeit im Zuge des Übergangs in den Ruhestand etwas geringer wird, wenngleich auch die Zuständigkeit der Frauen keine grundsätzliche Veränderung erfährt (Leopold und Skopek 2015a, 2018).

Insbesondere aus Querschnittsuntersuchungen der Hausarbeitszeit und -aufteilung ist eine Vielzahl an weiteren Merkmalen bekannt, denen ein Einfluss auf das Verhalten von Frauen und Männern bezüglich der Übernahme von unbezahlter Arbeit zugeschrieben wird (Coltrane 2000; Lachance-Grzela und Bouchard 2010). Von diesen Variablen ist sicherlich die Bildung die wichtigste Einflussgröße. Die Bildung erfüllt dabei theoretisch eine Doppelrolle, da sie einerseits im ökonomischen Sinn als Humankapital, das sich in Einkommenspotenzial übersetzen lässt und andererseits als Humanvermögen interpretiert werden kann. Folgt man der zweitgenannten Überlegung, ist die Bildung ein Indikator für kognitive Fähigkeiten und nicht zuletzt für das Potenzial, gesellschaftliche Prozesse und bestehende Strukturen zu hinterfragen und durchaus auch kreativ mit den eigenen Möglichkeiten umgehen zu können (Schulz 2010). In diesem Sinne haben empirische Studien gezeigt, dass eine höhere Bildung, vor allem eine Hochschulbildung, eher mit dem Versuch einer egalitären Arbeitsteilung einhergeht und in diesen Paaren die Chance am größten sind, dass traditionelle Strukturen überwunden werden (Schulz 2010; van Berkel und de Graaf 1999). Dies ist auch in dem Zusammenhang zu sehen, dass höhere Bildung tendenziell mit weniger traditionellen Einstellungen zusammenhängt und gerade die Ablehnung der traditionellen Frauenrolle und des traditionellen bürgerlichen Familienideals mit einer weniger auf die Frauen zentrierten Hausarbeitsteilung einhergeht (Poortman und van der Lippe 2009; Schulz 2021).

Die Ergebnisse zur Aufteilung der Kinderbetreuung zeigen, dass Mütter mehrheitlich die anfallenden Routineaufgaben (z. B. Windeln wechseln, Füttern oder Mahlzeiten für Kinder zubereiten) übernehmen, während Väter sich eher an den angenehmen und interaktiven Nicht-Routinetätigkeiten (z. B. Spielen oder Ausflüge unternehmen) beteiligen (McDonnell et al. 2019; Steinbach und Schulz 2022). Entsprechend unterscheiden sich Mütter und Väter auch hinsichtlich ihres empfundenen Stresslevels und ihrer mit der Kinderbetreuung empfundenen Zufriedenheit. Väter berichten sowohl über eine höhere Zufriedenheit ihrer Zeit mit Kindern, als auch über weniger Stress und Erschöpfung als Mütter

(McDonnell et al. 2019; Roeters und Gracia 2016). Dies lässt sich nicht nur auf die Art der ausgeübten Tätigkeiten (Routine- vs. Nicht-Routinetätigkeiten) zurückführen, sondern auch auf den Kontext, in dessen Rahmen Aufgaben für Kinder übernommen werden. Die größere Belastung und Unzufriedenheit der Mütter durch die Übernahme von Kinderbetreuungsaufgaben im Vergleich zu Vätern ergibt sich auch aus der Tatsache, dass Mütter vor allem an Wochentagen mit größeren Überschneidungsproblemen mit anderen Tätigkeiten (Väter eher an Wochenenden) und eher allein (Väter eher zusammen mit Müttern) Verantwortlichkeit zeigen (García Román und Cortina 2016; Henz 2022).

Als Einflussfaktoren auf die Zeitverwendung für und die Aufgabenteilung von Kinderbetreuung wurden insbesondere die Ressourcenrelationen und die Geschlechtsrolleneinstellungen der Partner identifiziert. Bei Paaren mit einer Ressourcenverteilung (z. B. Einkommen) zugunsten des Vaters und mit traditionellen Geschlechtsrolleneinstellungen übernehmen Mütter deutlich mehr Kinderbetreuungsaufgaben als Väter und umgekehrt (Evertsson 2014; Steinbach und Maslauskaitė 2022). Als wichtiges verbindendes Element zwischen Ressourcen, Geschlechtsrolleneinstellungen und der Übernahme von Kinderbetreuungsaufgaben hat sich dabei das Bildungsniveau der Eltern erwiesen (Sullivan 2021). Eltern mit höherer Bildung weisen nicht nur ausgeglichenere Ressourcenverteilungen und eine höhere Zustimmung zu egalitären Geschlechtsrollen auf, sondern investieren im Sinn der Idee des *good parenting* auch insgesamt mehr Zeit in die Beschäftigung mit ihren Kindern – und zwar sowohl Mütter als auch Väter. Der Bildungsgradient erwies sich empirisch allerdings nicht in allen Ländern gleichermaßen von Bedeutung (Schulz und Engelhardt 2017) und scheint inzwischen auch in den Ländern (wie den USA) an Bedeutung zu verlieren, in denen er besonders ausgeprägt gewesen ist (Cha und Park 2021; Wei 2020).

Als weiterer Indikator der geschlechtsspezifischen Arbeitsteilung hinsichtlich der Kinderbetreuung diente in letzter Zeit immer öfter auch das Ausmaß der Übernahme von Erziehungszeiten durch Väter (Bünning 2015; Geisler und Kreyenfeld 2019). Tatsächlich ist der Anteil der Väter, die Elternzeit nehmen, deutlich angestiegen, aber am grundsätzlichen Muster hat sich nicht viel verändert: Väter nehmen nicht nur seltener Elternzeit als Mütter, sondern zumeist auch sehr viel kürzer. Weiterhin konnte gezeigt werden, dass Väter, die Erziehungszeiten nehmen, eine positive Selektion hinsichtlich ihrer Bildung und ihrer Beschäftigungsverhältnisse aufweisen (Bünning 2015; Geisler und Kreyenfeld 2019), aber auch, dass die Elternzeitnahme durch Väter Einfluss auf das Ausmaß der Beteiligung an der späteren Kinderbetreuung (und Hausarbeit) hat. Dabei wurde deutlich, dass der Einfluss auf eine spätere Beteiligung bei der

Kinderbetreuung (und Hausarbeit) stark positiv mit der Länge der genommenen
Elternzeit und der Anzahl der Kinder, für die Elternzeit genommen wurde,
zusammenhängt (Bünning 2015).

Die Beharrungstendenzen bezüglich der Ausgestaltung traditioneller
geschlechtsspezifischer Arbeitsteilung, bei der Frauen nicht nur deutlich mehr
Zeit für Hausarbeit und Kinderbetreuung aufwenden als Männer, sondern auch
noch die nicht verschiebbaren und regelmäßig anfallenden Routinetätigkeiten
übernehmen, werden als einer der wichtigsten Aspekte gesehen, warum die
Gleichberechtigung der Geschlechter in der Gesellschaft derzeit kaum noch Fortschritte zu machen scheint. Während Frauen seit den 1970er Jahren bezüglich
ihrer Bildungs- und Erwerbsbeteiligung deutlich zu den Männern aufgeschlossen
haben, fehlt es im nächsten Schritt nach wie vor an der zweiten Hälfte der *gender
revolution* (Goldscheider et al. 2015), bei der sich Männer im gleichen Umfang
an Hausarbeit und Kinderbetreuung beteiligen wie Frauen. Die geschlechtsspezifische Arbeitsteilung eignet sich deshalb weiterhin als guter Indikator für das
Ausmaß der geschlechtsspezifischen Ungleichheit in einer Gesellschaft und ihrer
Veränderungen über die Zeit.

3.2.6   Erwerbsarbeit

Wie wir gesehen haben, stellt die Beteiligung von Männern und insbesondere von
Frauen an der Erwerbsarbeit einen wichtigen Aspekt bei der Erklärung der innerfamilialen Hausarbeitsteilung und Kinderbetreuung dar. Auch vielfältige weitere
partnerschaftliche und familiale Verhaltensweisen und Prozesse (z. B. Partnerwahl und partnerschaftliche Institutionalisierungsprozesse (Abschn. 3.1), das
Fertilitätsverhalten (Abschn. 4.4) oder die Enkelkinderbetreuung (Abschn. 5.4))
hängen sowohl von der Art als auch dem Umfang der Erwerbsarbeit ab.
Umgekehrt hat aber auch die partnerschaftliche und familiale Situation erhebliche Auswirkungen auf das Erwerbsverhalten (wiederum insbesondere von
Frauen) (Pollmann-Schult 2023). Letztlich muss konstatiert werden, dass partnerschaftliche sowie familiale Übergänge und Erwerbsverhalten komplex miteinander verbunden und deshalb einfache und eindimensionale Erklärungen ihres
Zusammenspiels in aller Regel nicht befriedigend sind (Perry-Jenkins und Gerstel
2020; Wiese und Arling 2023). Bevor jedoch auf die Wechselwirkungen zwischen
Erwerbstätigkeit und Familie (auch bekannt unter dem Schlagwort: ‚Vereinbarkeit von Beruf und Familie') eingegangen wird, soll zunächst die Entwicklung
der Frauenerwerbstätigkeit und hier vor allem auf die Auswirkungen der Geburt
eines Kindes auf das Erwerbsverhalten skizziert werden.

Die Erwerbsbeteiligung von Frauen unterliegt historischen Wandlungs-
prozessen. So ist generell festzuhalten, dass die Erwerbsbeteiligung von Frauen in
den letzten Jahrzehnten deutlich angestiegen ist. Aktuelle Zahlen des Statistischen
Bundesamtes auf Basis des Mikrozensus zeigen, dass die Erwerbsquote (Zahl
der Erwerbspersonen in Relation zur Bevölkerung) von Frauen zwischen 15 und
65 Jahren inzwischen 75 % beträgt (Bundesagentur für Arbeit 2022, S. 5). Der
Abstand zur Erwerbquote von Männern im erwerbsfähigen Alter (83 %) beträgt
damit nur noch 8 Prozentpunkte. Die Situation stellt sich jedoch gänzlich anders
dar, wenn Elternschaft und Arbeitszeitvolumen berücksichtigt werden. Vergleicht man beispielsweise die Erwerbstätigenquoten von Müttern und Vätern
nach Alter des jüngsten Kindes ist zu sehen, dass die Erwerbstätigkeitsquote
von Müttern mit Kindern unter drei Jahren gerade einmal 37 % beträgt, während
die von Vätern bei 90 % liegt (Statistisches Bundesamt 2021, S. 62) (Tab. 3.1).
Noch deutlicher wird der Unterschied bei Betrachtung des Arbeitszeitvolumens,
welches nicht nur Einfluss auf die Höhe des aktuellen Einkommens, sondern auch
auf die Höhe der Einzahlungen in soziale Sicherungssysteme (durch die z. B.
Rentenansprüche generiert werden) hat: Die Vollzeiterwerbsquoten von Müttern
liegen bei Ehepaaren (26 %), bei nichtehelichen Lebensgemeinschaften (41 %)
und auch bei Alleinerziehenden (41 %) deutlich unter denen von Vätern (94 %,
92 % und 84 %) (Statistisches Bundesamt 2021, S. 63) (Tab. 3.2). Dies deutet
klar darauf hin, dass die Erwerbstätigkeit von Frauen maßgeblich durch eine
Elternschaft beeinflusst wird, während dies bei Männern nicht der Fall ist.

Empirische Untersuchungen[8] zum Zusammenhang zwischen Elternschaft
und Erwerbstätigkeit konzentrieren sich dabei entweder auf individuelle Einflussfaktoren (Mikroebene) oder auf die Rolle gesellschaftlicher Kontextfaktoren
(Makroebene); nur ausgesprochen wenige Studien nehmen auch das Paar (Mesoebene) als sich gegenseitig beeinflussende Einheit (Stichwort: *linked lives*) in den
Blick.

Auf der *Mikroebene* der individuellen Einflussfaktoren spielen zunächst
sozio-ökonomische Merkmale eine Rolle (Matysiak und Cukrowska-Torzewska
2021). So zeigt sich, dass hochqualifizierte Mütter häufiger erwerbstätig sind
als niedrigqualifizierte Mütter und dass Mütter, die einen Partner mit hohem
beruflichen Status haben, eine deutlich geringere Zahl an Arbeitsstunden aufweisen (Abendroth et al. 2012). Darüber hinaus sind auch Geschlechtsrolleneinstellungen von Bedeutung: Mütter mit egalitären Geschlechtsrollenvorstellungen

---

[8]Zu den verschiedenen theoretischen Ansätzen zum Effekt familialer Übergange auf das
Erwerbsverhalten siehe ausführlich Pollmann-Schult (2023, Abschn. 2) sowie Matysiak
und Cukrowska-Torzewska (2021, Abschn. 2).

Tab. 3.1 Erwerbstätigenquoten von Müttern und Vätern nach Alter des jüngsten Kindes – in Prozent

Erwerbstätigkeitsquote nach Alter des jüngsten Kindes	Mütter	Väter
Unter 3	37	90
3 bis 5	74	93
6 bis 9	81	94
10 bis 14	84	93

Anmerkung: Elternteile im erwerbsfähigen Alter mit realisierter Erwerbstätigkeit (das heißt Erwerbstätige ohne Personen in Mutterschutz und Elternzeit) und jüngstem Kind unter 15 Jahren.
Quelle: Statistisches Bundesamt (2021, S. 62)

Tab. 3.2 Vollzeitquoten von Müttern und Vätern nach Familienform – in Prozent

Vollzeitquote nach Familienform	Mütter	Väter
Ehepaare[1]	26	94
(Nichteheliche) Lebensgemeinschaften[1]	41	92
Alleinerziehende	38	84

Anmerkung: Elternteile im erwerbsfähigen Alter mit realisierter Erwerbstätigkeit (das heißt Erwerbstätige ohne Personen in Mutterschutz und Elternzeit) und jüngstem Kind unter 15 Jahren.
[1]Gemischtgeschlechtliche Paare.
Quelle: Statistisches Bundesamt (2021, S. 63)

sind eher erwerbstätig als Mütter mit traditionellen Geschlechtsrollenvor-stellungen (Uunk 2015). Erwerbsunterbrechung und Verringerung des Arbeits-zeitvolumens infolge von Elternschaft führen bei Müttern wiederum zu einem deutlichen Einkommensverlust, wobei interessanterweise auch ein Rückgang des Stundenlohns von Müttern beobachtet werden kann, wenn sie ihre Erwerbs-tätigkeit nicht unterbrechen (siehe zusammenfassend Pollmann-Schult 2023). Dies wird darauf zurückgeführt, dass Mütter die Hauptlast der Haus- und Familienarbeit übernehmen (siehe Abschn. 3.2.5). Für Väter sieht die Situation entsprechend anders aus: Elternschaft hat nur geringe Auswirkungen auf ihre Arbeitszeit und ihre Einkommenshöhe. Allerdings gilt auch für Väter, dass Geschlechtsrollenvorstellungen ihr Erwerbsverhalten bestimmen (Glauber und Gozjolko 2011). Darüber hinaus spielt auch die Erwerbstätigkeit ihrer Partnerin eine Rolle. Ist die Partnerin erwerbstätig, verringern Väter ihre Arbeitszeit und erhöhen sie, wenn die Partnerin nicht erwerbstätig ist (Pollmann-Schult und Reynolds 2017).

Auf der *Makroebene* gesellschaftlicher Kontextfaktoren spielen zum einen familien- und sozialpolitische Rahmenbedingungen sowie zum anderen kulturelle Kontexte eine Rolle (Pollmann-Schult 2023). Hinsichtlich familien- und sozialpolitischer Rahmenbedingungen kann im internationalen Vergleich gezeigt werden, dass „it appears that the shortage of childcare and the absence of maternal leave curtail maternal employment. In addition, long parental leaves seem to put a brake on women's employment, and unconditional child benefits and joint couple's taxation negatively influence women's employment, but support horizontal redistribution and fertility" (Ferragina 2019, S. 76; zur Wirkung solcher Maßnahmen auf das Fertilitätsverhalten siehe den entsprechenden Exkurs in Kap. 4). Aber nicht nur die Erwerbstätigkeitsquote von Müttern wird durch familien- und sozialpolitische Maßnahmen beeinflusst, sondern auch die Zahl ihrer Arbeitsstunden (Abendroth et al. 2012). Für die Politikberatung wird hier dringend für zukünftige Untersuchungen angeraten, dass die Kombination verschiedener politischer Maßnahmen evaluiert werden sollte, da sie sich nicht nur verstärken, sondern auch konterkarieren können (Abendroth et al. 2012, S. 591). So unterstützt das Ehegattensplitting bspw. das männliche Ernährermodell, wohingegen die aktuellen Elternzeitregelungen (Stichwort: ‚Vätermonate') auf eine gleichberechtigte Aufteilung der Erwerbs- und Familienarbeit abzielen. Bezüglich kultureller Kontexte wird darauf verwiesen, dass die in einer Gesellschaft vorherrschende Werte, Normen und Leitbilder von Bedeutung für das Erwerbsverhalten von Müttern (und Vätern) sind (Pfau-Effinger 2023). Die sogenannte ‚Geschlechterkultur' „prägt die Ausgestaltung familienpolitischer Ziele und Regelungen sowie familienbezogene Maßnahmen und Regelungen auf betrieblicher Ebene als auch das Verhalten einzelner Individuen" (Pollmann-Schult 2023, S. 686).

Das komplexe Zusammenspiel von Erwerbstätigkeit und Familie (in der Öffentlichkeit auch oft als das Problem von ‚Vereinbarkeit von Beruf und Familie' diskutiert) wird als Konflikt zwischen den Anforderungen und Bedürfnissen in beiden Bereichen betrachtet (Pollmann-Schult 2023; Wiese und Arling 2023). Dabei wird idealtypisch zwischen dem Arbeit-Familie-Konflikt *(work-to-family conflict),* bei dem sich die Ausübung der Berufstätigkeit negativ auf das Familienleben auswirkt, und dem Familie-Arbeit-Konflikt *(family-to-work conflict),* bei dem familialer Stress die Erwerbstätigkeit beeinträchtigt, unterschieden. Obwohl der Fokus lange Zeit auf konflikttheoretischen Betrachtungen lag, konzentrieren sich aktuellere Studien zunehmend auch auf die positiven

Aspekte des gleichzeitigen Engagements in Beruf und Familie (Wiese und Arling 2023). Während es aus der konflikttheoretischen Perspektive zu einer Überforderung durch verschiedene Rollenansprüche in den beiden Lebensbereichen kommt, geht die Betrachtungsperspektive der Wechselwirkungen zwischen Beruf und Familie als bereichernde Erfahrung davon aus, dass Rollenakkumulation möglich ist und es zu Puffer- und Transfereffekten kommt (Greenhaus und Powell 2006; Wiese et al. 2010). Neben negativen und positiven Spillover-Effekten zwischen den beiden Bereichen Beruf und Familie ist es natürlich auch möglich, dass es zu Crossover-Effekten kommt, das heißt, dass entsprechende Übertragungen zwischen den beiden Partner:innen stattfinden (Bakker und Demerouti 2013).

▶ **Kurz zusammengefasst** Die Ausgestaltung von Partnerschaften betrifft die positiven, aber auch die negativen Interaktionen der beteiligten Akteur:innen, die sich dann in einer gewissen Beziehungsqualität bzw. -zufriedenheit niederschlagen. Insgesamt ist die Forschungslage zur Ausgestaltung von Partnerschaftsbeziehungen (Sexualität, Konflikte, Aggressionen und Gewalt) noch sehr lückenhaft. Einzig zur Arbeitsteilung (Hausarbeit und Kinderbetreuung sowie Erwerbsarbeit) liegen eine Fülle von Forschungsarbeiten vor, die zeigen, dass auch in modernen Gesellschaften weiterhin eine traditionelle geschlechtsspezifische Aufteilung von Erwerbs- und Hausarbeit zu beobachten ist, in der Frauen die Hauptlast der Reproduktionsarbeit tragen und dafür die Beteiligung an der Erwerbsarbeit zurückstellen. Dies ist insbesondere dann der Fall, wenn Kinder zu versorgen sind.

3.3   Trennung und Scheidung

„Bis dass der Tod Euch scheidet" – so lautet die klassische Hochzeitsformel nicht nur in Hollywoodfilmen. Ein Blick in historische Studien der Familienforschung zeigt jedoch, dass es fast zu allen Zeiten auch eine andere Form gab, eine eheliche Beziehung zu beenden: Die Institution der Scheidung – auch wenn sie z. B. in Irland erst 1997 legal möglich wurde – ist wahrscheinlich genauso alt wie die Ehe selbst. So sind Ehescheidungen bereits vor rund 4000 Jahren in Babylon dokumentiert (Glassner 1996, S. 147 f.) und selbst für frühe Jäger- und Sammlergesellschaften wird vermutet, dass eheähnliche Zusammenschlüsse häufig nach

einigen Jahren beendet wurden (Fisher 1993). Alles bekannte Material deutet
darauf hin, dass zu allen historischen Epochen und in allen Kulturen Ehen auch
durch Scheidung beendet wurden. Wichtig ist jedoch, dass Ehescheidungen im
Allgemeinen kein Massenphänomen waren. Zumeist mussten ganz besondere
Umstände vorliegen, die einen solchen Schritt legitimierten. Dazu gehörte vor
allem der Ehebruch durch die Frau, der dem Mann in vielen Kulturen das Recht
auf eine Scheidung gab. Ehescheidungen sind entsprechend erst in modernen
Gesellschaften, in denen das Schuldprinzip durch das sogenannte Zerrüttungs-
prinzip ersetzt wurde (Helms 2023), zu einem weit verbreiteten Phänomen
geworden. Allerdings ist an dieser Stelle wichtig zu erwähnen, dass Scheidungen
an eine vorhergehende Eheschließung gebunden sind. Werden ausschließlich
Scheidungen betrachtet, schließt das Trennungen aus – sei es, weil das Paar gar
nicht verheiratet war oder sei es, weil die Partner:innen sich zwar trennen, aber
sich nicht scheiden lassen. Da Trennungen von der amtlichen Statistik nicht
erfasst werden, liegen hier keine Zahlen vor, aber der Anteil sollte substanziell
sein, da viele Paare nicht mehr heiraten (siehe Abschn. 3.1) und nichteheliche
Lebensgemeinschaften ein deutlich höheres Trennungsrisiko aufweisen als Ehen
(DeRose 2023). Da, wie gesagt, Zahlen zu Trennungen nicht vorliegen, muss im
folgenden Abschnitt – im Bewusstsein einer anzunehmenden deutlichen Unterschätzung des Phänomens – auf entsprechende Kenngrößen zur Scheidung eingegangen werden.

Wenn man für Deutschland die Entwicklung der Zahl der Scheidungen
betrachtet (Abb. 3.2), so kann man zunächst bis etwa 2004 einen fast linearen
Anstieg dieser Kenngröße beobachten. Unterbrochen wurde der Anstieg nur
durch zwei Einbrüche: In Westdeutschland kam es Ende der 1970er Jahre zu
einem Einschnitt, da ein neues Scheidungsrecht eingeführt wurde, was nun ein
Trennungsjahr vorsah und wo es durch verfahrensrechtliche Änderungen auch
zu Verzögerungen in der Bearbeitung kam. Ähnlich verhält es sich mit dem
Einschnitt Anfang der 1990er Jahre in Ostdeutschland, wo das westdeutsche
Scheidungsrecht (mit Trennungsjahr) übernommen wurde und sich auch hier
die Gerichte erst mit der neuen rechtlichen Lage vertraut machen mussten.
Darüber hinaus ist anzunehmen, dass aufgrund der enormen gesellschaft-
lichen Umwälzungen wohl auch Scheidungen – ähnlich wie Geburten (siehe
Abschn. 4.3) – zunächst aufgeschoben wurden. Danach erfolgt ein kurzzeitiges
Verharren auf relativ hohem Niveau, bevor die Zahlen langsam, aber kontinuier-
lich zu sinken beginnen. Dieses Muster findet sich auch in anderen westlichen
Gegenwartsgesellschaften, zum Beispiel in den USA (Raley und Sweeney 2020).
Als ursächlich für die Abnahme von Scheidungen „werden die sinkende Heirats-
neigung bzw. der Anstieg des Heiratsalters sowie eine stärkere Positivselektion

Zusammengefasste Ehescheidungsziffer

———	Deutschland	– –	Früheres Bundesgebiet/
			Westdeutschland*

.... Ehemalige DDR/ Ostdeutschland**

* ab 1990 ohne Berlin

** ab 1990 einschließlich Berlin

Bundesinstitut für Bevölkerungsforschung
(BiB)

Datenquelle: Statistisches Bundesamt,
Berechnungen: BiB

Abb. 3.2 Zusammengefasste Ehescheidungsziffer (1970–2020). (Quelle: https://www.bib.
bund.de/Permalink.html?cms_permaid=1217648)

von stabileren und sozioökonomisch privilegierten Paaren in die Ehe, welche
einen gegenläufigen, stabilisierenden Trend generiert, diskutiert" (Arránz Becker
2023, S. 514). In diesem Zusammenhang ist jedoch zu erwähnen, dass eine
neue Entwicklung diesem generellen Trend entgegenwirkt: Die Zunahme von
Scheidungen im höheren Erwachsenenalter ab 50 Jahren. Dieses Phänomen wird
in der Scheidungsforschung inzwischen unter dem Begriff der *„gray divorce
revolution"* diskutiert (Brown und Lin 2012; Lin et al. 2018).

Betrachtet man die Scheidungsrisiken verschiedener Ehejahrgänge in
Abhängigkeit von der Ehedauer (Erst- und Folgeehen) (Abb. 3.3) zeigt sich, dass
rund 10 % der vor 1950 geschlossenen Ehen nach 25 Jahren in einer Scheidung
endeten. Für die Eheschließungsjahrgänge 1990–99 ist der entsprechende Anteil
mit 35 % schon mehr als drei Mal so hoch. Die Frage, ob der erkennbar flachere
Trend in den beiden jüngsten Eheschließungskohorten (2000–09 und 2010–2020)
eine echte Trendumkehr bedeutet, ist im Moment noch nicht zu beantworten.
Alternativ könnte diese Beobachtung nämlich auch darauf zurückzuführen sein,

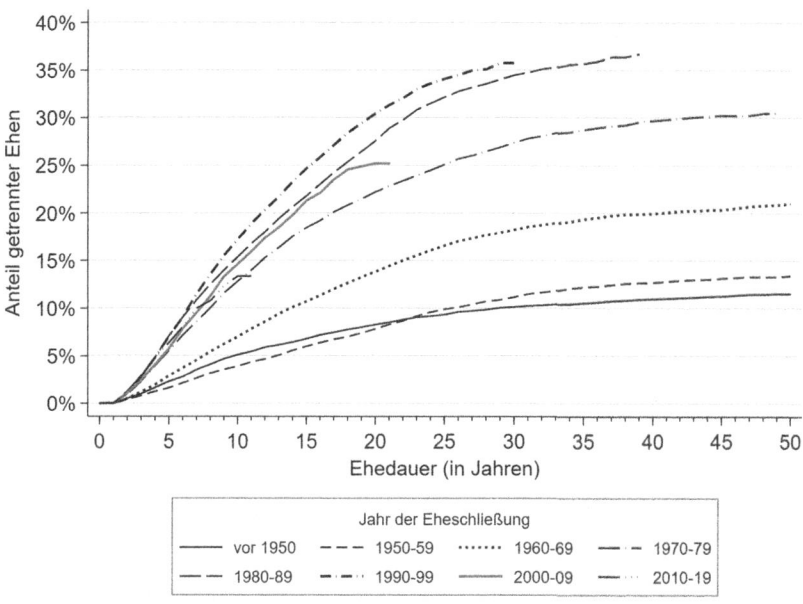

Abb. 3.3 Kumulierte Trennungen und Scheidungen verschiedener Ehejahrgänge nach Ehedauer. (Quelle: Arránz Becker 2023, S. 516)

dass sich heute öfter vor allem solche Menschen zur Eheschließung entscheiden, die mit einem niedrigeren Scheidungsrisiko einhergehende Merkmale aufweisen *(Selektionseffekt)* – und falls es doch zu einer Scheidung kommt, erfolgt diese öfter erst relativ spät im Lebensverlauf *(Tempoeffekt)*. Festzuhalten ist, dass Scheidungen immer noch nicht zur Normalität des Lebenslaufs und zur Standardbiografie gehören. Auch heute bleiben noch viele Ehen stabil und aufgrund der erhöhten Lebenserwartung ist die durchschnittliche Ehedauer auf ein historisch nie erreichtes Niveau gestiegen. Trotz alledem ist jedoch ein deutlicher Anstieg des Trennungs- und Scheidungsrisikos zu konstatieren (Kalmijn und Leopold 2021) und es stellt sich damit die Frage, wie sich diese Entwicklung erklären lässt (Wagner 2020). Die Erklärung der Ursachen für Scheidungen gilt dabei in weiten Teilen auch für Trennungen und soll zunächst Gegenstand dieses Kapitels sein, bevor danach auf die Folgen von partnerschaftlicher Instabilität für Ex-Partner:innen und Kinder eingegangen wird.

3.3.1   Ursachen partnerschaftlicher Instabilität

Theoretische Erklärungen der Ursachen partnerschaftlicher Instabilität
Einen wichtigen Beitrag zur Erklärung partnerschaftlicher (In-)Stabilität liefern austauschtheoretische Überlegungen (siehe hierzu etwa die Beiträge in Nye 1982). Partnerschaftliche Beziehungen erscheinen in dieser theoretischen Perspektive als verstetigte Tauschbeziehungen, die als wechselseitig belohnend empfunden werden, somit im Interesse der Beteiligten liegen und deren Belohnungswert subjektiv höher ist als ihre Alternativen (Alleinleben oder eine andere Beziehung) (Wagner 2020). Die zum Austausch anstehenden Ressourcen sind in besonderem Maße emotionaler und affektiver Art, wie etwa Liebe, Zuneigung, Verständnis oder Vertrauen. In der Interaktion können bestimmte Handlungen subjektiv auch als selbstlos oder uneigennützig erlebt werden. Dies widerspricht nicht dem Modell rationaler Akteur:innen, denn entsprechende altruistische Handlungen können durchaus vorteilhaft sein, insofern sie selbst gegen andere Gratifikationen gewährt werden, wie etwa persönliche Wertschätzung, oder als temporär anfallende Kosten interpretiert werden, die im Verhältnis zum Gesamtnutzen geringfügig sind.

Die Austauschtheorie der Trennung bzw. Scheidung geht von zwei zentralen Konstrukten aus: Partnerschaftsqualität und Partnerschaftsstabilität. *Partnerschaftsqualität* wird als die umfassende subjektive Bewertung der partnerschaftlichen Beziehung definiert. Lewis und Spanier (1979, S. 269) führen diesbezüglich aus: „High marital quality, therefore, is associated with good judgement, adequate communication, a high level of marital happiness, integration, and a high degree of satisfaction with the relationship". *Partnerschaftsstabilität* wird als zweidimensionales Konstrukt verstanden, welches einerseits die subjektive Einschätzung der Dauerhaftigkeit der Beziehung und andererseits den objektiven, formalen Status der Beziehung – als bestehende Partnerschaft bzw. Ehe, getrenntlebendes oder geschiedenes Paar – erfasst (Lewis und Spanier 1979).

Nach der Austauschtheorie ist die Entscheidung einer Person zu einer Trennung oder Scheidung umso wahrscheinlicher, je geringer die Partnerschaftsqualität ist, je größer die Alternativen zur bestehenden Partnerschaft und je geringer die Barrieren, also sozialen und materiellen Kosten, für diese Handlung sind (Lewis und Spanier 1979, S. 288 f.). Eine hohe Partnerschaftsqualität garantiert jedoch noch keine hohe Partnerschaftsstabilität, sondern dieser Zusammenhang gilt nur dann, wenn zugleich die alternativen Möglichkeiten als nicht noch befriedigender eingeschätzt werden – und der Druck zur Aufrechterhaltung der Partnerschaft diese Anreize nicht kompensiert. Umgekehrt wird auch deutlich, dass eine niedrige Partnerschaftsqualität nur dann zu einer subjektiven Instabilität führt, wenn nennenswerte Alternativen wahrgenommen werden – dazu kann auch das Alleinleben gehören – und eine Partnerschaftsauflösung von ihren Kosten her realisierbar ist. Mit anderen Worten: Es gibt nicht nur Partnerschaften mit hoher Qualität und hoher Stabilität sowie niedriger Qualität und niedriger Stabilität, sondern auch solche mit hoher Qualität und geringer Stabilität und geringer Qualität und hoher Stabilität.

Dieses einfache austauschtheoretische Modell vernachlässigt jedoch einen theoretisch bedeutsamen Faktor zur Erklärung der Stabilität von expressiven Beziehungen: die in die Beziehung getätigten Investitionen. Das Investitionsmodell (Rusbult 1980) geht von der Hypothese aus, dass die Attraktion und Zufriedenheit mit einer Beziehung die Einbindung *(commitment)* in die Beziehung stärkt, was wiederum zunächst weitgehend mit der Partnerschaftsqualität-Partnerschaftsstabilität-Hypothese übereinstimmt. Es wird zusätzlich vermutet, dass bei einer Entscheidung nicht nur die Zufriedenheit mit den möglichen alternativen Beziehungen verglichen und dann die bessere Beziehung gewählt wird, sondern dass auch die Investitionen in die bestehende Beziehung von Bedeutung sind. Das *commitment* wächst mit der Menge der Investitionen in Form von Zeit und materiellen oder immateriellen Ressourcen in die Beziehung, da diese die Trennungskosten erhöhen. Für die Stabilität bzw. das *commitment* einer Beziehung können somit verschiedene Konstellationen verantwortlich sein: geringe positive Erträge und Investitionen und keine Alternativerwartungen oder keine positiven Erträge, aber hohe Investitionen und geringe Erwartungen. Somit lassen sich mit Hilfe dieses Modells verschiedene Typen stabiler und instabiler Beziehungen darstellen und auch innerhalb stabiler Partnerschaften interne Veränderungen der Stabilitätsgrundlagen untersuchen. Der Übergang von einer überwiegend auf romantischer Liebe begründeten jungen Beziehung zu einer auf partnerschaftlicher Liebe basierenden Beziehung, kann somit durch Veränderungen der Relevanz der genannten Faktoren erfasst werden (Hill 1992; Sternberg 1986).

In den Überlegungen zur Erklärung der Stabilität für Beziehungen, wie sie für das Investitionsmodell vorgestellt wurden, erscheint die Entscheidung zur Trennung oder Scheidung theoretisch eher als unproblematischer rationaler Wahlakt. Kelley (1983, S. 289) weist aber darauf hin, dass diese Entscheidung nicht als schlichte punktuelle Kosten-Nutzen-Abwägung betrachtet werden sollte. Zwar stellt eine solche Kalkulation die Basis dar, aber: „This is not to say that the person is constantly monitoring the pros and cons and drawing a balance between them. (…). Nor it is assumed that the person leaves a relationship when the cons momentarily outweigths the pros" (Kelley 1983, S. 289). Die Entscheidung hängt auch von der psychologischen Perspektive und dem Zeitraum ab, über den die Kosten und Nutzen aggregiert werden. Von besonderer Bedeutung ist dabei die Variabilität, mit der Kosten und Nutzen anfallen und fluktuieren. Kelley (1983) vermutet, dass Beziehungen mit einer hohen Varianz in den anfallenden Kosten und Nutzen – also Beziehungen, die sich durch ein ständiges Auf und Ab auszeichnen – eine geringere Stabilität aufweisen.

Ausgehend von den austauschtheoretischen Überlegungen lässt sich nun eine Reihe von empirischen Anschlusshypothesen formulieren, die Lewis und Spanier (1979, S. 289) in einem Modell zusammengefasst haben. Die Partnerschaftsqualität ist dabei eine Funktion mehrerer Variablen, die modellhaft verschiedenen Bereichen zuzuordnen sind. Sie ist einmal abhängig von Variablen wie etwa Homogamie, materiellen Ressourcen, der Offenlegung der erwarteten Rollenteilung sowie der Unterstützung von Bezugsgruppen, die die Paarbildung beeinflussen. Eine zweite Gruppe von Variablen, die sich auf die Ausgestaltung des Beziehungslebens bezieht, kann als Zufriedenheit mit dem Lebensstil umschrieben werden und umfasst Merkmale wie Zufriedenheit mit der sozio-ökonomischen Position, der Erwerbstätigkeit, der Haushaltszusammensetzung – also auch der Kinderzahl – und der Eingebundenheit in die soziale Umgebung. Ein weiteres Variablenbündel erfasst die Belohnungen durch die partnerschaftliche Interaktion, wobei konkret die Aufmerksamkeit durch den oder die Partner:in, die emotionale Zuwendung, die Effizienz der Kommunikation, die Rollenanpassung und die Interaktionshäufigkeit genannt werden. Erweiternd zu diesem Modell von Lewis und Spanier (1979) wäre hier noch der Aspekt der Beziehungsinvestitionen zu nennen. Je höher die Ausprägungen all dieser Variablen, desto höher ist die empfundene Partnerschaftsqualität, welche wiederum in Abhängigkeit von den wahrgenommenen Trennungskosten und den Alternativen zur bestehenden Beziehung die Stabilität der Dyade positiv beeinflusst. Für die konkrete Erklärung des Trennungsprozesses kann dann auf die von Gottman (1994) entwickelten und empirisch getesteten mikrotheoretischen Modelle zurückgegriffen werden, die beispielsweise die unterschiedlichen Konfliktmechanismen von Männern und Frauen und die daraus entstehenden Folgen für die Partnerschaftsstabilität thematisieren.

Die Einflussfaktoren auf die Partnerschaftsstabilität lassen sich in einem theoretischen Prozessmodell zusammenfassen (Abb. 3.4). Dieses „orientiert sich an vier groben chronologischen ‚Stationen' der Partnerschaftsentwicklung: (1) Rahmenbedingungen, die sowohl Gelegenheitsstrukturen bei der Partnersuche als auch das Suchverhalten und individuelle Dispositionen umfassen, (2) Paarbildung, (3) Prozesse der Partnerschaftsgestaltung und schließlich (4) Partnerschaftserfolg (darunter auch: Stabilität)" (Arránz Becker 2023, S. 520).

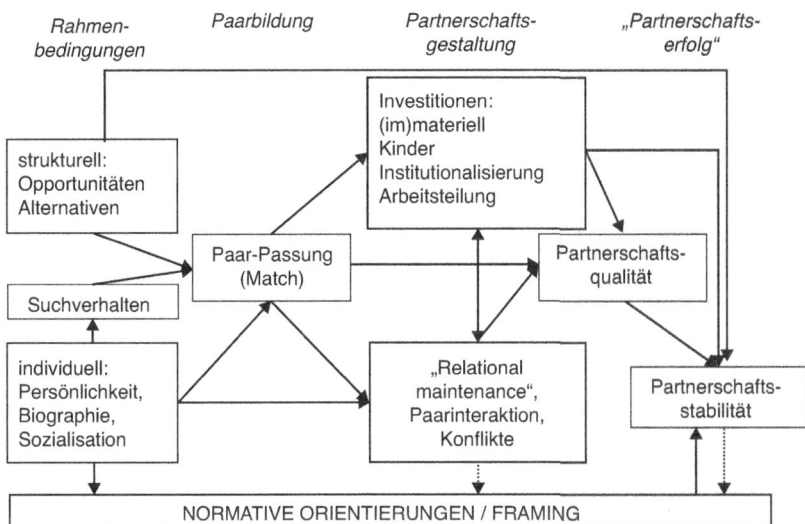

Abb. 3.4 Theoretisches (Prozess-)Modell zu Determinanten der Partnerschaftsstabilität. (Quelle: Arránz Becker 2023, S. 520)

Im theoretischen (Prozess-)Modell zu den Determinanten der Partnerschaftsstabilität werden die Zusammenhänge in kausalen Pfadabhängigkeiten abgebildet. Die Partnerschaftsstabilität wird dabei als Ergebnis einer Kosten-Nutzen-Kalkulation der Akteur:innen angesehen, in die Einschätzungen über die Alternativen zur bestehenden Partnerschaft und der Partnerschaftsqualität eingehen. Die Partnerschaftsqualität hängt wiederum von der Ausgestaltung der Partnerschaft sowie der Paar-Passung *(match)* der Partner:innen ab. Die Partnerschaftsgestaltung, die zum einen die Investitionen und zum anderen die Paarinteraktion umfasst, wird von der Paar-Passung, aber auch von individuellen Eigenschaften beeinflusst. Und letztendlich determinieren strukturelle Rahmenbedingungen (z. B. des Partnermarktes; siehe Abschn. 3.1) sowie individuelle Eigenschaften die Paar-Passung. „Quer zu den genannten Prozessen liegen normative Orientierungen, die vermutlich in der Sozialisationsphase erworben werden, die aber auch infolge partnerschaftsbezogener Erfahrungen – z. B. durch das Erleben von Partnerschaftskrisen oder einer Trennung – modifiziert werden können (vgl. die gestrichelten Pfeile in der Abbildung)" (Arránz Becker 2023, S. 521).

Empirische Befunde zu den Ursachen partnerschaftlicher Instabilität
Partnerschaftliche (In-)Stabilität ist schon seit langer Zeit ein Thema der
empirischen Familienforschung. Im Mittelpunkt der ersten Studien zu diesem
Bereich stand dabei die Frage der *ehelichen* (In-)Stabilität. Mit der Zunahme
der Scheidungsraten – und der Entwicklung theoretischer Modelle – stieg auch
die Zahl der empirischen Untersuchungen deutlich an. Problematisch bei vielen
dieser Untersuchungen ist jedoch, dass Trennungen und Scheidungen empirisch
manchmal nur ausgesprochen schwer zu differenzieren sind und teilweise das
Ereignis der formalen Ehescheidung und teilweise die Trennung als abhängige
Variable betrachtet wird (siehe für detaillierte Überblicke Arránz Becker 2023;
Lyngstad und Jalovaara 2010; Mortelmans 2021).

Zuerst ist auf Merkmale der Herkunftsfamilie zu verweisen. Vor allem
der *Stabilität der elterlichen Ehe* kommt dabei eine große Bedeutung zu.
Viele Studien belegen, dass das Scheidungsrisiko einer Ehe dann ansteigt,
wenn bereits eine Scheidung in der Elterngeneration vorkam (Amato und
DeBoer 2004). Dieser Effekt erweist große Stabilität sowohl über verschiedene
kulturelle Kontexte (bzw. Länder) als auch über die Zeit hinweg (Diekmann
und Schmidheiny 2013; Dronkers und Härkönen 2008). Die in der Literatur diskutierten Gründe für diese intergenerationale *Scheidungstransmission* sind vielfältig. So wird einerseits argumentiert, dass hier im Sinne des Modelllernens die
Lösungsmöglichkeit ,Trennung' bei partnerschaftlichen Konflikten kennen-
gelernt wurde. Andererseits hat eine Ehescheidung immer noch große finanzielle
Konsequenzen. Da die ökonomische Situation in der Herkunftsfamilie aber
auch die familiale Karriere der Kinder beeinflusst, lässt sich auch durch diese
Argumentation ein höheres Scheidungsrisiko begründen (Engelhardt 2002).
Weitere Ursachen werden in homogamer Partnerwahl (höhere Wahrscheinlichkeit für Partnerschaften von zwei Scheidungskindern), unkonventionelleren Einstellungen gegenüber Ehe und Familie (insbesondere größere Skepsis) als auch in
genetischen Dispositionen gesehen (Arránz Becker 2023, S. 522). Die Forschung
zu intergenerationaler Scheidungstransmission wurde inzwischen auch auf die
intergenerationale Transmission von Trennungen übertragen und kommt zum
gleichen Ergebnis (Amato und Patterson 2017).

Der zweite Bereich, dem ein Einfluss auf das Trennungs- bzw. Scheidungsrisiko zukommt, sind verschiedene Merkmale und Eigenschaftskombinationen
der Partner:innen. Zuerst ist die Wirkung der *Religionszugehörigkeit* zu nennen,
wobei die Konfession als Indikator für bestimmte normative Orientierungen und
damit einhergehend also systematisch unterschiedliche subjektive Barrieren gegenüber einer Trennung bzw. Scheidung herangezogen wird. In einigen Analysen wird
nicht die reine Religionszugehörigkeit, sondern die *Religiosität* berücksichtigt.

Die Argumentation ist dabei jedoch gleichlautend: Die konfessionelle Bindung stellt eine Barriere für eine Trennung bzw. Scheidung dar (Wagner 2019). Einige Untersuchungen betrachten auch den Einfluss religiöser Homogamie auf die partnerschaftliche Stabilität. Interreligiöse Heiraten weisen dabei – unter anderem aufgrund von Wertdifferenzen und fehlender Unterstützung durch das soziale Netzwerk – eine deutlich höhere Trennungs- bzw. Scheidungsrate auf (Kalmijn et al. 2005). Das Gleiche gilt für Ehen zwischen Einheimischen und Migrant:innen, insbesondere bei größerer kultureller Distanz (Milewski und Kulu 2014).

Weiterhin kommt der *Bildung der Partner:innen* eine große Bedeutung zu. Theoretisch ist eine für Frauen und Männer differenzierte Betrachtung der Bildungseffekte vorzunehmen. Während bei Männern davon auszugehen ist, dass durch eine hohe Bildung das Humankapital und so über das erzielbare Einkommen die Möglichkeiten der Nutzenproduktion erhöht werden, ist bei Frauen dieser Effekt nicht so eindeutig. Zwar erhöht auch hier eine gute *Schulbildung* das Humankapital, das zu einer effizienten Nutzenproduktion notwendig ist. Dies kann jedoch durch einen gegenläufigen Effekt konterkariert werden: Eine gute Schulbildung ermöglicht eine lukrative eigene Erwerbstätigkeit der Frau und macht damit eine geschlechtsspezifische Arbeitsteilung unwahrscheinlicher. Neben den Humankapitaleffekt tritt also ein Selbständigkeitseffekt (Bernardi und Martínez-Pastor 2011). Empirische Untersuchungen zeigen allerdings, dass ein höheres Bildungsniveau eher mit größerer Stabilität der Partnerschaft verbunden ist bzw. umgekehrt (Matysiak et al. 2014; van Damme 2020).

Wie schon bei der Bildung ist auch bei dem Einfluss der *Erwerbstätigkeit* für Männer und Frauen von unterschiedlichen Einflüssen auszugehen. Während bei Männern erwartet wird, dass eine Berufstätigkeit und eine hochangesehene berufliche Position einen negativen Effekt auf die Trennungs- bzw. Scheidungswahrscheinlichkeit haben, ist bei der Erwerbstätigkeit von Frauen wiederum zwischen einem Selbständigkeits- und einem Einkommenseffekt zu unterscheiden. Des Weiteren kann der positive Effekt der Frauenerwerbstätigkeit auf die Trennungs- bzw. Scheidungswahrscheinlichkeit natürlich auch auf andere Weise erklärt werden, indem etwa eine Rollenüberlastung angenommen wird. Der zunehmenden Erwerbstätigkeit von Frauen scheint auf jeden Fall ein bedeutender Beitrag bei der Erklärung der steigenden Trennungs- bzw. Scheidungszahlen zuzukommen (Lyngstad und Jalovaara 2010). Insgesamt sind die empirischen Ergebnisse zum Einfluss von *Einkommen* auf Trennung bzw. Scheidung uneinheitlich. Für Deutschland konnte im Vergleich zu anderen Ländern jedenfalls kein Einkommenseffekt gefunden werden (Vignoli et al. 2018). Bislang erstaunlich schlecht untersucht, ist der Einfluss *Arbeitslosigkeit* auf die Partnerschaftsstabilität, wobei sich auch hier deutliche geschlechtsspezifische Effekte

vermuten und auch finden lassen: Während die Arbeitslosigkeit von Männern
in verschiedenen untersuchten europäischen Ländern konsistent die Trennungswahrscheinlichkeit deutlich erhöht, trifft dies auf die Arbeitslosigkeit von Frauen
nicht in gleicher Weise zu: Die Stärke des Zusammenhangs ist viel kleiner und in
Deutschland besteht wiederum kein Zusammenhang (Franzese und Rapp 2013;
Solaz et al. 2020).

Ein weiterer Aspekt ist, dass sich erst im Laufe der Partnerschaft gewisse
Merkmale und Eigenschaften herausstellen, die die Partnerschaftsbewertung
negativ beeinflussen können. Eine Verbesserung der Informationen übereinander
müsste diese *mismatch*-Wahrscheinlichkeit verringern. Die zunehmende Verbreitung der *nichtehelichen Kohabitation* sollte also zu einer Verringerung der
Scheidungsraten führen. Die bislang vorliegenden empirischen Studien ent-
sprechen dieser einfachen Hypothesen jedoch nicht. Ganz im Gegenteil: Bislang finden sich vielfältige Belege, dass Paare, die vorehelich zusammenlebten,
einem höheren Scheidungsrisiko unterliegen (Rosenfeld und Roesler 2019). Ob
dieser Zusammenhang in der längeren Risikozeit der nichtehelichen Lebensgemeinschaften, in dem geringeren *commitment* gegenüber der Institution Ehe, in
anderen Eigenschaften des Paares oder durch Selbstselektion bedingt ist, ist derzeit noch eine offen diskutierte Frage (Jose et al. 2010).

Auch das *Heiratsalter* scheint eine nicht unerhebliche Rolle zu spielen: So
zeigen empirische Studien regelmäßig, dass in jungen Jahren geschlossene Ehen
instabiler sind als im höheren Lebensalter geschlossene Ehen, wobei die Effekt-
stärke zumeist nicht sehr hoch ist (Wagner und Weiß 2003). Dyer (1986, S. 583)
nennt drei Faktoren zur Begründung des Zusammenhangs von Heiratsalter und
Ehestabilität: „1. Die größere Wahrscheinlichkeit, daß sich in den ersten Jahren
der Ehe die Interessen, Karrieren und Persönlichkeitsmerkmale auseinander-
entwickeln; 2. frühe Eheschließungen sind häufig eher die Flucht aus einer
bestehenden Situation als die Einbindung in eine neue Situation; und 3. eine
voreheliche Schwangerschaft, die die Zeit der Werbung verkürzen kann und zu
einer übereilten Heirat führt". Andere Autor:innen führen ebenfalls die mangel-
hafte Rollenperformanz, die unvollständige Suche auf dem Partnermarkt und das
so bedingte schlechte *matching* der Partner:innen als Ursachen an (Mortelmans
2021).

Kindern kommt innerhalb der Diskussion über die Determinanten von Partner-
schaftsstabilität eine große Bedeutung zu. Konsistent zeigen die empirischen
Ergebnisse, dass Kinder als Trennungsbarriere einen stabilisierenden Effekt
sowohl auf Ehen als auch auf nichteheliche Lebensgemeinschaften haben
(Manning 2004) und zwar unabhängig von ihrem Geschlecht (Diekmann und
Schmidheiny 2004). Auch hier werden verschiedene theoretische Mechanismen

angeführt. Erstens lassen sich im Anschluss an die Familienökonomie Kinder als *commodities* verstehen (Becker 1981). Sie stellen zudem eine der bedeutsamsten partnerschaftsspezifischen Investitionen dar. Allerdings nimmt der Stabilisierungseffekt zum einen mit dem Alter der Kinder ab (Rapp 2013). Zum anderen können Kinder auch indirekte negative Auswirkungen auf die Partnerschaftsstabilität haben: Kinder stellen eine relativ große Zeitbelastung dar, die sich negativ auf die Interaktion der Partner:innen (Brown 2003) und damit auf die Zufriedenheit auswirken kann (Pollmann-Schult 2014).

Nicht nur gemeinsame Kinder werden im Rahmen der Familienökonomie als partnerschaftsspezifische Investitionen bzw. *partnerschaftsspezifisches Kapital* verstanden. Hierunter lassen sich all jene Dinge fassen, die in einer Beziehung einen höheren Nutzen stiften als außerhalb. Neben Kindern zählen in diesem Zusammenhang die Investitionen in eine geschlechtsspezifische Arbeitsteilung und gemeinsam erworbene Güter. Gerade die Spezifizität der einzelnen Investitionen sorgt dafür, dass sowohl der Nutzenfluss in einer Beziehung erhöht als auch der potenzielle Nutzenfluss außerhalb der Beziehung verringert wird. Dabei geht es keineswegs nur um materielle Güter (z. B. Immobilienbesitz), sondern insbesondere auch immaterielle Investitionen (z. B. gemeinsame Beziehungsgeschichte), die an die Partnerschaft gebunden sind und bei Auflösung verloren gehen und somit eine wichtige Trennungsbarriere darstellen. Die empirischen Ergebnisse zeigen entsprechend, dass beispielsweise gemeinsame materielle Güter wie Wohneigentum (Killewald 2016) oder das Vorhandenseins eines gemeinsamen Unternehmens (Abraham 2003) als direkte Investitionen sowie gemeinsame Freizeitgestaltung (Arránz Becker und Lois 2010) oder *commitment* (Le und Agnew 2003) bzw. *relationship maintenance* (Ogolsky et al. 2017) als indirekte Investitionen einen stabilisierenden Effekt auf Partnerschaften haben. Gerade in nichtehelichen Lebensgemeinschaften stellen die indirekten Investitionen die stärksten Prädiktoren für die Stabilität der Partnerschaft dar (Le et al. 2010).

Die hohen Trennungs- und Scheidungszahlen machen neue Familienkonstellationen wahrscheinlicher, bei denen die Partner:innen bereits zuvor einmal verpartnert oder verheiratet waren, da es zu einem Abbau der normativen Stigmatisierung und damit zu einer Verringerung der Barriere kommt, sich selbst zu trennen oder scheiden zu lassen (de Graaf und Kalmijn 2006; Wagner 2020). Hinzu kommt, dass die Liberalisierung des Scheidungsrechts zu einem Anstieg der Scheidungsraten führt (Fallesen 2021), so dass neue Partnermärkte für Folgepartnerschaften entstehen (de Graaf und Kalmijn 2003). Diesen *Wiederverpartnerungen bzw. Wiederverheiratungen* wird generell eine höhere Trennungs- bzw. Scheidungswahrscheinlichkeit bestätigt (Poortman und Lyngstad 2007), vor allem bei großer Familienkomplexität, wie z. B. Stieffamilienkonstellationen (Bean et al. 2021). Theoretisch kann die höhere Instabilität von Folgepartnerschaften in den geringeren beziehungsspezifischen Investitionen, in gewissen Persönlichkeitseigenschaften, negativen Belastungen durch die erste Partnerschaft bzw. Ehe oder Bedingungen auf dem Markt der Wiederverpartnerungen bzw. Wiederverheiratungen begründet sein (Wagner 2019).

Neben diesen nach sozial-strukturellen Ursachen suchenden Studien finden sich auch schon länger Arbeiten, die die subjektiven Trennungs- bzw. Scheidungsgründe erfassen. Sehr gut untersucht, ist dabei bspw. der Zusammenhang zwischen Partnerschaftszufriedenheit und Trennungswahrscheinlichkeit, wobei hier komplexe Zusammenhänge zwischen der Paarinteraktion und Schichtzugehörigkeit identifiziert werden konnten (Karney und Bradbury 2020). Eine Studie aus den Vereinigten Staaten führt vor allem Untreue, die Inkompatibilität der Partner:innen, Alkohol- und Drogenprobleme sowie das Auseinanderleben der Partner:innen an (Amato und Previti 2003). Eine Untersuchung aus den Niederlanden differenziert zwischen Beziehungsmotiven, Verhaltensmotiven und Problemen hinsichtlich der Erwerbsarbeit bzw. der geschlechtsspezifischen Arbeitsteilung (de Graaf und Kalmijn 2006). Mehr als drei Viertel der Befragten gaben dabei vor allem relationale Gründe – wie das Auseinanderleben, fehlende Aufmerksamkeit oder die Unfähigkeit der Kommunikation – an. Studien zeigen auch, dass die ungleiche Verteilung von Hausarbeit zu Lasten der Frau (siehe Abschn. 3.2.5) destabilisierend wirkt – und das sowohl in traditionellen Gesellschaften wie Deutschland (Cooke 2004) als auch in deutlich egalitäreren Ländern wie Dänemark (Thielemans et al. 2020).

Abschließend soll darauf hingewiesen werden, dass die Frage, ob die gleichen oder andere Faktoren für die (In-)Stabilität von Partnerschaften und Ehen im höheren Lebensalter eine Rolle spielen, im Moment noch nicht beantwortet werden kann, da die Untersuchung von *gray divorce* als relativ neuem Phänomen noch in ihren Anfängen steckt (Brown und Lin 2012; Lin et al. 2018; Rapp 2013). Zum einen kann zwar angenommen werden, dass ähnliche Mechanismen auch in höherem Alter zum Tragen kommen (Partnerschaftsqualität, Trennungsbarrieren, *match* der Partner:innen, Alternativen zur bestehenden Partnerschaft). Zum anderen erfahren Personen in höherem Alter bestimmte Übergänge im Lebensverlauf (z. B. Auszug der Kinder, Renteneintritt) und ggf. finden auch Veränderungen der Sichtweise auf das Leben statt, die zu Veränderungen in der Einschätzung der Situation hinsichtlich der Partnerschaft führen können (Crowley 2019). Möglich ist auch, dass nicht nur die Ursachen einer Trennung oder Scheidung im höheren Lebensalter andere sind als im jüngeren Lebensalter, sondern auch deren Folgen (Högnäs 2020; Tosi und van den Broek 2020).

3.3.2 Folgen partnerschaftlicher Instabilität

Theoretische Erklärungen der Folgen partnerschaftlicher Instabilität
Theoretische Erklärungen zu den (zumeist) negativen Folgen von Trennung oder Scheidung sowohl für Eltern als auch für Kinder rekurrieren entweder auf Selektion *(selection hypothesis)* oder auf Stress, der durch die familiale Instabilität entsteht *(instability hypothesis)* (Amato 2000; Fomby und Cherlin 2007; Hadfield et al. 2018).

Die *Selektionsperspektive* geht davon aus, dass familiale Übergänge und negative Effekte partnerschaftlicher Instabilität „may be associated with each other through common causal factors reflected in the parents' antecedent behaviors and attributes" (Fomby und Cherlin 2007, S. 181). Mit anderen Worten sind die negativen Effekte der Trennung nicht auf die Trennung selbst zurückzuführen, sondern auf negative Merkmale der Ex-Partner:innen, die schon vorher bestanden und letztlich vielleicht sogar zur Trennung geführt haben. Aus dieser Perspektive wären es Personen mit problematischen persönlichen und/ oder sozialen Merkmalen, die es nicht nur wahrscheinlicher machen, dass sie eine Trennung erleben, sondern auch dazu führen, dass es ihnen nach einer Trennung schlechter geht, als denen, die in stabilen Partnerschaften leben (Amato 2000). Die Annahmen können auch auf die Auswirkungen für die Kinder übertragen werden: Getrennte Eltern zeigten demnach schon während der Zeit, in der die Partnerschaft noch Bestand hatte, dysfunktionale Verhaltensweisen in ihrer Beziehung zueinander aber auch gegenüber den Kindern, so dass das geringere Wohlbefinden von Trennungskindern nicht (nur) auf den Trennungsprozess und seine Folgen zurückgeführt werden kann, sondern bereits in der intakten Familie angelegt waren (z. B. ein hohes Ausmaß an Konflikten oder dysfunktionales Konfliktverhalten) (Amato 2000).

Die *Stressperspektive* geht im Gegensatz zur Selektionsperspektive davon aus, dass sich eine Trennung oder Scheidung kausal negativ auf das Wohlbefinden von Ex-Partner:innen und Kindern auswirkt (Hadfield et al. 2018), da eine Trennung oder Scheidung Stress bei den beteiligten Familienmitgliedern auslöst, an den sie sich anpassen müssen *(coping)* bzw. für den sie Anpassungsmechanismen zur Bewältigung entwickeln müssen. Die Stressperspektive, die von Amato (2000, S. 1271) in der *„divorce-stress-adjustment"* Perspektive zusammengefasst wurde, „views marital dissolution not as a discrete event but as a process that begins while the couple lives together and ends long after the legal divorce is concluded" (siehe Abb. 3.5). Dieser Prozess ist verbunden mit einer Reihe von Ereignissen bzw. Veränderungen, die Stress auslösen, der wiederum kurz- oder langfristig

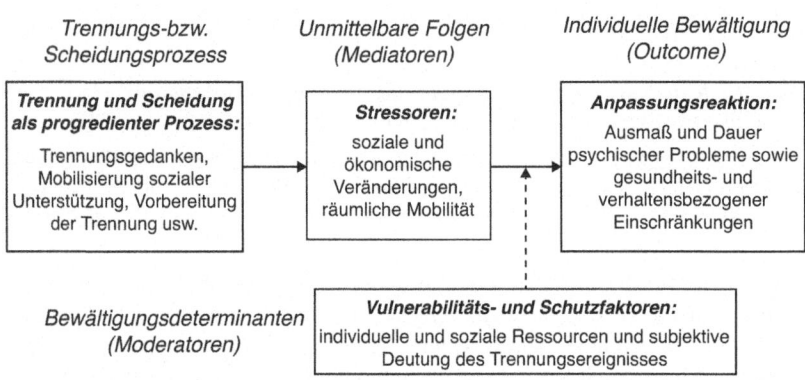

Abb. 3.5 Theoretisches Modell zu Trennungs- und Scheidungsfolgen (adaptiert aus Amato 2000). (Quelle: Arránz Becker 2023, S. 530)

negative Folgen für das Wohlbefinden (z. B. psychische oder physische Gesundheit) haben kann. Die stressauslösenden Ereignisse werden in diesem Modell entsprechend als *Mediatoren* gesehen. Dazu gehören beispielsweise ein Umzug oder ein Schulwechsel der Kinder, eine Verschlechterung der finanziellen Situation, Streit um Sorge, Unterhalt und Umgang in Bezug auf die Kinder oder auch der Verlust von sozialen Kontakten.

Die Stärke der Effekte von partnerschaftlicher Instabilität hängt wiederum von verschiedenen *Moderatoren* ab, die im Modell auch als protektive Faktoren bezeichnet werden. Verschiedene Ressourcen „that lessen the negative impact of divorce might reside within the individual (self-efficacy, coping skills, social skills), in interpersonal relationships (social support), and in structural roles and settings (employment, community service, supportive government policies)" (Amato 2000, S. 1272). Neben der individuellen Ausstattung mit Ressourcen wird auch auf die Bedeutung der subjektiven Interpretation der Ereignisse (z. B. Trauer um den Verlust der Partnerschaft oder aber Erleichterung, eine belastende Situation verlassen zu können) verwiesen (Wang und Amato 2000). Moderatoren können entsprechend den Stress und seine Auswirkungen auf das Wohlbefinden abpuffern. Auch verschiedene sozio-demografische Merkmale, wie z. B. Geschlecht oder Migrationshintergrund, können Einfluss auf die Stärke der Auswirkungen, aber auch auf die Länge des Anpassungsprozesses *(short-term crises* oder *long-term chronic strain)* nehmen.

Schließlich soll an dieser Stelle noch darauf hingewiesen werden, dass die Stressperspektive öfter dafür kritisiert wurde, dass sie überwiegend auf die negativen Folgen von partnerschaftlicher Instabilität fokussiert. Es ist jedoch zu konstatieren, dass positive Effekte nicht inkonsistent sind mit den Annahmen des *divorce-stress-adjustment* Modells, denn im Grunde können mit dieser Art der Modellierung sowohl positive als auch negative Auswirkungen erfasst werden. „Nevertheless, the divorce-stress-adjustment perspective assumes that for most people, the ending of a marriage is a stressful experience, even much of the stress occurs prior the legal divorce, is temporary, or is accompanied by some positive outcomes" (Amato 2000, S. 1273).

Empirische Befunde zu den Folgen partnerschaftlicher Instabilität: Ex-Partner:innen
Beginnend mit der Studie von Goode (1949) finden sich eine Vielzahl von Untersuchungen, die sich mit den Konsequenzen einer Trennung bzw. Scheidung für die Ex-Partner:innen beschäftigen (siehe für detaillierte Überblicke Arránz Becker 2023; Mortelmans 2021; Raley und Sweeney 2020). Ein sehr großer Teil der Forschung zu den Konsequenzen partnerschaftlicher Instabilität beschäftigt sich mit den *ökonomischen Folgen* für die Ex-Partner:innen (siehe für einen Überblick Mortelmans 2020). Sowohl US-amerikanische (Tach und Eads 2015) als auch europäische (Bröckel und Andreß 2015) Studien kommen dabei übereinstimmend zu dem Ergebnis, dass eine Trennung oder Scheidung enorme negative Auswirkungen auf die ökonomische Situation der beteiligten Akteur:innen hat. Wiederkehrend stabil zeigt sich ein deutlicher Unterschied zwischen den Geschlechtern: Während für Männer die ökonomischen Konsequenzen weniger gravierend ausfallen und vor allem auch kurzfristiger wirksam sind, erfahren Frauen rapide Einkommensverluste und teilweise den Fall unter die Armutsgrenze, insbesondere wenn sie minderjährige Kinder zu versorgen haben (de Vaus et al. 2017; Van Winkle und Leopold 2021).

Über die ökonomische Situation hinaus hat die Forschung auch die Strategien betrachtet, die finanziellen Verluste nach einer Trennung oder Scheidung zu kompensieren. Dabei werden zwei *Coping-Strategien* unterschieden: die Erhöhung der Erwerbsbeteiligung und das Eingehen einer neuen Partnerschaft (Jansen et al. 2009). Eine dritte Strategie, die aber nur eine untergeordnete Rolle zu spielen scheint, ist die Rückkehr in das Elternhaus (der sogenannte ‚boomerang effect') (Albertini et al. 2018). Die *Erhöhung der Erwerbsbeteiligung* ist mit einer deutlichen Verbesserung der Einkommenssituation verbunden und reduziert das Risiko von Armut. Für Frauen ist dies besonders relevant, da sie in der intakten Partnerschaft zumeist für Hausarbeit und Kinderbetreuung verantwortlich waren (siehe Abschn. 3.2.5) und dafür oft ihre Erwerbsarbeit eingeschränkt haben (siehe Abschn. 3.2.6). Es zeigt sich, dass Frauen nach einer Trennung oder Scheidung zwar zu substanziellen Anteilen eine Erwerbstätigkeit aufnehmen oder ihre Arbeitszeit erhöhen (und dies teilweise in der Antizipation auch schon vor dem Trennungsereignis tun), aber dennoch nicht annährend die Einkommenshöhe von Männern erzielen (Brüggmann und Kreyenfeld 2023; de Vaus et al. 2017). Auch das *Eingehen einer neuen Partnerschaft* kann die finanzielle Situation verbessern (de Vaus et al. 2017), wobei auch hier wieder Unterschiede zwischen den Geschlechtern bestehen: Männer haben eine höhere Wahrscheinlichkeit eine neue Partnerschaft einzugehen als Frauen, insbesondere wenn Frauen sich nach einer Trennung hauptsächlich um minderjährige Kinder kümmern (Pasteels und Mortelmans 2015; Schnor et al. 2017).

Über die ökonomischen Folgen hinaus werden in der Forschung auch die Auswirkungen partnerschaftlicher Instabilität auf die *Gesundheit* (bzw. das Gesundheitsverhalten) sowie die *psycho-sozialen Dispositionen* der Ex-Partner:innen untersucht. Ergebnisse verweisen auf verschiedene Konsequenzen wie eine geringere allgemeine Lebenszufriedenheit (Kalmijn 2010, 2017) und geringeres psychisches Wohlbefinden (Hewitt et al. 2012; Loter et al. 2019), wobei Letzteres oft mit einem höheren Ausmaß an Depressivität verbunden ist (Kalmijn 2017). Darüber hinaus zeigen Untersuchungen, dass partnerschaft-liche Instabilität zu einer Zunahme von Stress und einer Abnahme von sozialer Unterstützung (Leopold 2018; Osborne et al. 2012) führt. Auch die emotionale und soziale Einsamkeit Geschiedener ist höher als von denjenigen, die in einer stabilen Partnerschaft leben, wobei der Effekt über die Kohorten immer geringer wird, das heißt, dass die soziale Integration Geschiedener über die Zeit besser geworden ist (van Tilburg et al. 2015). In einer Studie, in der die Entwicklung verschiedener Dimensionen des Wohlbefindens nach einer Scheidung im Längs-schnitt betrachtet wurden, zeigte sich, dass die (kurzfristigen) negativen Effekte am stärksten für die Lebenszufriedenheit waren, deutlich schwächer für die psychische Gesundheit und fast nicht vorhanden für die physische Gesundheit (Kalmijn 2017). Insgesamt sind die Ergebnisse bezüglich der Auswirkungen partnerschaftlicher Instabilität auf das physische Wohlbefinden uneinheitlich: Während einige Untersuchungen eine Verschlechterung der Gesundheit (Field 2011) und sogar ein höheres Mortalitätsrisiko (Rendall et al. 2011) konstatieren, berichten andere sogar von einer Verbesserung (Leopold 2018; Monden und Uunk 2013).

Hinsichtlich der protektiven Faktoren finden sich Hinweise auf die Bedeutung des Vorhandenseins eines guten sozialen Netzwerks (Bierman et al. 2006; Hewitt et al. 2012) wie auch verschiedener vorteilhafter sozio-demografischer Merkmale wie Bildung, Einkommen und Erwerbstätigkeit (Bierman et al. 2006; Kalmijn 2010). Auch makrosoziale Einflussfaktoren, wie die Scheidungsrate, die Rolle von Familie in einer Gesellschaft sowie soziale Normen hinsichtlich einer

Scheidung, spielen eine Rolle und erklären Unterschiede in den Auswirkungen von partnerschaftlicher Instabilität auf das Wohlbefinden von Ex-Partner:innen zwischen verschiedenen Ländern (Kalmijn 2010). Vielfach wurde auch der moderierende Aspekt des Geschlechts auf die Auswirkungen einer Trennung oder Scheidung untersucht, um herauszufinden, inwieweit sich die Folgen von partnerschaftlicher Instabilität für Männer und Frauen unterscheiden. Eine Längsschnittanalyse, die verschiedene Bereiche des ökonomischen, physischen, psychischen und sozialen Wohlbefindens einschloss, kam zu dem Ergebnis, (1) dass die Folgen für Männer und Frauen insgesamt sehr ähnlich sind, (2) dass dort, wo Geschlechterunterschiede auftreten, diese nur kurzfristig sind und (3) dass der einzige gravierende und langfristige Unterschied in einer deutlich schlechteren ökonomischen Lage und Armutsgefährdung der Frauen liegt (Leopold 2018).

Ein weiterer Aspekt ist der Einfluss des Vorhandenseins von (minderjährigen) Kindern (Loter et al. 2019; Williams und Dunne-Bryant 2006). Kinder – hier kommt es allerdings auch auf das Alter an – erhöhen die Komplexität und damit auch die Menge der Stressoren der Nachtrennungssituation deutlich, weshalb das Wohlbefinden von Eltern noch einmal besonders gefährdet ist. Das Betreuungsarrangement Minderjähriger, also wie viel Zeit das Kind jeweils mit Vater und Mutter verbringt (Residenz- vs. Wechselmodell), nimmt dabei in vielfältiger Weise Einfluss auf das Wohlbefinden von Eltern – wiederum unterschiedlich für Mütter und für Väter (Steinbach 2019). Insgesamt scheint es jedoch so, dass ein möglichst ausgeglichenes Arrangement für beide Elternteile eher Vor- als Nachteile in Bezug auf das Wohlbefinden hat (Steinbach et al. 2022).

Zusammenfassend ist hinsichtlich der Folgen partnerschaftlicher Instabilität für die Ex-Partner:innen zu konstatieren, dass es zwar offenbar zu einer Verschlechterung hinsichtlich einer Vielzahl von Aspekten des Wohlbefindens kommt, diese aber eher kurzfristig (vor allem während der akuten Trennungsphase) auftreten, in den meisten Fällen jedoch langfristig eine Erholung eintritt (Kalmijn 2017; Loter et al. 2019). Die zahlreich vorliegenden Untersuchungsergebnisse unterstützen demnach eher die ‚short-term crises‘ Hypothese, nach der es über die Zeit zu einer erfolgreichen Anpassung der beteiligten Akteur:innen kommt, als die ‚long-term chronic strain‘ Hypothese, nach sich partnerschaftliche Instabilität nachhaltig negativ auswirkt (Raley und Sweeney 2020). Darüber hinaus argumentieren Sbarra et al. (2015, S. 109), dass „the bulk of the risk for poor outcomes following marital dissolution is carried by a minority of people" und dass sich die zukünftige Forschung deshalb darauf konzentrieren sollte, genauer zu untersuchen, welche Prozesse es sind, die „explain why and how marital separation and divorce are associated with ill health". Und schließlich gibt es auch längsschnittliche Ergebnisse, die zeigen, dass diejenigen, die in einer

,unglücklichen', also nicht zufriedenstellenden Partnerschaft verbleiben, nicht nur ein geringeres physisches und psychisches Wohlbefinden aufweisen, als diejenigen, die in einer ,glücklichen', also zufriedenstellenden Partnerschaft leben, sondern auch als diejenigen, die sich trennen oder scheiden lassen (Hawkins und Booth 2005).

Empirische Befunde zu den Folgen partnerschaftlicher Instabilität: Kinder
Von partnerschaftlicher Instabilität sind nicht nur die beiden Ex-Partner:innen, sondern auch ggf. vorhandene gemeinsame Kinder betroffen. Die Auswirkungen einer elterlichen Trennung oder Scheidung auf das Wohlbefinden von Kindern ist in den letzten Jahrzehnten sehr ausführlich untersucht wurden (siehe für detaillierte Überblicke Härkönen et al. 2017; Raley und Sweeney 2020; Zartler 2021), wobei manchmal auch explizit eine Unterscheidung der Auswirkungen des Lebens in verschiedenen Familienkonstellationen wie Ein-Eltern-Familien (auch: Alleinerziehende) (Zartler und Berghammer 2023) und Stieffamilien (Steinbach 2023) vorgenommen wird. Die Fülle der vorliegenden Untersuchungsergebnisse lässt sich danach differenzieren, welche *outcomes* hinsichtlich des Wohlbefindens jeweils in den Blick genommen werden.

In Bezug auf das *kognitive Wohlbefinden* von Kindern aus Trennungsfamilien existieren eine Reihe von Befunden, die zeigen, dass sie im Vergleich zu Kindern aus Kernfamilien im Bereich der Bildung schlechter abschneiden. Sie haben durchschnittlich schlechtere Noten bzw. zeigen schlechtere Leistungen bei entsprechenden Testverfahren (Grätz 2015). Sie haben weniger Interesse an der Schule und sind weniger engagiert bezüglich schulischer Aktivitäten (Havermans et al. 2020). Außerdem zeigen sie insgesamt eine geringere Bildungsbeteiligung, das heißt, dass sie seltener höhere Schulformen besuchen (Steinbach und Knüll 2016). Letztlich führt dies dazu, dass sie seltener tertiäre Bildungsabschlüsse erreichen (Bernardi und Radl 2014). Insgesamt zeigt sich, dass die Effekte der elterlichen Trennung bezüglich der Bildungschancen der Kinder insbesondere auf die schlechtere ökonomische Situation alleinerziehender Mütter zurückzuführen ist (Brand et al. 2019). Aber natürlich greifen auch noch andere Mediationsmechanismen, wie elterlicher Stress und reduzierte elterliche Aufmerksamkeit infolge einer Trennung (Bernardi und Radl 2014).

Hinsichtlich der Effekte einer elterlichen Trennung oder Scheidung auf das *physische Wohlbefinden* der Kinder liegen insgesamt weniger Befunde vor (siehe für einen Überblick Smith et al. 2017). Es zeigt sich allerdings auch hier, dass Kinder in Trennungsfamilien einen schlechteren allgemeinen Gesundheitszustand aufweisen (Dujeu et al. 2022; Gath 2021), dass sie öfter krank sind (Panico et al. 2019) und häufiger an Übergewicht leiden (Goisis et al. 2019). Auch in Bezug auf den Zusammenhang zwischen einer elterlichen Trennung oder Scheidung und kindlicher Gesundheit wurden verschiedene Mediationsmechanismen identifiziert, die einerseits die sozio-ökonomischen und emotionalen Ressourcen der Familie und andererseits den Umgang der Eltern miteinander wie auch den Umgang der Eltern mit den Kindern in der familialen Stresssituation einer Trennung betreffen (Smith et al. 2017).

Die meisten Untersuchungen zu den Auswirkungen einer elterlichen Trennung oder Scheidung auf die Kinder beschäftigen sich mit ihrem *psychischen Wohlbefinden* und in diesem Zusammenhang vor allem auch mit *sozio-emotionalen Verhaltensproblemen* (siehe z. B. die Meta-Analyse von Auersperg et al. 2019). Die Ergebnisse zeigen, dass Kinder aus Trennungsfamilien im Vergleich zu Kindern aus Kernfamilien ein geringeres psychisches Wohlbefinden (Galbraith und Kingsbury 2022; Nilsen et al. 2018) aufweisen, dass sie angeben, weniger glücklich zu sein und einen geringeren Selbstwert empfinden (Robson 2010). Außerdem zeigen Kinder aus Trennungsfamilien ein höheres Ausmaß an internalisierendem und externalisierendem (Problem-)Verhalten (Weaver und Schofield 2015), sie haben größere Schwierigkeiten im sozio-emotionalen Verhalten (z. B. aggressives Verhalten gegenüber anderen Personen) (Lee und McLanahan 2015), sie zeigen häufiger abweichendes Verhalten (z. B. Lügen oder Stehlen) (Svensson und Johnson 2022) und auch ein größeres Risikoverhalten (z. B. Alkohol- und Zigarettenkonsum) (Schnettler und Steinbach 2022). Ähnlich wie beim kognitiven und physischen Wohlbefinden wurden die Ressourcen der Eltern als auch deren Verhalten miteinander und gegenüber den Kindern als wichtige Faktoren der Mediation und Moderation identifiziert.

Die Auswirkungen einer elterlichen Trennung oder Scheidung auf die *sozialen Beziehungen* der Kinder machen einen weiteren eigenen großen Forschungsbereich der Trennungsfolgenforschung aus. Dabei kann zwischen den Beziehungen zu Eltern, Großeltern, Geschwistern und Freunden unterschieden werden. Die Beziehung zu den *Eltern* macht den größten Anteil der Forschungsaktivitäten aus, wobei hier der Fokus vor allem auf der Beziehung zum (zumeist außerhalb lebenden) Vater liegt. Es finden sich Hinweise darauf, dass insgesamt nicht nur das Ausmaß der Kontakte zu Vätern angestiegen ist, sondern dass sich auch die Qualität der Vater-Kind-Beziehungen verbessert hat (van Spijker et al. 2022). Dies ist unter anderem auf Veränderungen in den Geschlechterrollen zurückzuführen, die inzwischen eine aktive Vaterschaft (auch nach einer Trennung oder Scheidung) forcieren (Heers und Szalma 2022). Ein weiterer Bereich der Forschung umfasst Beziehungen zu Eltern und *Stiefeltern* in Stieffamilien, wobei auch hier der Fokus zumeist auf Beziehungen zu Stiefvätern liegt. Die Ergebnisse zeigen für das Kindes- wie auch für das Erwachsenalter, dass die familialen Beziehungen eng miteinander verflochten sind, dass es also zu sogenannten *spillover*-Effekten in der Beziehungsqualität der verschiedenen Familienmitglieder kommt (Hornstra et al. 2020). Die Beziehungen zwischen Kindern und Stiefmüttern scheinen eher mit größeren Schwierigkeiten behaftet zu sein, da die sozialen Normen der ‚richtigen‘ Ausfüllung der Mutterrolle Stiefmütter einem großen sozialen (und damit auch persönlichen) Druck aussetzen (Miller et al. 2018).

Weiterhin haben die Auswirkungen einer elterlichen Trennung oder Scheidung auf die Beziehungen der Kinder zu *Großeltern* (Jappens und van Bavel 2020) und *Stiefgroßeltern* (Steinbach und Silverstein 2020) wissenschaftliche Aufmerksamkeit erfahren. Dabei hat sich gezeigt, dass Großeltern (vor allem mütterlicherseits) eine große Unterstützung für die Kinder darstellen und dass die Beziehungen zu leiblichen Großeltern enger sind als zu Stiefgroßeltern. Schließlich gehören zu den familialen Beziehungen zudem die *Geschwisterbeziehungen*. Hinsichtlich der Folgen einer elterlichen Trennung für Geschwister muss zwischen Voll-, Halb- und Stiefgeschwistern unterschieden werden. Wiederum sowohl für das Kindes- als auch das Erwachsenenalter zeigt sich eine Hierarchie, nach der Vollgeschwister die engsten Beziehungen aufweisen, gefolgt von Halb- und dann Stiefgeschwistern (Steinbach und Hank 2018). Über die familialen Beziehungen hinaus kann eine elterliche Trennung oder Scheidung Folgen für die Integration in soziale Netzwerke, also die *Beziehungen zu Freunden,* haben. Die Ergebnisse weisen darauf hin, dass Kinder, die die Trennung ihrer Eltern erlebt haben, einsamer und weniger zufrieden mit ihren Freundschaften sind (Pasteels und Bastaits 2020).

Wie bei den Trennungsfolgen für die Eltern wird von der Forschung auch bei den Trennungsfolgen für die Kindern versucht, die Einflussfaktoren zu identifizieren, die den Zusammenhang zwischen familialer Instabilität und Wohlbefinden moderieren bzw. mediieren. Als einer die wichtigsten Einflussfaktoren wurde dabei die *Anzahl der familialen Übergänge* identifiziert: „An extensive body of work makes it clear that the more family structure transitions children face, the lower their level of well-being on average" (Raley und Sweeney 2020, S. 88). Allerdings scheint nicht nur die Zahl der Übergänge, sondern auch die Art und die Sequenzierung des jeweiligen Übergangs eine Rolle zu spielen (Lee und McLanahan 2015). Des Weiteren wird konstatiert, dass die Zahl der Übergänge zwar zu mehr Problemen führt, aber durch Selektion moderiert wird, da bei bestimmten Trennungsfamilien eine größere Zahl an Übergängen wahrscheinlicher ist als bei anderen (Osborne und McLanahan 2007). Dies gilt insbesondere für Familien mit niedrigem sozio-ökonomischen Status. Eltern aus diesen Familien sind zum Beispiel auch eingeschränkter in Bezug auf ihr Erziehungsverhalten (Weaver und Schofield 2015). Es scheint also so zu sein, dass Heterogenitätseffekte innerhalb der Gruppe der Trennungsfamilien eine große Rolle spielen.

Ein weiterer wichtiger vermittelnder Einflussfaktor ist die *Qualität der familialen Beziehungen.* Die Beziehungsqualität zwischen den getrennten Eltern als auch zwischen den Eltern und ihren Kindern wurde sogar als bedeutender für die psycho-soziale Anpassung der Kinder identifiziert, als die Familienstruktur selbst (Hakvoort et al. 2011). Den *Konflikten* zwischen den Eltern kommt in diesem Zusammenhang eine besondere Bedeutung zu, da sie sich stark negativ das kindliche Wohlbefinden auswirken können (Zemp et al. 2016). Allerdings zeigen die Forschungsergebnisse auch, dass es nicht vorrangig der Konflikt an sich ist, der den Kindern schadet, sondern vor allem, *wie* die Eltern sich streiten. Dabei wird zwischen konstruktiven und destruktiven Konflikten unterschieden (Warmuth et al. 2020). Vor allem destruktive Konflikte erzeugen ein hohes Ausmaß an Stress in Kindern, der sich negativ auf ihr Wohlbefinden auswirkt. Die Wirkung der Konflikte ist dabei vor allem auf Defizite im elterlichen Erziehungsverhalten zurückzuführen (van Dijk et al. 2020). Ähnlich wie für die Ex-Partner:innen zeigt sich hierbei auch für die Kinder, dass das Verbleiben in einer schlechten, konfliktreichen Beziehung der Eltern schlechter für die Kinder ist, als wenn die elterliche Beziehung aufgelöst wird (Demo und Fine 2010).

Neben der Zahl der Übergänge und dem Ausmaß der elterlichen Konflikte unterscheiden sich Trennungsfamilien auch nach dem praktizierten *Betreuungsarrangement.* Dabei wird zwischen dem Residenzmodell und dem Wechselmodell unterschieden. Im klassischen Residenzmodell leben die Kinder entweder ausschließlich oder überwiegend bei nur einem Elternteil (in den meisten Fällen bei der Mutter), während im Wechselmodel die Kinder zu substanziellen Anteilen (im paritätischen Wechselmodell jeweils zur Hälfte) bei Mutter und Vater leben und zwischen den elterlichen Haushalten hin und her pendeln. Die Zunahme an Eltern, die das Wechselmodell praktizieren (siehe die Beiträge in Smyth 2017), hat in den letzten Jahren zu intensiven Forschungsaktivitäten zu den Auswirkungen auf das kindliche Wohlbefinden geführt (siehe für einen Überblick Steinbach 2019). Die Ergebnisse zeigen, dass Kinder, die im Wechselmodell leben, leichte Vorteile gegenüber Kindern, die im Residenzmodell leben, aufweisen (Steinbach und Augustijn 2022). Diese Vorteile gelten allerdings nicht bei elterlichen Konflikten (Augustijn 2021). Darüber hinaus hat das Wechselmodell zwar anteilsmäßig zugenommen, aber es wird weiterhin von einer positiv selektiven Gruppe von Eltern praktiziert (z. B. hohe Bildung, hohes Einkommen, geringe Wohnentfernung, geringes Ausmaß an Konflikten) (Smyth 2017), so dass unklar ist, wie es den Kindern geht, wenn das sich das Wechselmodell weiter verbreitet und in Zukunft vielleicht auch öfter gerichtlich angeordnet wird.

Abschließend ist festzuhalten, dass die Folgen einer elterlichen Trennung oder Scheidung für das Wohlbefinden der Kinder mit einer großen Varianz

verbunden sind: Einigen Kindern geht es schlechter, anderen sogar besser und
bei manchen ist gar keine Auswirkung nachzuweisen (Amato und Anthony 2014;
Saint-Jacques et al. 2018). Darüber hinaus sind die in den empirischen Untersuchungen festgestellten Effektstärken oft eher gering und haben über letzten
Jahrzehnte (wie bei den Eltern) auch noch weiter abgenommen (Auersperg et al.
2019). Außerdem zeigt sich (ebenso wie bei den Eltern), dass Kinder eher kurzfristige Anpassungsprobleme zeigen, dass sich die Mehrheit von ihnen aber langfristig erholt und gut entwickelt (Amato und Anthony 2014; Saint-Jacques et al.
2018). Trennungsfamilien haben besondere Herausforderungen zu meistern, wie
familiale Beziehungen über Haushaltsgrenzen hinweg aufrecht zu erhalten sowie
einer großen familialen Komplexität mit biologischen und sozialen Beziehungen –
insbesondere in Stieffamilien – gerecht zu werden. Die angemessene empirische
Untersuchung dieser diversen und komplexen familialen Strukturen stellt entsprechend hohe Anforderungen an die eingesetzten Instrumente und Methoden
(Härkönen et al. 2017).

▶ **Kurz zusammengefasst** Trennung und Scheidung sind
inzwischen weit verbreitete Phänomene. Für die Erklärung der
Ursachen partnerschaftlicher Instabilität wird auf ein Kosten-
Nutzen-Modell zurückgegriffen, in das die Partnerschaftsqualität
sowie das Vorhandensein von Trennungsbarrieren und Alternativen zur bestehenden Partnerschaft eingehen. Empirisch
zeigt sich allerdings, dass auch eine Reihe von Merkmalen der
Partner:innen relevant sind, um Trennungswahrscheinlichkeiten
zu erklären. Hinsichtlich der Folgen partnerschaftlicher Instabilität wird für eine Erklärung auf Selektion einerseits und Stress
andererseits zurückgegriffen. Empirisch wird zwischen den Folgen
für Ex-Partner:innen und Kinder differenziert, wobei sich zeigt,
dass Trennung oder Scheidung sowohl für Erwachsene als auch
für Kinder zumeist mit negativen Konsequenzen für das Wohlbefinden verbunden sind. Die Effektstärken sind jedoch oft gering
und die Belastungen eher kurzfristiger Natur.

Fertilität

4

Inhaltsverzeichnis

Innerhalb der Familiensoziologie kommt der Betrachtung der Fertilität eine zentrale Position zu. Dies hängt nicht nur damit zusammen, dass die Familie sich erst durch die Filiationsbeziehung und die dadurch entstehende Generationenbeziehung definiert (und so von Ehe und Partnerschaft unterscheidet) oder dass wesentliche Veränderungen der Familie mit der Geburt und dem Heranwachsen von Kindern einhergehen. Es sind zudem enorme gesellschaftliche Herausforderungen, die sich – im Zusammenspiel mit einer steigenden Lebenserwartung – aus den in vielen Ländern des globalen Nordens seit Jahrzehnten sehr niedrigen, in vielen Ländern des globalen Südens immer noch sehr hohen Geburtenzahlen ergeben und daher die Aufmerksamkeit auf das Fertilitätsverhalten lenken: So muss etwa Europa lernen, mit einer schrumpfenden und

---

Dieses Kapitel basiert in Teilen auf Ausführungen im Kapitel „Fertilität und Familie" in Erlinghagen und Hank (2018).

alternden Bevölkerung umzugehen (Grundy und Murphy 2018), während insbesondere Afrika mit einer sehr jungen und rapide wachsenden Bevölkerung konfrontiert ist (Cleland und Machiyama 2017).

4.1 Fertilitätsentscheidungen im Spannungsfeld von biologischer Veranlagung, sozialem Kontext und rationaler Wahl

„Kinder kriegen die Leute immer". Dieses Konrad Adenauer zugeschriebene Zitat vermittelt den Eindruck, dass Elternschaft die natürlichste Sache der Welt sei – und tatsächlich finden wir auch in der Bevölkerungswissenschaft das Konzept der „natürlichen Fertilität". Henry (1961) bezeichnet damit das Geburtenniveau einer Bevölkerung, in der keine *bewusste* Anstrengung unternommen wird, die Zahl der Geburten zu begrenzen bzw. zu kontrollieren, so dass sich das Geburtenniveau allein aus der Fruchtbarkeit beeinflussenden physiologischen Faktoren ergibt. Die Population mit der höchsten zuverlässig aufgezeichneten (ehelichen) Fertilität ist die nordamerikanische Sekte der Hutterer, deren Frauen der Heiratsjahrgänge 1921–30 durchschnittlich zehn Kinder zur Welt brachten. Wenn man das Geburtenniveau der Hutterer als der „natürlichen Fertilität" zumindest nahekommend betrachtet und mit der in anderen historischen und zeitgenössischen Populationen beobachteten Fertilität vergleicht, muss man zu dem Schluss kommen, dass neben physiologischen auch andere – soziale – Faktoren eine maßgebliche Rolle spielen müssen und dass Menschen im Allgemeinen sehr wohl bewusste Entscheidungen für oder gegen Kinder (bzw. eine bestimmte Kinderzahl) treffen.

Wenn wir zudem davon ausgehen, dass Menschen zwar eine genetische Veranlagung für bestimmte Verhaltensweisen aufweisen, sie aber nicht Sklaven ihrer Gene sind, dann muss geklärt werden, unter welchen sozialen Umweltbedingungen individuelle biologische Anlagen in tatsächliches Handeln übersetzt werden (Mills und Tropf 2020). Besonders offensichtlich erscheint eine Interaktion genetischer Anlagen mit dem sozialen Kontext der Handelnden, wenn wir uns mit Fragen der Fertilität befassen. So konnten etwa Kohler et al. (2002) in einer Untersuchung dänischer Zwillingspaare zeigen, dass in einer sozialen Situation, die den Einzelnen größere individuelle Entscheidungsspielräume lässt, die von Zwillingen geteilte genetische Ausstattung einen erheblichen Beitrag zur Erklärung ihres Gebärverhaltens leistet. In einer durch starke Verhaltenserwartungen (soziale Normen) gekennzeichneten Situation spielen die gemeinsamen Gene hingegen kaum eine Rolle. Dies bedeutet keineswegs, dass hier die biologischen Anlagen verschwunden sind, sondern sie werden durch gesellschaftliche Restriktionen überlagert und verlieren so an Handlungsrelevanz.

Im Folgenden werden wir im konkreten Zusammenhang insbesondere mit der Fertilitätsentwicklung in Deutschland zeigen, wie sich wandelnde gesellschaftliche Rahmenbedingungen (z. B. der Prozess der Industrialisierung im 19. Jahrhundert) Veränderungen im individuellen Geburtenverhalten erklären können. Ganz wesentlich ist hierbei die Erkenntnis, dass „[a]long with biological predispositions, the social context determines the costs and benefits of having children" (Morgan und King 2001, S. 10). Innerhalb der so gesetzten Rahmenbedingungen und unter Berücksichtigung ihrer individuellen Ressourcenausstattung entscheiden Menschen darüber, ob, wann und wie viele Kinder sie bekommen. Meist wird dabei unterstellt, dass es sich bei diesen Entscheidungen um eine rationale Wahl handelt (siehe Kap. 2).

‚Rational' ist jene Wahl, die den größten Nutzen für die Akteur:innen erwarten lässt – doch welchen Nutzen bzw. welche Funktion haben Kinder überhaupt für ihre Eltern? In Gesellschaften ohne funktionierendes Sozialversicherungssystem sind Kinder eine wichtige Investition in die eigene Altersvorsorge; in modernen Wohlfahrtsstaaten ist es hingegen plausibel anzunehmen, dass Kindern – aus der individuellen Perspektive der Eltern – eher eine Konsumfunktion zukommt. Entsprechend werden Kinder in der frühen mikroökonomischen Literatur ähnlich wie langlebige Konsumgüter behandelt (Becker 1960; siehe auch Werding 2014). Ein differenziertes Bild zeichnet der sogenannte „value of children" Ansatz (Hoffman und Hoffman 1973; siehe auch Nauck 2001), der insbesondere in der nicht-ökonomischen Forschungsliteratur weit verbreitet ist. Hier werden neben ökonomischen bzw. materiellen Vorteilen, die Kinder mit sich bringen können, auch andere individuelle Nutzenelemente (z. B. emotionale Befriedigung, Spaß und Freude, oder soziale Anerkennung bzw. Status) explizit berücksichtig. Der potenzielle *kollektive Nutzen* von Kindern – z. B. als zukünftige Beitragszahler im Sozialversicherungssystem – dürfte hingegen kaum in das *individuelle Nutzenkalkül* von Eltern eingehen.

Obwohl die Entscheidung für oder gegen eine (weitere) Elternschaft emotional stark aufgeladen ist, sind die Prinzipien der Abwägung von ‚Kosten' und ‚Nutzen', die uns aus anderen Lebensbereichen so vertraut sind, auch hier nicht außer Kraft gesetzt. Die Akteur:innen müssen individuell über bestimmte Ressourcen verfügen (z. B. eine Partnerschaft; siehe Abschn. 3.1) und sie stehen in ihrer jeweiligen Gesellschaft einer Reihe von Restriktionen gegenüber (z. B. der Verfügbarkeit öffentlicher Kinderbetreuung oder der sozialen Akzeptanz, unter bestimmten Bedingungen – etwa vor Abschluss der Ausbildung oder ohne festen Partner – eine Familie zu gründen). Restriktionen und Ressourcen

sind jedoch keine fixen Größen, sondern sie verändern sich über die Zeit – und
auch die ‚Kosten' und der ‚Nutzen' von Kindern unterscheiden sich je nach
individueller Lebenssituation und gesellschaftlichen Rahmenbedingungen. Entsprechend können wir historische Veränderungen in den Fertilitätsraten einzelner
Länder beobachten (Makroebene; Abschn. 4.3) und ein deutlich altersspezifisches
Muster der Fertilität im individuellen Lebensverlauf (Mikroebene; Abschn. 4.5).

4.2   Maßzahlen der Fertilität

Bevor man die Frage beantworten kann, wer wann warum mehr oder weniger
Kinder zur Welt bringt, muss zunächst überlegt werden, was sinnvolle Maßzahlen
für die Fertilität einer Bevölkerung sein könnten. Demograf:innen unterscheiden
hier grundsätzlich zwischen *perioden-* und *kohortenspezifischen Geburtenziffern*
(Bujard et al. 2023, Abschn. 2.1; Luy 2016, Abschn. 5):

1. Die wichtigste periodenspezifische Maßzahl ist die zusammengefasste
   Geburtenziffer (*total fertility rate;* TFR). Sie errechnet sich für eine bestimmte
   Periode, üblicherweise ein Kalenderjahr, aus der Summe aller altersspezifischen Geburtenziffern von Frauen der Altersjahrgänge 15 bis 49. Alters-
   spezifische Geburtenziffern beziehen die Geburten der Frauen einzelner
   Altersjahre (15–49) in einem Jahr auf 1.000 Frauen des entsprechenden Alters
   in der Bevölkerung. Der Einfluss von Umfang und Altersstruktur sowohl der
   Bevölkerung insgesamt als auch der Frauen im gebärfähigen Alter werden
   damit ausgeschlossen. Die TFR ist somit eine zusammengesetzte, hypo-
   thetische Kennziffer und gibt an, wie viele Kinder je Frau geboren würden,
   wenn für deren ganzes Leben die altersspezifischen Geburtenziffern des
   jeweils betrachteten Kalenderjahres gelten würden. Der Vorteil der TFR
   ist, dass sie zeitnah berechnet werden kann und sich so aktuelle Trends der
   Geburtenentwicklung erfassen lassen. Allerdings wird die TFR nicht nur durch
   die Zahl der Geburten (*quantum),* sondern auch durch das Alter der Mütter
   bei der Geburt (*timing)* beeinflusst: Wenn z. B. viele Frauen die Geburt eines
   Kindes aufschieben (wie etwa in Ostdeutschland nach der Wiedervereinigung)
   und entsprechend das durchschnittliche Alter der Mütter bei der Geburt steigt,
   unterschätzt die TFR die tatsächliche Geburtenzahl.
2. Die Kohortenfertilität (*cohort fertility rate;* CFR) gibt die endgültige Kinderzahl eines Geburtsjahrgangs von Frauen an. Diese Maßzahl kann erst
   berechnet werden, nachdem der betreffende Frauenjahrgang im Alter von 45
   oder 50 Jahren das gebärfähige Alter überschritten und damit die reproduktive

Phase abgeschlossen hat. Auch wenn Geburten im Lebensverlauf zunehmend bis an die Grenzen des biologisch möglichen aufgeschoben werden (Beaujouan 2020), ist die Zahl der nach diesem Alter noch geborenen Kinder quantitativ eher vernachlässigbar.

Ob ein bestimmtes Fertilitätsniveau (zu) hoch oder (zu) niedrig ist, lässt sich absolut nicht bestimmen. Eine mögliche Orientierung bietet allerdings das sogenannte *Bestandserhaltungsniveau,* das genau jenem Geburtenniveau entspricht, bei dem sich die Elterngeneration vollständig reproduziert. Das Bestandserhaltungsniveau verändert sich jedoch historisch durch die Entwicklung der (Kinder-)Sterblichkeit: während es 1880 in Deutschland noch bei 3,5 Geburten je Frau lag, sind heute nur noch 2,1 Kinder zur Reproduktion der Elterngeneration nötig. Diese Zahl wird heute oft – implizit oder explizit – als Zielgröße familienpolitischer Maßnahmen verwendet, obwohl sie für sich genommen nichts über die gewünschte ‚ideale' Kinderzahl von Paaren aussagt.

Inwieweit ein- oder mehrmals geäußerte *Kinderwünsche* tatsächlich ein guter Prädiktor für die letztendlich realisierte Kinderzahl sind, ist empirisch nicht ganz einfach zu beantworten: Zwar berichten viele Studien eine deutlich positive Korrelation zwischen beiden, aber für einen nicht zu vernachlässigenden Anteil der Bevölkerung findet sich dennoch ein „mismatch between earlier stated fertility intentions and subsequent behaviour. Although some individuals exceed their intended family size, intentions remain unrealised in a greater number of cases. For example, almost one-third of childless British women born in 1970 who intended to have a child at age 30 remained childless at age 42" (Berrington 2021, S. 256). Dies liegt u. a. daran – und wird deshalb hier erwähnt – dass die Definition bzw. Operationalisierung des Kinderwunsches, und damit seine Messung, oft nicht einheitlich erfolgt: Obwohl Wünsche, Intentionen, oder Erwartungen „sich in ihrem Abstraktionsgrad und Realitätsbezug unterscheiden und in unterschiedlichen Phasen von Fertilitätsentscheidungen eine Rolle spielen" (Buhr und Kuhnt 2012, S. 278), werden die Begriffe in der Literatur häufig synonym verwendet. Manche Umfragen sind zudem eher an der ‚idealen', andere an der ‚realistisch' erwartbaren Kinderzahl interessiert. Und schließlich gibt es große Unterschiede im Zeitbezug: Während etwa Fragen danach, ob aktuell verhütet wird, auf unmittelbare Fertilitätsintention abzielen, geht es in anderen Studien darum, ob die Befragten überhaupt, d. h. irgendwann einmal, beabsichtigen, (weitere) Kinder zu bekommen. Da der Kinderwunsch im Lebensverlauf (siehe Abschn. 4.5) aber nicht stabil bleiben muss (Kuhnt et al. 2021) – sei es, weil sich die individuellen Präferenzen oder aber die Lebensumstände ändern – verwundert es nicht, dass es gerade beim Vergleich von früher geäußerten langfristigen Fertilitätsintentionen und deren Realisierung zu teils deutlichen Diskrepanzen kommen kann.

4.3   Entwicklung der Fertilität in Deutschland

Wenn wir die langfristige Entwicklung der zusammengefassten Geburtenziffern
in Deutschland seit 1870 betrachten (siehe Abb. 4.1) fällt auf, dass die TFR im
Jahr 1900 zwar noch bei über 4,5 Kindern pro Frau lag, aber schon während des
Ersten Weltkrieges (!) und 1923 mit einem Wert von 2,3 erstmals auch außerhalb
von Kriegszeiten das damals zur Bestandserhaltung notwendige Geburtenniveau
unterschritt. In den folgenden Jahrzehnten war die Entwicklung der TFR durch
relativ starke Schwankungen gekennzeichnet und es gab zunächst noch kürzere
Phasen, zuletzt während des sogenannten *baby booms* in den 1950er und frühen
1960er Jahren, in denen ihr Wert zwischen 2,2 und 2,5 und damit oberhalb des
Bestandserhaltungsniveaus lag. Seit Beginn der 1970er Jahre liegt die TFR
jedoch deutlich darunter.

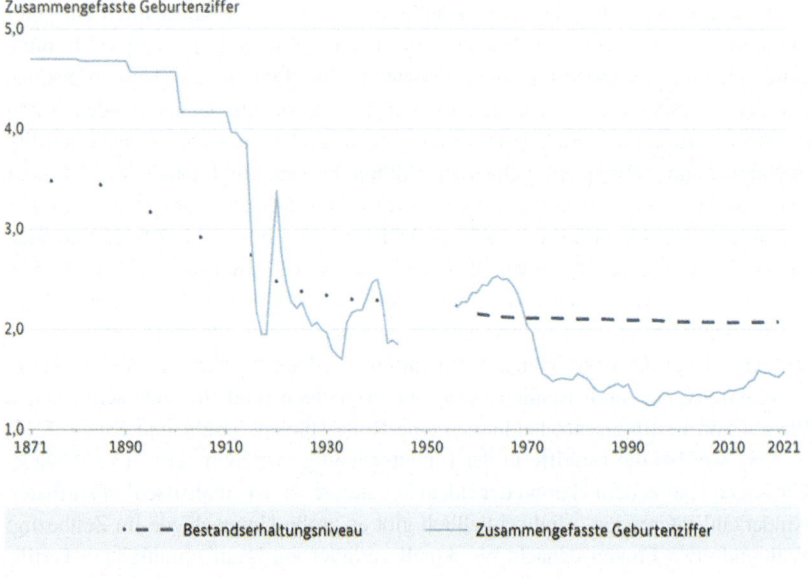

Abb. 4.1 Zusammengefasste Geburtenziffer in Deutschland (1871–2021). (Quelle: https://
www.bib.bund.de/Permalink.html?cms_permaid=1217838)

In Westdeutschland unterschreitet die TFR seit 1970, in Ostdeutschland seit
1972 den Wert von 2,1 (siehe Abb. 4.2). Während sich im Westen jedoch seit
1973 bis heute die TFR stabil bei einem Wert zwischen 1,3 und 1,5 eingependelt
hat, lassen sich im Osten deutliche Ausschläge nach oben und nach unten feststellen. Zunächst stieg die TFR Mitte/Ende der 1970er bis Anfang der 1980er
Jahre noch einmal auf bis zu 1,9 an, was im Wesentlichen auf institutionelle
Anreize zu einer frühen Familiengründung in der DDR zurückzuführen sein
dürfte. Bis zur Wiedervereinigung 1990 sank die TFR aber bereits wieder auf
einen Wert von 1,5 (d. h. westdeutsches Niveau) um sich innerhalb von nur drei
Jahren nahezu zu halbieren (0,8). Ausgehend von diesem in den Jahren 1993–94
beobachteten Tiefstand hat sich die ostdeutsche TFR wieder deutlich nach oben
bewegt und lag zuletzt (2020) – wie in Westdeutschland – bei einem Wert von
etwa 1,5.

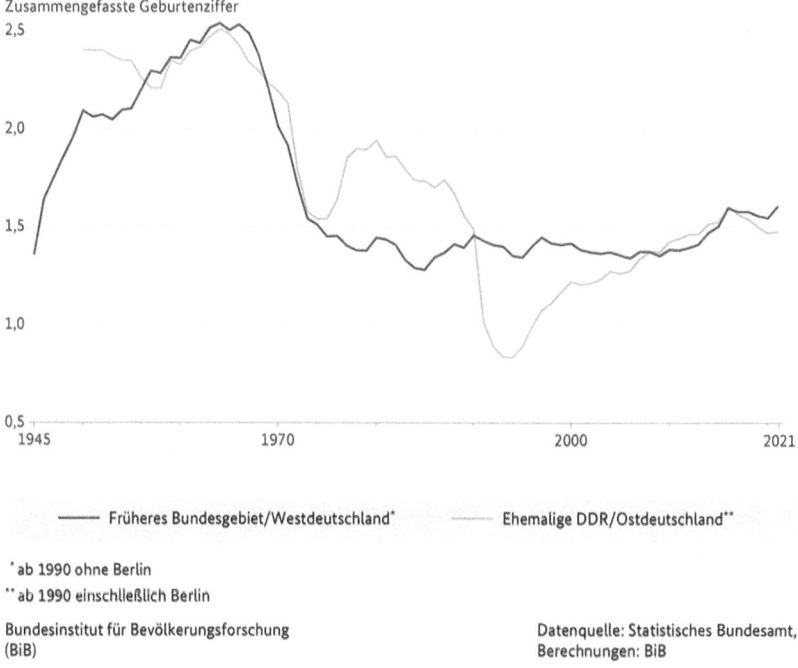

Abb. 4.2 Zusammengefasste Geburtenziffern in West- und Ostdeutschland (1945–2021).
(Quelle: https://www.bib.bund.de/Permalink.html?cms_permaid=1217746)

Auch wenn man alternativ die endgültige Kinderzahl je Frau (also die
Kohortenfertilität) in Deutschland betrachtet (Bujard et al. 2023, Abschn. 2.3),
zeigt sich, dass eine Geburtenziffer unterhalb des Bestandserhaltungsniveaus
kein besonders neues Phänomen ist (siehe Abb. 4.3): Mit Ausnahme der in der
Mitte der 1930er Jahre geborenen Frauen hat seit dem Jahrgang 1880 (!) keine
Kohorte mehr die zur Bestandserhaltung notwendige Zahl von Kindern geboren.
Bemerkenswert ist der rapide Rückgang der Geburten bei den zwischen 1865
und 1885 geborenen Frauen von durchschnittlich 4,6 auf 3,0 (man spricht hier
auch vom ‚ersten demografischen Übergang'). Der höchste Wert bei den nach
1900 geborenen Frauen wurde mit 2,2 Kindern in der Geburtskohorte 1933
erreicht, die ihre Kinder während des *golden age of marriage* zur Welt brachten.
Hierbei handelt es sich klar um eine Abweichung vom historisch langfristigen,
kontinuierlichen Rückgang der Kohortenfertilität. Frauen des Geburtsjahrgang
1968 hatten mit 1,5 Kindern die geringste durchschnittliche Kinderzahl unter

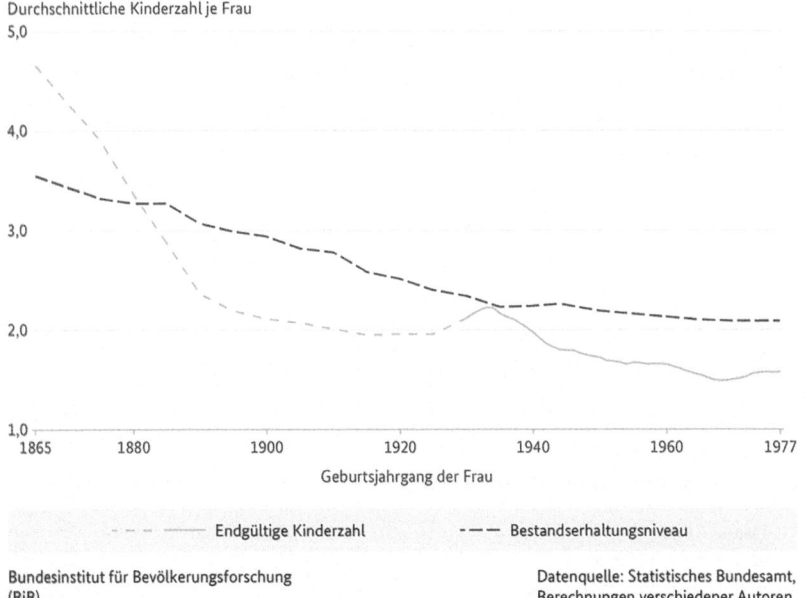

Abb. 4.3 Endgültige Kinderzahl je Frau der Geburtsjahrgänge 1865 bis 1977 in Deutschland. (Quelle: https://www.bib.bund.de/Permalink.html?cms_permaid=1217784)

den betrachteten Frauenkohorten. Für die seit 1970 geborenen Frauen ist jedoch wieder ein geringfügiger Anstieg der endgültigen Kinderzahl zu beobachten.

Im *europäischen Vergleich* liegt die Bundesrepublik damit inzwischen im Mittelfeld der Verteilung, nachdem sie zuvor lange Jahre ein unterdurchschnittliches Fertilitätsniveau aufwies. Neben dem mit einer TFR von 1,8 Kindern aktuellen (2021) Spitzenreiter Frankreich finden sich höhere Geburtenraten vor allem in den skandinavischen Ländern; das niedrigste Geburtenniveau findet sich – anders als manche vielleicht vermuten mögen – in Südeuropa, mit dem Schlusslicht Italien (1,2 Kinder pro Frau) (Bujard et al. 2023, Abb. 4). Eine *globale Perspektive* zeigt zwar, dass solch niedrige Fertilitätsraten auch anderswo, z. B. in einigen ostasiatischen Ländern wie China, Japan oder Korea, zu finden sind – dass die globalen Herausforderungen aber möglicherweise weniger in dieser Art von ‚Niedrigstfertilität‘ (und der mit ihr einhergehenden Bevölkerungsalterung und -schrumpfung) liegen, sondern darin, den sehr jungen und stark wachsenden Gesellschaften insbesondere Subsahara-Afrikas eine Perspektive zu bieten (Cleland und Machiyama 2017): Auch hier lässt sich zwar ein spürbarer Rückgang der Geburtenziffern beobachten, der jedoch – wenn auch auf einem vergleichsweise niedrigeren Niveau der wirtschaftlichen Entwicklung – insgesamt später und langsamer als anderswo eingesetzt hat. Gleichzeitig finden sich Hinweise auf eine stabile Präferenz für eine – im globalen Vergleich – ungewöhnlich hohe Kinderzahl, so dass heute noch 40 der 50 Länder mit der höchsten TFR in Subsahara-Afrika liegen, alle mit mehr als 4 Kindern pro Frau, der Spitzenreiter Niger sogar mit einer TFR von knapp 7 (siehe hierzu ausführlicher Bongaarts 2017).

4.4 Ursachen und Erklärungen für die historische und aktuelle Geburtenentwicklung

Erste Überlegungen zu einer *Theorie der Fruchtbarkeit* und den daraus entstehenden Folgerungen für die Bevölkerung finden sich bereits in der Abhandlung über das Bevölkerungsgesetz von Thomas Robert Malthus aus dem Jahre 1798, der von der Tatsache ausging, „daß die Bevölkerung sich unwandelbar vermehrt, wenn die Subsistenzmittel zunehmen" (Malthus 1924, S. 484). Die Bevölkerung wächst dabei jedoch immer schneller als die zur Verfügung stehenden Lebensmittel. Mit Hilfe zweier demografischer Hemmnisse *(‚checks‘)* wird diese ungleiche Entwicklung wieder korrigiert: Die positiven oder repressiven *checks* – wie Krieg, Hunger und Seuchen – führen zu einer Erhöhung der Sterberaten; die präventiven *checks* bestehen in der bewussten Begrenzung der Fertilität durch sittliche Beschränkung oder „lasterhafte Verhaltensweisen", wie der Verwendung von Verhütungsmitteln: „Diese Hemmnisse und jene, welche die übermächtige Bevölkerungskraft zurückdrängen und ihre Wirkungen auf dem Niveau des Nahrungsmittelspielraums festhalten, lassen sich alle in sittliche Enthaltsamkeit, Laster und Elend auflösen" (Malthus 1924, S. 33 f.).

Eine Verbesserung der sozialen Situation für die breite Bevölkerung ist nach Malthus (1924) nicht durch eine Sozialgesetzgebung zu erhalten, da diese nur zu einem Anstieg der Bevölkerung und damit wiederum zu einer Verschlechterung der jeweiligen Lage führt. Dabei unterstellt er, dass Löhne, die oberhalb des Existenzminimums liegen, zu einer erhöhten Heiratsneigung sowie zu einer größeren Zahl von Kindern führen. Eine steigende Bevölkerungszahl stellt automatisch eine Erhöhung des Arbeitsangebots dar und erhöht somit die Konkurrenz auf dem Arbeitsmarkt. Dies hat wiederum eine Verringerung des Reallohns und damit eine tendenzielle Verelendung zur Folge. Hierdurch verzögert sich im Schnitt die Eheschließung und somit die Familienbildung. Aufgrund dieser skizzierten Mechanismen ergibt sich, dass die Bevölkerungszahl um einen bestimmten Optimalwert herum schwankt. Festzuhalten bleibt, dass Malthus (1924) den Wunsch nach Kindern als allgemein gegeben ansieht und die Verwirklichung dieses Wunsches nur durch die ökonomische Lage begrenzt betrachtet. Die Entwicklung der Bevölkerung wird hiernach mit dem Wachstum der Nahrungsgrundlage einhergehen.

Das etwa mit Beginn des 19. Jahrhunderts einsetzende starke Bevölkerungswachstum in Europa resultierte jedoch nicht aus steigenden Geburtenraten infolge der Industrialisierung und einer mit ihr einhergehenden positiven wirtschaftlichen Entwicklung, wie die Malthusianische Theorie vermuten lassen würde, sondern aus einer in vielen Gesellschaften beobachtbaren empirischen Regelmäßigkeit der Entwicklung von Geburten- und Sterbeziffern, die als *erster demografischer Übergang* bezeichnet wird (Kirk 1996; Kreyenfeld und Konietzka 2020, Abschn. 22.3.1). Dabei lassen sich verschiedene Phasen des Übergangs unterscheiden: In einer *prätransformativen Phase* liegen sowohl Geburten wie auch Sterbeziffern auf einem sehr hohen Niveau. Zwar werden viele Kinder geboren, aufgrund der hohen (Kinder-)Sterblichkeit bleibt die Bevölkerungszahl jedoch relativ stabil. In der *Transformationsphase* sinken zunächst die Sterbeziffern aufgrund verbesserter Lebensbedingungen, einer verbesserten medizinischen Versorgung und hygienischen Kenntnissen, sowie einer besseren Lebensmittelversorgung, während die Geburtenzahlen stabil sind oder sogar leicht ansteigen. In dieser Phase wächst aufgrund der steigenden Differenz von Geburten und Sterbefällen die Bevölkerung rasch an. Erst mit einiger Verzögerung sinkt dann auch die Geburtenrate, und das Bevölkerungswachstum schwächt sich ab. In der *posttransformativen Phase* liegen beide Kennziffern auf einem niedrigen Niveau. Diese Beschreibung skizziert die Logik der demografischen Entwicklung und die empirischen Veränderungen in einer Vielzahl von Ländern recht gut.

Fragt man konkreter nach den Ursachen der Unterschiede und Dynamiken im Fertilitätsniveau in Deutschland zu verschiedenen historischen Zeitpunkten ist es wichtig festzuhalten, dass es *die* eine Erklärung nicht gibt. Das allgemeine Geburtenniveau verändert sich, wenn sich die für individuelle Fertilitätsentscheidungen relevanten Ressourcenlagen und Restriktionen wandeln. Die in Deutschland in der zweiten Hälfte des 19. Jahrhunderts einsetzende industrielle Revolution hat die ökonomischen *und* kulturellen Lebensbedingungen der Einzelnen und der Familie massiv verändert. Infolge verbesserter Lebensbedingungen sank vor allem die Kindersterblichkeit und für den Erhalt der Familie mussten entsprechend nur noch weniger Kinder geboren werden (erster demografischer Übergang). Durch die Einführung der Schulpflicht stiegen zudem die Kosten, die ein Kind mit sich brachte, während der wirtschaftliche Nutzen vieler Kinder durch das Verbot der Kinderarbeit sank. Daher, so argumentiert Gary S. Becker (1960), investieren Eltern mit steigendem Wohlstandsniveau ihre begrenzten Ressourcen weniger in die ‚Quantität' (also Kinderzahl) sondern zunehmend in die ‚Qualität' (insbesondere Ausbildung) ihrer Kinder – und bereits vor über 100 Jahren stellte Lujo Brentano (1909, S. 602) fest, dass mit zunehmendem Wohlstand der Zeugungswille aufgrund einer „Zunahme der Konkurrenz der Genüsse und einer Verfeinerung im Gefühl der Kinderliebe" abgenommen habe. Sehen wir uns diese beiden Erklärungsansätze – die Wohlstandstheorie (Brentano) und die Neue Haushaltsökonomie (Becker) – also einmal etwas genauer an:

Die Wohlstandstheorie

Die Wohlstandstheorie bzw. die These der konkurrierenden Genüsse wurde zunächst von Brentano (1909) entwickelt. Innerhalb der Wohlstandstheorie wird die Malthusianische Annahme eines Fortpflanzungstriebs bestritten: „Es gibt aber keinen Fortpflanzungstrieb. Nicht um die Art zu erhalten, erzeugen Menschen Nachkommen. Dieses Motiv findet sich höchstens bei Dynasten- und Adelsgeschlechtern und auch da nur in seltenen Fällen (…). Die enorme Mehrzahl der Menschen erzeugt Kinder nicht um eines abstrakten Zieles willen, wie dies die Erhaltung der Gattung wäre; zwei höchst konkrete Bedürfnisse sind es, was zur Zunahme der Bevölkerung führt, das Geschlechtsbedürfnis und die Kinderliebe" (Brentano 1909, S. 579). Durch diese Trennung zwischen Fortpflanzungs- und Geschlechtstrieb kann zuerst analytisch gezeigt werden, dass kein automatischer Zusammenhang zwischen Heiratsneigung und Fertilität besteht: „Was

mit zunehmendem Wohlstand abgenommen hat, ist (...) der Zeugungswille"
(Brentano 1909, S. 602). Die Fertilität wird also – anders als in soziobiologischen
Ansätzen – als eine willentliche Entscheidung betrachtet.
Was hat nun aber den Rückgang der Geburtenzahlen in Deutschland gegen
Ende des 19. Jahrhunderts verursacht? Brentano (1909, S. 583) sieht im Wesent-
lichen zwei Ursachen: „Die Geburtenziffer kann aus zwei Ursachen geringer
werden, infolge einer Abnahme der Heiraten und infolge einer Abnahme der
Zahl der Geburten pro Ehe". Beide Mechanismen sind nun im Weiteren zu
betrachten, um die Ausgangsfrage zu beantworten. Zur Verringerung der Heiratsneigung schreibt Brentano (1909, S. 588): „Von großem Einfluß auf die Abnahme
der Heiratsziffer in den höheren Klassen erscheint die veränderte Stellung der
Frau". Hierunter fallen sowohl die Veränderung in der Rolle der Frau in der
Ehe als ihre zunehmende Erwerbsarbeit. Brentano (1909, S. 589) beschreibt
dabei die Funktionsveränderung der Ehe hin zu einer partnerschaftlichen Verbindung: „Wirkliche Zuneigung zum Manne wird mehr zu dem für sie bei der
Eheschließung ausschlaggebenden Faktor. (...) Das macht sich umso mehr
geltend, je mehr Genüsse mit den Annehmlichkeiten des verheirateten Lebens in
Konkurrenz treten. Mit der Zunahme neuer Erfindungen und Entdeckungen, von
Handel und Wandel, mit der allgemeinen Verbreitung von Erziehung und Bildung
wurden Interessenkreis und Geschmack von Männern und Frauen erweitert,
ihre Bedürfnisse wurden vermehrt, neue Freuden und Genüsse wurden ihnen
erschlossen. Damit ist das Haus von geringerer Wichtigkeit für den Mann wie für
die Frau".
      Ein äquivalentes Argument kann für den Rückgang der Zahl der Geburten
pro Ehe angeführt werden: „Das aber, was die Abnahme des Zeugungswillens
hervorgerufen hat, sind die Zunahme der Konkurrenz der Genüsse und eine Verfeinerung im Gefühl der Kinderliebe" (Brentano 1909, S. 602). Der Rückgang der
Fertilität wird also auf die Zunahme alternativer Verwendungen der individuellen
Ressourcen zurückgeführt. Dabei betreffen die hier zu findenden Argumente vor
allem die Entscheidungssituation der Frauen: Sie wollen sich nicht durch eine
Geburt die neu errungenen Lebenschancen wieder beschränken. In den Worten
Brentanos: Sie „will nicht von allen Freuden der Jugend und allen Genüssen,
zu denen ihr Reichtum die Möglichkeit bietet, durch Schwangerschaften
abgeschnitten werden, von denen die eine die andere ablöst. (...) Andere, welche
erwerbstätig sind, fühlen sich durch die Mutterschaft in der Beschaffung von
Mitteln beeinträchtigt, welche ihnen den Zugang zu anderen Genüssen eröffnen
sollen" (Brentano 1909, S. 602 f.). Hinzu kommt die Verfeinerung der Kinderliebe, wodurch Kinder besser auf den sie erwartenden Konkurrenzkampf vor-
bereitet werden. Ein größerer Erbteil oder eine qualifizierte Ausbildung sind hier

zu erwähnen. Durch diese bessere Ausstattung der einzelnen Kinder ist gleichzeitig eine Verringerung der Kinderzahl bedingt.

Die Neue Haushaltsökonomie[1]

Viele der geschilderten Ideen der Wohlstandstheorie – wie etwa der Einfluss der Frauenerwerbstätigkeit oder die Bedeutung der Ausbildung der einzelnen Kinder – finden sich auch in ökonomischen Theorien der Fertilität. Hier wird, wie im ökonomischen Ansatz insgesamt (siehe Abschn. 2.4), versucht, menschliches Handeln als rationale Allokation knapper Mittel auf verschiedene Güter mit Hilfe eines handlungstheoretischen Ansatzes zu erklären, wobei sowohl Mittel als auch Güter nicht in einem eingeengten Sinne zu verstehen sind: „The basic idea behind our theory is that motivations with respect to family size are, to a considerable extent, rational: that, on the whole, parents want an extra child if the satisfactions to be derived from that child are greater than the ‚costs' that are involved – where ‚costs' are to be interpreted rather broadly" (Leibenstein 1957, S. 159).

Über die Möglichkeiten, ökonomische Theorieansätze gerade auf das Gebiet der Fertilität zu übertragen, hat es tiefgreifende Auseinandersetzungen gegeben: „To some of those who had been laboring in the vineyards of demography for decades, the efforts of economists in the sixties and seventies to develop a theory of fertility must have been appeared like the invasion of a horde of primitives on a technologically advanced community proclaiming loudly their intent to reinvent the wheel" (Leibenstein 1974, S. 458). Wie auch immer man die empirische Erklärungskraft der ökonomischen Ansätze einschätzen mag, ist doch zumindest festzuhalten, dass sie eine lebhafte Diskussion, testbare Hypothesen und eine Vielzahl empirischer Arbeiten hervorgebracht haben.

Ausgangspunkt der hier im Mittelpunkt stehenden Überlegungen Gary S. Beckers zur Entwicklung einer ökonomischen Theorie der Fertilität stellt ein Beitrag aus dem Jahre 1960 dar. „For most parents, children are a source of psychic income or satisfaction, and, in the economist's terminology, children would be considered a consumption good" (Becker 1960, S. 210). Kinder werden also als langfristiges Konsumgut – und wenn sie ein eigenes Einkommen in den Haushalt einbringen: als Produktionsgut – betrachtet.

---

[1] Hierbei handelt es sich zwar nicht um den einzigen (siehe etwa die Arbeiten von Easterlin 1975; Easterlin und Crimmins 1985; Leibenstein 1957, 1974), aber um den in der neueren familiensoziologischen Forschung sicherlich einflussreichsten ökonomischen Theorieansatz zur Erklärung der Fertilität (siehe für einen allgemeinen Überblick Werding 2014).

Da Kinder nun als ‚normale' und nicht als ‚inferiore' Güter betrachtet werden, ist entsprechend der ökonomischen Standardmethode damit zu rechnen, dass auch hier ein positiver Einkommenseffekt zu finden ist. Dies bedeutet, dass mit steigendem Einkommen auch die Ausgaben für Kinder steigen werden – sei es nun dadurch, dass die Zahl der Kinder steigt oder dass die Ausgaben je Kind, die dann die ‚Qualität' der Kinder bestimmen, anwachsen: „A rise in income would increase both the quality and the quantity of children desired" (Becker 1960, S. 217). Nun sind aber zwei Beobachtungen mit dieser einfachen These nicht vereinbar. Erstens zeigen etliche Studien, dass mit dem individuellen (oder Haushalts-)Einkommen die Kinderzahl eher sinkt, und zweitens ist auch im Laufe der historischen Entwicklung festzuhalten, dass die Einkommen insgesamt gestiegen, die Kinderzahl jedoch deutlich gesunken ist (Jones und Schoonbroodt 2011). Die häufig beobachtete negative Korrelation zwischen Einkommen und Kinderzahl führt Becker (1960) zunächst noch auf unterschiedliche Kenntnisse über Verhütungsmöglichkeiten zurück. So kann er zeigen, dass nach statistischer Kontrolle dieser Kenntnisse die Zahl der Kinder mit dem Einkommen steigt. Die gegenläufige historische Entwicklung zwischen Einkommen und Geburtenzahlen wird auf einen Rückgang der Kindersterblichkeit, ein Anwachsen der kontrazeptiven Kenntnisse sowie eine Steigerung der Kosten von Kindern zurückgeführt. Diese ersten Überlegungen zu einer ökonomischen Theorie der Fertilität sind nicht unwidersprochen geblieben und weisen etliche Schwachpunkte auf.

Becker (1981, S. 99) selbst stellt fest, dass mit Hilfe des unterschiedlichen Verhütungswissens wohl nicht die grundlegenden Veränderungen im fertilen Verhalten zu erklären sind. Stattdessen betont er hier das Zusammenspiel von Quantität und Qualität – einen Zusammenhang, der bereits bei der Wohlstandstheorie als Kinderliebe bezeichnet wurde. Das Hauptargument lautet hier, dass mit steigendem Einkommen zwar die Ausgaben für Kinder ansteigen, diese Ausgaben jedoch sowohl von der Zahl der Kinder als auch von den Kosten je Kind – etwa für Ausbildung, Gesundheitsvorsorge und materielle Ausstattung – abhängen. Da nun Qualität und Quantität bis zu einem gewissen Grade Substitute darstellen und ein endogener Preiseffekt vorliegt, kann man zeigen, dass bereits eine geringe exogen bedingte Erhöhung der Qualität oder Verringerung der Quantität einen Interaktionsprozess in Gang setzt, der zu einer starken Verminderung der Quantität und einer starken Erhöhung der Qualität führt (Becker 1981, S. 103 ff.). Historisch könnte dieser Startpunkt etwa durch die verringerte Kindersterblichkeit und die daraus folgende geringere Geburtenzahl bedingt sein. Dies führt zu einer Erhöhung der Ausgaben für jedes einzelne Kind, so dass wiederum die potenziellen Kosten für weitere Kinder gesteigert werden. Dieser endogene Preiseffekt kann zu einer weiteren Verringerung der Kinderzahl führen, womit ein weiterer Anreiz für eine nochmalige Erhöhung der Qualität einhergeht. Mit Hilfe dieser Überlegungen lassen sich sowohl die langfristige Entwicklung als auch die aktuellen Differenzierungen des fertilen Verhaltens zu einem gewissen Teil erklären. Einige wesentliche Punkte und theoretische Mechanismen bleiben jedoch immer noch ungeklärt.

Ein wichtiges Argument in diesem Zusammenhang wurde von Mincer (1963) vorgestellt. Dabei greift er auf erste Vorüberlegungen der *new home economics* zurück und betont, dass neben der Erwerbsarbeit auch die Hausarbeit Zeit in Anspruch nimmt und somit einen beachtenswerten Kostenfaktor darstellen kann: „[F]or a number of products and services, market prices alone do not provide sufficient information on their theoretically relevant opportunity costs. (…) It is the opportunity cost of time which is most likely to be overlooked in the specification of relevant prices in demand functions" (Mincer 1963, S. 67 f.). In den meisten Analysen zum Zusammenhang von Einkommen und Fertilität wird der Einfluss des Familieneinkommens auf die Kinderzahl untersucht. Hierbei wird jedoch übersehen, dass sich das Haushaltseinkommen aus dem Einkommen des Mannes *und* der Frau zusammensetzt. Mincer (1963) trennt die Effekte dieser beiden Komponenten und vermutet, dass für Männer der theoretisch zu erwartende positive Einkommenseffekt zu finden sein wird, während für Frauen eine Prognose nur schwer möglich ist. Denn einerseits ist auch hier damit zu rechnen, dass Einkommenseffekte vorliegen, während andererseits mit höherem Einkommen auch durch die Opportunitätskosten die Preise für Kinder steigen, wenn man davon ausgeht, dass die Mütter zumindest einen gewissen Teil ihrer Zeit nun nicht mehr mit der Erwerbsarbeit, sondern mit der Kinder-pflege verbringen. Das Einkommen der Frau hat also theoretisch sowohl einen positiven Einkommenseffekt als auch einen negativen Opportunitätskosteneffekt. Empirische Analysen von Mincer (1963, S. 77 f.) zeigen, dass der Opportunitäts-kosteneffekt deutlich überwiegt. Mit Hilfe dieser Überlegungen lässt sich nun zumindest teilweise erklären, warum zwischen dem sozio-ökonomischen Status und der Kinderzahl häufig eine negative Korrelation existiert (Skirbekk 2008). Aufgrund der immer wieder zu findenden starken sozialen Homogamie bei der Partnerwahl (siehe Abschn. 3.1) ist damit zu rechnen, dass in Familien mit hohem Status auch das (potenzielle) Einkommen der (Ehe-)Frau und damit eben die Opportunitätskosten relativ hoch sind. Durch diese Überlegungen wird der Gedanke der *new home economics,* dass auch Zeit ein knappes und kostbares Gut ist, sinnvoll zur Erklärung der differentiellen Fertilität eingesetzt.

Zweiter demografischer Übergang und „gender revolution"
Wie oben gezeigt wurde, kam es in den 1950er und frühen 1960er Jahren in Deutschland und anderswo zwar noch einmal zu einem kurzzeitigen

Wiederanstieg der Fertilität – dieser ist aber vor allem darauf zurückzuführen, dass Geburten, die während des Zweiten Weltkriegs aufgeschoben worden waren, nachgeholt wurden und es zu einer Re-Traditionalisierung der Geschlechterverhältnisse kam. Das *golden age of marriage* stellt eine Ausnahme vom langfristigen Trend dar und taugt daher sicher *nicht* als Referenzpunkt für heutige Krisenszenarien der Entwicklung von Fertilität und Familie.

Dennoch wird dem Geburtenrückgang seit Ende der 1960er Jahre eine eigene Qualität zugesprochen *(zweiter demografischer Übergang)* (Kreyenfeld und Konietzka 2020, Abschn. 22.3.2; siehe auch Lesthaeghe 2014). Während der Geburtenrückgang im späten 19. und frühen 20. Jahrhundert vor allem auf eine Reduktion der ehelichen Fruchtbarkeit zurückgeführt werden kann, liegen die Ursachen der niedrigen Fertilitätsziffern seit Mitte des 20. Jahrhunderts eher darin, dass Frauen und Männer seltener feste Partnerschaften eingehen bzw. diese weniger stabil sind als früher – und damit eine wichtige Voraussetzung für die Familiengründung bzw. Familienerweiterung fehlt (siehe Abschn. 3.1). Die Bedeutung *individueller Autonomie* scheint zugenommen zu haben (in diesem Zusammenhang wird auch von einem ‚Wertewandel' gesprochen) und die durch eine stärkere Bildungs- und Erwerbsbeteiligung zur Verfügung stehenden Ressourcen erlauben es auch, diesen Anspruch umzusetzen: Frauen stehen heute deutlich weniger als im *golden age of marriage* normativen Rollenerwartungen als Hausfrau und Mutter gegenüber und sind wirtschaftlich weniger abhängig von einem männlichen Ernährer – der selbst ebenfalls mehr Freiheiten hat, die Rolle des Alleinverdieners abzulehnen.

Diese Zunahme individueller Handlungsoptionen in der Folge gesellschaftlicher Modernisierungsprozesse hat zwar dazu geführt, dass die Opportunitätskosten der Elternschaft gestiegen sind (d. h., wenn Menschen Kinder bekommen, reduzieren sich alternative biografische Optionen, die es früher so – insbesondere für Frauen – vielleicht gar nicht gegeben hat; siehe auch den biografietheoretischen Ansatz von Birg et al. (1991)). Das Ausmaß, in dem aber z. B. die Vereinbarkeit von Familie und Beruf gegeben ist, variiert deutlich zwischen verschiedenen gesellschaftlichen Kontexten. Zwar haben sich heute überall in Europa die Bildungschancen von Frauen und Männern deutlich verbessert, doch haben sich nicht überall in gleichem Maße Familienleitbilder und geschlechtsspezifische Rollenvorstellungen modernisiert. Die Beibehaltung einer weitgehend traditionellen Arbeitsteilung zwischen den Geschlechtern (insbesondere nach der Geburt von Kindern) – siehe Abschn. 3.2.5 und 3.2.6 – und mangelnde gesellschaftliche Akzeptanz außerhäuslicher Kinderbetreuung führt vor allem gut ausgebildete Frauen häufig in eine Zwickmühle: Falls sie Kinder bekommen wollen, werden ihre Bildungsabschlüsse entwertet; falls sie erwerbstätig bleiben wollen – und weder Väter noch Kitas eine verlässliche Betreuungsoption sind – können sie keine Kinder bekommen.

In der Konsequenz kann dies zu einer *Polarisierung* des Geburtenverhaltens führen, d. h. einem relativ hohen Anteil Kinderloser[2] steht ein relativ hoher Anteil von Paaren mit zwei oder mehr Kindern gegenüber. Denn wenn die entscheidende Weiche für den weiteren Lebensverlauf mit der grundsätzlichen Entscheidung für oder gegen eine Elternschaft einmal gestellt worden ist, dann spielen die ‚Kosten' weiterer Kinder nur noch eine untergeordnete Rolle. Der geringste Zwang, sich *exklusiv* für oder gegen Kinder zu entscheiden und – damit zusammenhängend – die höchsten Fertilitätsraten werden heute nicht in jenen europäischen Ländern beobachtet, deren Bevölkerung gemeinhin eine traditionell hohe Familienorientierung unterstellt wird (z. B. Italien), sondern dort, wo sich Elternschaft mit einem ‚modernen' Lebensstil am besten verbinden lässt (z. B. Schweden). Ein hohes Ausbildungsniveau *und* die Erwerbstätigkeit beider Partner scheint hier also kein Hindernis, sondern vielmehr eine für die Geburt von mehr Kindern wichtige Ressource darzustellen – und zwar nicht nur, weil Kinder Geld kosten, sondern auch weil Frauen und Männer ihre Lebensentwürfe nicht mehr auf eine Rolle in Familie *oder* Beruf reduzieren müssen. Dies ist ein zentrales Argument von Autor:innen, die neuere familiendemografische Entwicklungen – mit zwischenzeitlich, in der ersten Dekade des 21. Jahrhunderts, in einigen Ländern wieder steigenden Geburtenraten – als Teil einer *gender revolution* betrachten und analysieren: „It is key to the gender change argument to acknowledge that men's increasing involvement in the family is a gender revolution. It is a revolution as profound as the last half-century's increase in female labor force participation. (…) Together (…) they constitute the two halves of the modern gender revolution, a revolution that is not just strengthening countries' economies, as women join their skills and energies to men's in the marketplace, but is also strengthening families, as men increasingly take on important roles in the home, first as active fathers, and eventually as full participants" (Goldscheider et al. 2015, S. 231).

---

[2] Der Anteil kinderloser Frauen in *Deutschland* ist während der letzten Jahrzehnte kontinuierlich angestiegen. Bei den 1964–68 geborenen ostdeutschen Frauen liegt der Anteil der Kinderlosen bei 11 %, während im Westen sogar mehr als jede fünfte Frau dieser Kohorte kinderlos geblieben ist. In den jüngeren Kohorten, die ihre reproduktive Phase noch nicht abgeschlossen haben, zeichnet sich ein weiterer Anstieg des Anteils Kinderloser und eine Persistenz der bestehenden Ost-West-Unterschiede im Ausmaß der Kinderlosigkeit ab (siehe hierzu ausführlich Konietzka und Kreyenfeld, 2014).

Exkurs: Der Einfluss familienpolitischer Maßnahmen auf die Fertilität.
Vor dem Hintergrund der im vorangegangenen Abschnitt skizzierten, langfristig unterhalb des Bestandserhaltungsniveaus liegenden Geburtenraten,
haben mögliche Auswirkungen (familien-)politischer Maßnahmen auf die
Fertilität erhebliche Aufmerksamkeit erfahren (Bujard 2016; siehe auch
Hank und Steinbach 2019, Abschn. 3). Dabei ist zu beachten, dass wohlfahrtsstaatliche Interventionen und Institutionen das Geburtenverhalten
intentional beeinflussen können (z. B. als Folge einer pronatalistischen
Familienpolitik) oder unintendiert (z. B. als Folge arbeitsmarktpolitischer
Maßnahmen, die auf Erwerbsentscheidungen und darüber vermittelt
indirekt auch auf Fertilitätsentscheidungen wirken). Aus der Fülle familienpolitischer Maßnahmenpakete, die mehr oder minder direkt auf das
Geburtenverhalten abzielen, stechen drei zentrale Instrumente hervor:

(a) *Finanzielle Transfers,* also direkte staatliche Geldleistungen wie das
Kindergeld oder Steuervorteile für Familien, zielen darauf ab, die durch
Kinder entstehenden (Opportunitäts-)Kosten zu reduzieren und dadurch
Anreize für die Geburt (weiterer) Kinder zu setzen. Empirische Studien
konnten jedoch nur geringfügig positive Effekte solcher Transfers auf
die Fertilität (und eher auf das *timing* als auf das *quantum*) identifizieren
(Bergsvik et al. 2021). Allerdings scheint sich das 2007 in Deutschland ein-
geführte Elterngeld tatsächlich, wie beabsichtigt, positiv auf die Geburten-
neigung von Frauen im mittleren und oberen Bereich der Bildungs- und
Einkommensverteilung ausgewirkt zu haben (Bujard 2016).

(b) Bezahlte *Elternzeiten* – für Mütter und Väter! – zielen auf eine
bessere Vereinbarkeit von Erwerbstätigkeit und Kinderbetreuung, die als
wichtige Voraussetzung für höhere Geburtenraten betrachtet wird. Insbesondere hinsichtlich der Dauer der Elternzeit großzügigere Regelungen
scheinen sich positiv auf das *timing* von Geburten auszuwirken (weil
dann weitere Kinder noch innerhalb der aus der vorhergehenden Geburt
resultierenden Elternzeit geboren werden können). Zudem finden sich
Hinweise darauf, dass Anreize für die Inanspruchnahme von Elternzeiten
durch Väter die Wahrscheinlichkeit, weitere Kinder zu bekommen, erhöhen
(Thomas et al. 2022).

(c) Auch der Ausbau öffentlich subventionierter, institutioneller
Kinderbetreuung soll dazu beitragen, Vereinbarkeitsprobleme bzw. die
Opportunitätskosten der Fertilität zu reduzieren. Neuere Studien – auch für
Deutschland (Bauernschuster et al. 2016) – deuten tatsächlich auf einen

pronatalistischen *quantum*-Effekt des Ausbaus institutioneller Kinderbetreuung hin (Bergsvik et al. 2021).

Insgesamt scheint es so zu sein, dass „Whereas there is some evidence to suggest an impact of specific policy instruments on the timing (financial transfers; paid leave) and quantum (public child care services) of childbearing, *combinations of such instruments aiming to empower women* appear to be most effective with regard to the aim of raising fertility" (Hank und Steinbach 2019, S. 383; Hervorhebung im Original).

4.5 Fertilität im Lebensverlauf

Die Lebensverlaufsperspektive hat sich nicht nur für die Familiensoziologie insgesamt (Fasang und Zagel 2023), sondern insbesondere für die Analyse individueller Fertilitätsentscheidungen als außerordentlich fruchtbar erwiesen (Huinink und Kohli 2014). Sie beinhaltet, *erstens,* eine Reihe von Prinzipien, auf deren Basis spezifische Forschungsfragen und -designs entwickelt werden können. Hierzu gehören insbesondere die Einsicht, dass individuelle Lebensläufe (a) in soziale Netzwerke (z. B. Partnerschaft, Familie) eingebettet und von diesen beeinflusst sind *(linked lives),* (b) sich parallel in verschiedenen Dimensionen wie Arbeit, Familie und Gesundheit entwickeln, die sich über die Zeit wechselseitig beeinflussen (Multidimensionalität), und sich (c) in Abhängigkeit vom makrostrukturellen Kontext entwickeln (historische Zeit und geografischer Ort) (Fasang und Zagel 2023, Abschn. 3). Sie ist aber, *zweitens,* vor allem deshalb relevant, weil sich die Fertilitätsintentionen (Kuhnt et al. 2021) und das tatsächliche Geburtenverhalten nicht nur über die historische Zeit, sondern auch im individuellen Lebensverlauf deutlich verändern.

Bei der Betrachtung der altersspezifischen Geburtenziffern über die letzten 30 Jahre hinweg (siehe Abb. 4.4) wird deutlich, dass in Deutschland die Fertilität in den jüngeren Altersgruppen (20–24 bzw. 25–29 Jahre) kontinuierlich rückläufig ist, während die Fertilitätsziffern im höheren Reproduktionsalter (30–44 Jahre) stetig und sehr deutlich angestiegen sind (ohne jedoch die in den jüngeren Altersgruppen zunehmend ‚fehlenden' Geburten vollständig kompensieren zu können). Eine weitergehende Differenzierung nach West- und Ostdeutschland seit den 1950er Jahren zeigt zudem, dass in der ehemaligen DDR vor allem die jungen, d. h. 20–24-jährigen Frauen Kinder bekommen haben, während die Geburten in der alten Bundesrepublik später

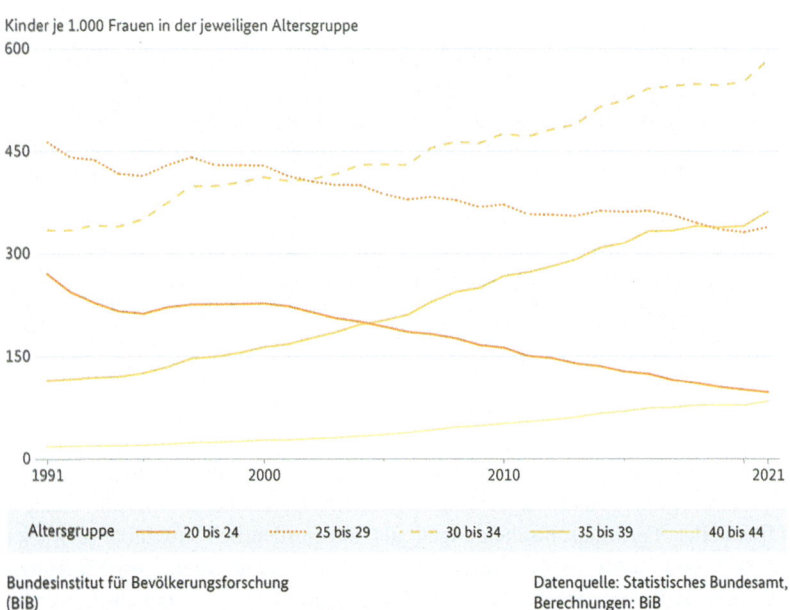

Kinder je 1.000 Frauen in der jeweiligen Altersgruppe

Altersgruppe —— 20 bis 24 ········ 25 bis 29 – – 30 bis 34 —— 35 bis 39 ·–·– 40 bis 44

Bundesinstitut für Bevölkerungsforschung   Datenquelle: Statistisches Bundesamt,
(BiB)   Berechnungen: BiB

Abb. 4.4 Nach Altersgruppen zusammengefasste Geburtenziffern deutscher Frauen (1991–2021). (Quelle: https://www.bib.bund.de/Permalink.html?cms_permaid=1217646)

erfolgten. Seit einer Weile lässt sich jedoch – übereinstimmend mit der Entwicklung der TFR – eine deutliche Annäherung der altersspezifischen Fertilitätsziffern in Ost- und Westdeutschland beobachten.

Die hier skizzierten Veränderungen im *timing* von Geburten – im Sinne einer Verschiebung der Fertilität in spätere Phasen des Lebensverlaufs – wären demografisch weitgehend folgenlos, wenn sie nicht deutliche Auswirkungen auch auf das *quantum* der Fertilität, d. h. die endgültige Kinderzahl je Frau, hätten. So zeigen etwa Berechnungen des Statistischen Bundesamtes für die alten Bundesländer (siehe Abb. 4.5), dass 1959 geborene Frauen im Alter von 36 Jahren im Durchschnitt so viele Kinder wie 1939 geborene Frauen mit 29 Jahren hatten – und dass mit dieser Verschiebung des Gebäralters eine deutliche Reduktion der endgültigen Kinderzahl von 2,0 auf 1,6 einherging. Diese Interaktion zwischen *timing* und *quantum* der Fertilität ist zum einen darauf zurückzuführen, dass Frauen, die später mit der Familiengründung anfangen, weniger Zeit – also geringere *Opportunitäten* – haben, bis zum Ende ihrer biologischen

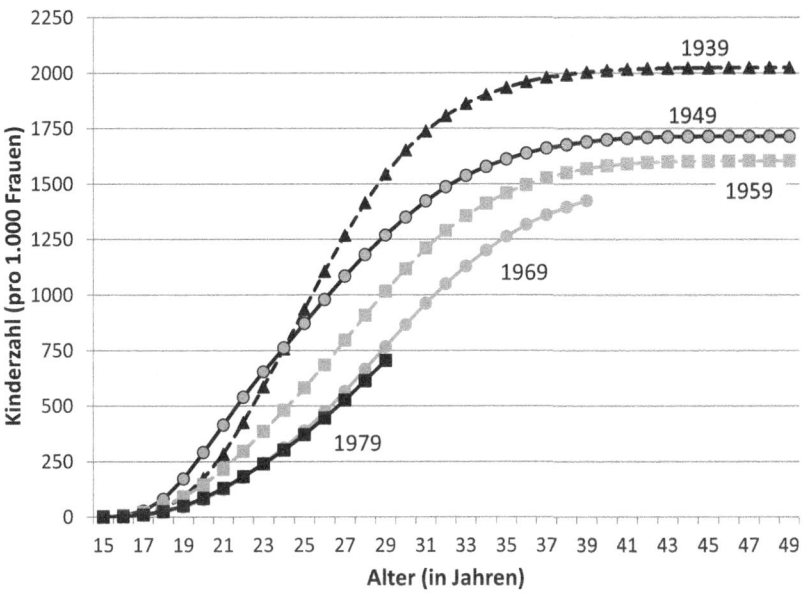

Abb. 4.5 Kinderzahl pro 1000 Frauen der Geburtsjahrgänge 1939, 1949, 1959, 1969 und 1979 bis zum jeweils erreichten Alter, Westdeutschland 2008. (Quelle: Erlinghagen und Hank 2018: Abb. II-7)

Reproduktionsfähigkeit eine höhere Kinderzahl zu realisieren. Gleichzeitig reflektiert sich in einer späteren Familiengründung aber auch eine geringere *Präferenz* dafür, viele Kinder zu haben.

Der seit langem zu beobachtende Aufschub der ersten Geburt ist im Zusammenhang mit dem Aufschub der ersten Eheschließung zu sehen (siehe Abschn. 3.1) – und dieser Aufschub der Familiengründung (oder gar ein dauerhafter Verzicht auf eine feste Partnerschaft und Kinder) wird häufig darauf zurückgeführt, dass mehr Menschen länger im Bildungssystem verweilen. In einem einflussreichen Artikel haben Blossfeld und Huinink (1991) in diesem Zusammenhang festgestellt, dass Ausbildungs*dauer* und Ausbildungs*niveau* eine jeweils eigenständige Bedeutung für die Familienbildung von Frauen haben: Die Dauer der Bildungsbeteiligung wirkt dabei vor allem über soziale Normen als Restriktion auf das *timing* der Familiengründung, da diese erst nach Abschluss der Ausbildung erfolgen sollte. Die Höhe des Bildungsabschlusses wirkt, wie

weiter oben bereits dargelegt wurde, über den Mechanismus der mit einer Elternschaft verbundenen Opportunitätskosten.

Insgesamt zeigt sich am Beispiel des komplexen Zusammenhangs zwischen
Familiengründung und Bildung, wie stark verschiedene Dimensionen des
individuellen Lebensverlaufs miteinander verknüpft, d. h. *interdependent,* sind.
Denn Bildung wirkt nicht nur auf Fertilitätsentscheidungen, sondern der Wunsch
nach einer Familie wirkt sich auch auf individuelle Bildungsinvestitionen aus.

4.6   Fazit und Perspektiven

Wenn wir zunächst die in diesem Kapitel knapp skizzierten *theoretischen
Erklärungen* des Fertilitätsverhaltens und seiner Dynamiken zusammenfassend
reflektieren, stellt man etliche Gemeinsamkeiten fest: In fast allen Überlegungen
wird die Fertilitätsentscheidung als eine rationale Anpassung an sozial-strukturell
bedingte Veränderungen gesehen. Unterschiede zwischen verschiedenen Gruppen
und historische Entwicklungen sind vor allem durch Unterschiede und Veränderungen in der Handlungsstruktur bestimmt. Dabei spielt jedoch auch die
teilweise Erosion fester Lebenspläne und der Verbindlichkeit kultureller Muster
eine wichtige Rolle. Der Rückgang der Geburtenzahlen ist dann eine ‚ver-
nünftige' Reaktion auf die zunehmende Konkurrenz der Genüsse oder auf die
Vielfalt individueller Biografieoptionen. Heirat, Schwangerschaft und Familiengründung haben grundlegende Änderungen für die Handlungsoptionen –
vor allem für Frauen, aber zunehmend auch für Männer – zur Folge. Eine Verschiebung individueller Motive – wie sie sich in (sozial-)psychologischen Untersuchungen immer wieder zeigen – lässt sich zwar ebenfalls konstatieren; diese
Veränderungen sind jedoch weniger das Ergebnis stiller Revolutionen der
Wertehierarchie, sondern viel eher Konsequenzen veränderter gesellschaftlicher
Rahmenbedingungen.

Wenn wir uns dann abschließend die Frage stellen „*Fertilität: quo vadis?*",
gilt es vor allem, neben einem langfristigen säkulären und globalen Trend
sinkender Geburtenzahlen (wenn auch auf regional sehr unterschiedlichen
Niveaus), eine gewisse Volatilität des Geburtenverhaltens – im individuellen
Lebensverlauf und über kürzere historische Zeiträume – zu konstatieren: Zwar
ließ sich in der ersten Dekade des 21. Jahrhunderts in vielen demografisch fortgeschrittenen Gesellschaften eine Ende der die 1990er Jahre charakterisierenden
‚Niedrigstfertilität' beobachten (Goldstein et al. 2009); dieser Aufwärtstrend
scheint jedoch nur von kurzer Dauer gewesen und bereits wieder zum Stillstand
gekommen zu sein (Hellstrand et al. 2021). Gleichzeitig erreicht der weitere

Aufschub von Geburten im Lebensverlauf immer mehr seine biologischen Grenzen (Beaujouan 2020) – und auch wenn Fortschritte in der Reproduktionsmedizin prinzipiell eine weitere Verschiebung von Geburten in höhere Lebensalter jenseits des Endes der biologisch determinierten Fertilität ermöglichen (Kuhnt und Passet-Wittig 2023), erscheinen die tatsächlichen Potenziale ihrer umfassenderen Anwendung heute doch zu begrenzt, als das hieraus eine spürbar positiver Effekt auf das Geburtenniveau resultieren könnte. Während also in den demografisch fortgeschrittenen Gesellschaften des globalen Nordens in absehbarer Zeit nur mit – mehr oder minder kleinen – Schwankungen der Geburtenziffern unterhalb des Bestandserhaltungsniveaus zu rechnen ist, sind deutliche Veränderungen im Geburtenverhalten wohl nur im globalen Süden, insbesondere in Subsahara-Afrika, zu erwarten: Wie stark und wie schnell sich die Fertilitätsraten hier verändern, wird nicht nur für die Region, sondern auch global – etwa durch Rückwirkungen auf das internationale Migrationsgeschehen – bedeutsam sein (Cleland und Machiyama 2017).

▶ **Kurz zusammengefasst** Obwohl sicherlich keine der hier vorgestellten Theorien allein die historischen Prozesse und aktuellen Unterschiede der Fertilität verschiedener (Sub-)Populationen hinreichend erklären kann, erscheint eine Erklärung mit Hilfe einer Kombination ihrer verschiedenen Ideen durchaus möglich. Herausfordernd bleibt allerdings, dass längerfristige Trends in der Geburtenentwicklung immer auch von kurzfristigeren, oft schwer zu prognostizierenden Schwankungen begleitet werden: für Familiensoziolog:innen ist und bleibt die Fertilität ein *moving target*.

Intra- und intergenerationale Beziehungen

5

Inhaltsverzeichnis

Wie bereits in Kap. 1 beschrieben, können bzw. sollten Familien als Systeme interdependenter, entlang generationaler Linien horizontal und vertikal verlaufender Beziehungen verstanden werden. Horizontale (d. h. *intra*generationale) Beziehungen sind zum Beispiel Partnerschaften (siehe Kap. 3) und Geschwisterbeziehungen; vertikale (d. h. *inter*generationale) Beziehungen sind jene zwischen (Groß-)Eltern und (Enkel-)Kindern. Nicht allen Beziehungen wird dabei in der familialen Praxis die gleiche Bedeutung beigemessen (an die Cousine zweiten Grades erinnern wir uns erst wieder, wenn es zu einer Erbstreitigkeit kommt) – und dies gilt auch in der Familienforschung. So stellen etwa Perez-Brena et al. (2022, S. 59) in einem systematischen Review fest, dass im Zeitraum von 2008 bis 2018 „[m]ost research focused on the parent–child and couple subsytem and less than 5 % focused on kin or siblings". Während die Untersuchung erweiterter Verwandtschaftsnetzwerke (z. B. Tanten und Onkel, Cousins und Cousinen) bis heute – auch aufgrund fehlenden Datenmaterials – ein „neglected topic" (Furstenberg 2020) bleibt, hat die Erforschung von *Geschwisterbeziehungen* über die gesamte Lebensspanne (Steinbach und Hank 2023) sowie vielfältiger Aspekte der *Großelternschaft* (Hank et al. 2018) seit einiger Zeit einen enormen

K. Hank et al., *Familiensoziologie*, Studienskripten zur Soziologie, https://doi.org/10.1007/978-3-658-41878-6_5

149

Aufschwung erfahren. Solchen intra- und intergenerationalen Beziehungen – einschließlich *Eltern-Kind-Beziehungen im Lebensverlauf* (Hank 2023) – wollen wir uns im Folgenden widmen.

5.1   Familiale Generationenbeziehungen im Modell intergenerationaler Solidarität

Das von Vern L. Bengtson und Kollegen (z. B. Bengtson 2001) vorgeschlagene *Modell intergenerationaler Solidarität* beschreibt den in der Familiensoziologie dominierenden Ansatz zur Systematisierung der Beziehungen zwischen (Groß-) Eltern und (Enkel-)Kindern, der sich jedoch auch auf Geschwisterbeziehungen übertragen lässt. Der dem Modell zugrunde liegende Solidaritätsbegriff berücksichtigt sechs Komponenten bzw. Dimensionen familialer Generationenbeziehungen:

1. *Strukturelle Solidarität* bezeichnet die Gelegenheitsstruktur für Austausch zwischen den Generationen, wie sie sich etwa in der Wohnentfernung zwischen Eltern und Kindern widerspiegelt.
2. *Assoziative Solidarität* bezieht sich auf die Häufigkeit und Muster der Interaktion zwischen Familienmitgliedern, zum Beispiel die Kontakthäufigkeit oder gemeinsame Unternehmungen.
3. *Funktionale Solidarität* beschreibt den Austausch von Ressourcen zwischen den Generationen und schließt sowohl materielle Transfers als auch praktische und emotionale Unterstützung ein.
4. *Affektive Solidarität* umfasst das Ausmaß und die Gegenseitigkeit der positiven Gefühle zwischen den Familienangehörigen.
5. *Konsensuelle Solidarität* bezeichnet den Grad der Übereinstimmung der Einstellungen, Ansichten und Meinungen der Familienmitglieder.
6. *Normative Solidarität* beschreibt die Stärke, mit der man sich an familiäre Rollen und Verpflichtungen gebunden fühlt.

Mit dieser Differenzierung geht Bengtsons Modell über schlichte Dichotomien wie jene von der ‚Bilderbuchfamilie' einerseits oder dem ‚Verfall der Familie' andererseits hinaus und erlaubt so eine angemessene Analyse der facettenreichen und komplexen Beziehungen zwischen biologischen und sozialen Familienmitgliedern (siehe auch Szydlik 2012). Eine wesentliche Einsicht ist, dass die Beziehungen zwischen Familienmitgliedern der gleichen oder unterschiedlicher Generationen nicht im Hinblick auf jede der genannten Dimensionen ‚gut' sein müssen, um die Funktionsfähigkeit der Familie zu gewährleisten, und dass sich die verschiedenen Dimensionen intergenerationaler Solidarität sehr unterschiedlich zueinander in Bezug setzen lassen (siehe die hieraus resultierende Typologie in Tab. 5.1).

Unschwer können wir uns etwa eine Situation vorstellen, in der ein Sohn seine kranke Mutter pflegt, obwohl es zwischen beiden aufgrund unterschiedlicher Lebenseinstellungen häufig zu Streitereien kommt, während die Mutter ihre Tochter finanziell unterstützt, die weit entfernt wohnt und deshalb, trotz großer emotionaler Nähe, die Pflege der Mutter nicht übernehmen kann. Entsprechend sollte der so positiv konnotierte Solidaritätsbegriff nicht darüber hinwegtäuschen, dass gerade die Enge familialer Beziehungen auch spezifische Konfliktpotenziale in sich birgt: Freunde kann man sich aussuchen, die Eltern (und Kinder oder Geschwister) aber nicht. Daher werden die Generationenbeziehungen innerhalb von Familien häufig auch als ambivalent bezeichnet, wenn sie nämlich gleichzeitig durch ‚gute‘ und ‚schlechte‘ Elemente gekennzeichnet sind. Bengtson und Kollegen haben die Diskussion um die Bedeutung von Konflikt und Ambivalenz in intergenerationalen Beziehungen in neueren Arbeiten aufgegriffen und ihr ursprüngliches Konzept zum heute gültigen *„Solidarity-Conflict“*-Modell erweitert (siehe Hank 2023, Abschn. 2).

Eine der großen Stärken dieses Modells ist, dass es sich nahezu ‚universell‘, d. h. für die Analyse verwandtschaftlicher Solidaritätsbeziehungen in sehr unterschiedlichen Kulturkreisen (Europa und Nordamerika, Afrika oder Asien), anwenden bzw. erweitern lässt (z. B. Nauck und Arránz Becker 2013). Allerdings ist (für Soziolog:innen wenig überraschend) zu berücksichtigen, dass die

Tab. 5.1 Typologie intergenerationaler Beziehungen auf Basis von fünf Solidaritätsvariablen

Types of Relationships	Affect (Close)	Consensus (Agree)	Structure (Proximity)	Association (Contact)	Gives Help	Receives Help
Tight-knit	+	+	+	+	+	+
Sociable	+	+	+	+	−	−
Intimate but distant	+	+	−	−	−	−
Obligatory	−	−	+	+	(+)	(+)
Detached	−	−	−	−	−	−

Quelle: Bengtson (2001, S. 9)

konkrete Ausprägung familialer Generationenbeziehungen zwischen gesellschaftlichen Kontexten erheblich variieren kann. Hier spielen zum Teil institutionelle
Regelungen, die Verpflichtungen zur gegenseitigen Unterstützung zwischen den
Generationen in der Familie beinhalten, eine Rolle (Hank und Steinbach 2019,
Abschn. 5); vor allem haben sich aber solche Erklärungsmodelle als erfolgreich
erwiesen, die eine gemeinsame Verantwortung bzw. Spezialisierung von Wohlfahrtsstaaten und Familien bei der Produktion sozialer Dienstleistungen im Sinne
einer funktionalen Differenzierung postulieren. Hieraus ergibt sich eine komplexe
Interaktion zwischen Staat, Markt und intergenerationaler Unterstützung, bei
der weder von einer Verdrängung *(crowding-out)* noch von einer Ausweitung
(crowding-in) familiär erbrachter Leistungen durch wohlfahrtsstaatliche Interventionen ausgegangen wird, sondern bei der eine aufgaben- und kompetenz-
spezifische Arbeitsteilung – also ein komplementäres Verhältnis – angenommen
wird (Igel et al. 2009; siehe auch Hank 2023, Abschn. 5).

5.2   Geschwister

Die Beziehung zum Bruder oder zur Schwester gehört zu den frühesten
Bindungen, die wir eingehen, und die meisten Menschen haben Geschwister.
Schätzungen gehen davon aus, dass ca. 85 % aller Kinder Geschwister haben
(Kramer et al. 2019) und dass trotz zunehmender Kinderlosigkeit und rück-
läufigen Kinderreichtums (siehe Kap. 4) die Größenordnung des Anteils
geschwisterlos Aufwachsender in den letzten Jahrzehnten weitgehend unverändert geblieben ist (siehe hierzu bereits Klein 1995). In der Bundesrepublik
gab es im Jahr 2019 in nur einem Viertel aller Haushalte mit minderjährigen
Kindern keine Geschwisterkinder, in rund der Hälfte dieser Haushalte gab es ein
minder- oder volljähriges Geschwisterkind und in einem weiteren Viertel sogar
mindestens zwei Geschwister. Während 80 % der minderjährigen Kinder in Kernfamilien (mit verheirateten Eltern) Geschwister haben, liegt der entsprechende
Anteil bei Kindern von Alleinerziehenden oder unverheiratet Zusammenlebenden
mit etwa 40 % nur halb so hoch (Statistisches Bundesamt 2020, S. 61).

Die Familienstruktur ist auch bedeutsam dafür, welcher Art die Geschwisterbeziehung ist, denn Geschwister können sowohl biologisch als auch sozial miteinander verbunden sein (Steinbach und Hank 2018, 2023): *Vollgeschwister*
stammen vom selben Vater und der gleichen Mutter ab, *Halbgeschwister* teilen
nur ein biologisches Elternteil, während *Stief-, Adoptiv- und Pflegegeschwister*
ausschließlich sozial miteinander verbunden sind. In den USA und Deutschland
sind heute etwa 15 % der Geschwisterbeziehungen solche zwischen Halb- oder

Stiefgeschwistern, die in komplexeren Familienzusammenhängen (z. B. der Stiefbruder, der nach einer Scheidung mit seinem biologischen Elternteil aus dem gemeinsamen Elternhaus auszieht) u. U. gar nicht als Geschwister wahrgenommen und deshalb nicht immer mitgezählt werden (Sanner und Jensen 2021).

Das Ausmaß der biologischen bzw. genetischen Verbundenheit interagiert häufig mit sozialen Determinanten der Beziehungsqualität von Geschwistern (z. B. der Dauer des Zusammenlebens im elterlichen Haushalt oder der Erfahrung von Tod oder Trennung der Eltern). Beide Arten von Einflussfaktoren wurden in verschiedenen Untersuchungen als relevant für die Ausgestaltung der Beziehungen innerhalb der Familie identifiziert (Steinbach und Hank 2018). Die biologische und soziale Nähe zwischen Geschwistern und die de facto fehlende Möglichkeit, (biologische) Geschwisterbeziehungen zu beenden, führt zu einer meist hohen Interaktionsdichte, die mit großer emotionaler Nähe oder, mitunter sogar gleichzeitig, häufigen Konflikten und Rivalität einhergehen kann (Kasten 2020).

Neben der genetischen Verbundenheit wurden u. a. von Furman und Buhrmester (1985) eine Reihe weiterer primärer Determinanten der Beziehungsqualität zwischen Geschwistern identifiziert (Abb. 5.1; siehe auch Whiteman

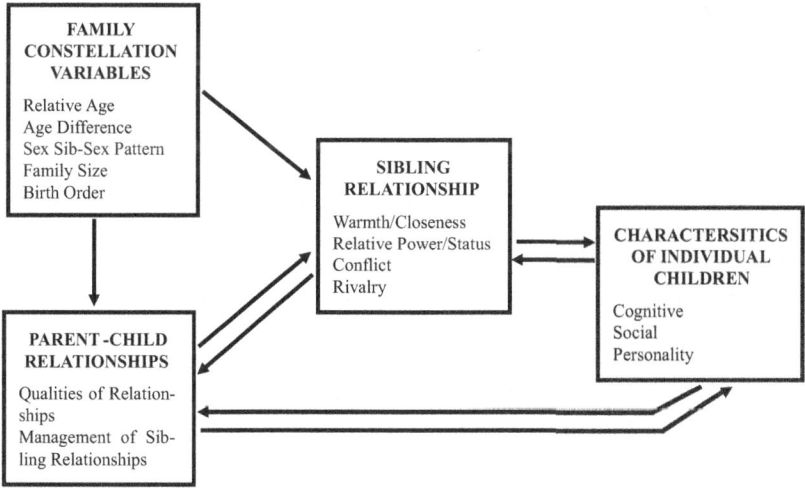

Abb. 5.1 Modell der primären Determinanten der Beziehungsqualität zwischen Geschwistern. (Quelle: Furman und Buhrmester 1985, S. 458)

et al. 2011). Als *strukturellem Merkmal* kommt hier etwa dem *Alter* eine wesentliche Bedeutung zu: Im individuellen Lebensverlauf zeigt sich ausgehend von einer in der Kindheit zunächst zunehmenden Interaktionsdichte zwischen Geschwistern eine anschließend häufig bis zur mittleren Lebensphase abnehmende Nähe, die im späteren Erwachsenenalter jedoch wieder zunehmen kann. Die bisherige Forschung hat entsprechend stark auf Geschwisterbeziehungen im Kindesalter fokussiert und erst in der jüngeren Vergangenheit zunehmend auch das Erwachsenenalter mit in den Blick genommen (Gilligan et al. 2020). Dies ist deshalb bedeutsam, weil der Grundstein der Geschwisterbeziehung zwar in der Kindheit gelegt wird, es aber kaum soziale Beziehungen im Lebensverlauf gibt, die länger andauern und deren Interaktionsdichte nicht stetig abnimmt, sondern wo sich eher die primäre Funktion der Geschwister über die Zeit verändert: „Siblings serve as companions, confidants, and role models in childhood and adolescence [...] and as sources of support throughout adulthood" (Whiteman et al. 2011, S. 124).

Zudem hat sich der Altersunterschied zwischen Geschwistern bzw. die *Geburtenreihenfolge* als potenziell relevant erwiesen: Ältere Geschwister neigen zwar dazu, die jüngeren zu dominieren; sie helfen den Jüngeren aber auch häufig und fungieren oft als Vorbilder. Als weiteres wichtiges strukturelles Merkmal ist das Geschlecht bzw. die *Geschlechterkomposition* der Geschwisterdyade zu nennen: Insgesamt gilt, dass es in gleichgeschlechtlichen Geschwisterpaaren weniger Konflikte, dafür aber mehr Wärme und Nähe gibt als in ungleichgeschlechtlichen Dyaden. Dabei stellen sich Beziehungen, in die Schwestern involviert sind (insbesondere zwischen zwei oder mehr Schwestern), typischerweise als enger und unterstützender heraus als jene zwischen Brüdern. Außerdem konnte auch die *Anzahl der Geschwister* als Einflussgröße auf die Beziehungsgestaltung identifiziert werden: Zeitliche und andere Ressourcen, die in die Beziehung investiert werden können, reduzieren sich mit steigender Anzahl der Familienmitglieder *(dilution effect),* das heißt, mit steigender Geschwisterzahl sinkt tendenziell die emotionale Nähe, die Kontakthäufigkeit und der Austausch von Unterstützungsleistungen innerhalb einer spezifischen Geschwisterdyade (Kramer et al. 2019; Steinbach und Hank 2023).

Neben solchen zeitkonstanten strukturellen Merkmalen und lebensphasenbedingten Einflussfaktoren auf die Ausgestaltung der Geschwisterbeziehung wurde auch die Bedeutung ,*kritischer' Lebensereignisse* für die Beziehungsqualität von Geschwistern untersucht: Hierzu zählen neben Tod oder Trennung der gemeinsamen Eltern eigene Übergänge und Erfahrungen wie die Gründung oder Auflösung von Partnerschaften, die erste Elternschaft, Arbeitslosigkeit oder Krankheit (Spitze und Trent 2018; Voorpostel et al. 2012). Wenn überhaupt ein

Einfluss solcher Ereignisse auf die Beziehungsgestaltung festgestellt werden konnte, finden sich meist Hinweise auf eine *Intensivierung* der Geschwisterbeziehung, die gleichzeitig größere Nähe und häufigere Konflikte mit sich bringt. Schließlich sollte berücksichtigt werden, dass Geschwisterbeziehungen nicht isoliert, sondern als Teil des umfassenderen Beziehungssystems in der Familie existieren. Mit der Geburt des ersten Geschwisterkindes vergrößert sich die Komplexität möglicher Interaktionen und familialer Dynamiken, da zu den Subsystemen der elterlichen Partnerschaft und der Eltern-Kind-Beziehung die Geschwisterbeziehung als weiteres Subsystem hinzukommt. Dabei lassen sich auch komplexe *Wechselwirkungen* zwischen intra- und intergenerationalen Beziehungen beobachten (de Bel et al. 2019; Hank und Steinbach 2018). So können sich zum Beispiel, erstens, Merkmale der Geschwisterkonstellation auf die Beziehung zu den Eltern auswirken: Wer mehr Geschwister hat, wohnt etwa häufiger weiter von den Eltern weg und tauscht seltener finanzielle oder praktische Hilfe mit ihnen aus (weil es dann mehr Konkurrenz um die elterlichen Ressourcen und mehr geteilte Verantwortung für die Versorgung der Eltern gibt). Gleichzeitig kann, zweitens, angenommen werden, dass Geschwister in der Beziehung zu den Eltern Erfahrungen machen, die sich auf ihr Verhältnis zu Brüdern oder Schwestern auswirken: Eine negative Beziehung zu Vater oder Mutter könnte zum Beispiel durch größere Nähe zu den Geschwistern kompensiert werden; oder die im Umgang mit den Eltern erlernte Fähigkeit zur positiven Beziehungsgestaltung kann die Qualität des Verhältnisses der Geschwister zueinander verbessern *(spillover effect)*.

5.3 Eltern-Kind-Beziehungen

5.3.1 Eltern und minderjährige Kinder: Sozialisation, Erziehung und Bindung

Einen besonders wichtigen Bereich innerfamilialer Beziehungen stellt die Interaktion zwischen Eltern und ihren heranwachsenden Kindern dar. Die Erziehung und Betreuung der Kinder ist eine zentrale Funktion der Familie (siehe Kap. 1) und wird in (fast) allen Kulturen zu wesentlichen Teilen von den Eltern geleistet, auch wenn andere Institutionen, wie Kindergarten oder Schule, und später auch die Mitglieder von Freundschaftsgruppen *(peer groups)* durchaus bedeutsame Beiträge leisten. Menschen, deren Handeln weitgehend instinktbefreit ist, können ohne die Vermittlung und Aneignung von kulturspezifischem Wissen nicht überleben (Giddens 1995, S. 68 ff.). Andererseits muss eine funktionierende

Gesellschaft auf einen personalen Bestand zurückgreifen können, der über bestimmte kognitive und soziale Eigenschaften verfügt. Dazu gehören die Sprache, das gesellschaftliche Wertesystem, grundlegende Rollenerwartungen bzw. Verhaltensstandards, religiöse und wissenschaftliche Weltbilder und auch eine Vorstellung von der eigenen Person, also eine Identität. Den Prozess, in dem sich die menschliche Persönlichkeit in Abhängigkeit von den sozialen und materiellen Lebensbedingungen entwickelt, bezeichnet man als Sozialisationsprozess (Grundmann und Wernberger 2023). Erst durch ihn wird aus einem ,biologischen' Lebewesen eine bewusste, soziale Persönlichkeit. Deshalb spricht man in diesem Kontext auch von der ,zweiten Geburt' oder der ,Vergesellschaftung des Menschen'. Prinzipiell dauert dieser Vorgang das gesamte Leben, aber grundlegend und prägend ist die *primäre Sozialisation* in der Kindheit und Jugend, die hauptsächlich von den Eltern getragen wird. Die Erziehung, als bewusste Einflussnahme der Eltern auf das Kind, ist dabei wiederum ein entscheidender Teilbereich des sozialisatorischen Handelns.

Die Untersuchung dieses Prozesses ist Gegenstand der Sozialisationsforschung. Ein zentraler Beitrag stammt von George H. Mead (1973 [1934]), der unter anderem gezeigt hat, dass soziales Handeln die Fähigkeit zur Übernahme der Rolle des anderen *(,taking the role of the other')* impliziert. Der Psychologe Jean Piaget (1983 [1932]) hat wiederum, etwa zur gleichen Zeit, bahnbrechende Studien zur moralischen bzw. kognitiven Entwicklung von Kindern erarbeitet. Bei diesen Entwicklungsprozessen kommt auch dem familialen Umfeld große Bedeutung zu. Sozialisationsforschung und Familiensoziologie sind hier eng verzahnt. Die Sozialisationsforschung beschäftigt sich dabei insbesondere mit den Konsequenzen verschiedener Erziehungs- bzw. Sozialisationsstile für die Entwicklung der Kinder. Eine bekannte Typologie der *Erziehungsstile* geht auf zwei grundlegende Erziehungsdimensionen zurück: elterliche Zuwendung und elterliche Forderung (Maccoby und Martin 1983). Die erste Dimension hat die Pole ,*love*' und ,*hostility*' und die zweite Dimension reicht von ,*control*' bis ,*autonomy*'. Innerhalb dieser Merkmalsräume lassen sich dann vier verschiedene Erziehungsstile lokalisieren: Ein *autoritärer* (zurückweisender und stark Macht ausübender), ein *vernachlässigender* (zurückweisender und wenig Orientierung gebender), ein *permissiver* (akzeptierender und wenig fordernder) sowie ein *autoritativer* (akzeptierender und klar strukturierender) Stil. „Dabei hat sich gezeigt, dass vor allem Eltern, die einen autoritativen Erziehungsstil praktizieren, dazu beitragen, dass ihre Kinder sich zu emotional angepassten, eigenständigen, leistungsfähigen und sozial kompetenten Personen entwickeln" (Schneewind 2012, S. 123). Dagegen wurden in den unter anderem von Theodor W. Adorno geleiteten „Studien zum autoritären Charakter", die in den 1940er Jahren durchgeführt wurden, nachgewiesen, dass restriktive und repressive Erziehungspraktiken Kinder zu vorurteilsvollen und faschistoiden Persönlichkeiten werden lassen (Adorno et al. 1950).

Die Frage nach den Konsequenzen verschiedener Erziehungs- bzw. Sozialisationsstile ist wissenschaftsgeschichtlich eng mit der Diskussion über die Effekte der Sozialisation auf die *soziale Platzierung* verbunden. Das Augenmerk richtet sich dabei vornehmlich auf den Erfolg des Kindes beim Erwerb von Bildung bzw. von Bildungsabschlüssen als Voraussetzung für eine erfolgreiche berufliche Integration und damit einer zufriedenstellenden Erwerbsbeteiligung mit entsprechenden Einkommenspotenzialen. Argumentiert wird, dass eine erfolgreiche Förderung der Kinder vom Erziehungsstil und dieser wiederum von der Ausstattung der Familie mit kulturellem, sozialem und ökonomischem Kapital abhängt (Bourdieu 1983). Mit anderen Worten: Familien können ihre Kinder immer nur im Rahmen ihrer eigenen kognitiven, sozialen und materiellen Möglichkeiten sozialisieren. „Hier offenbart sich, dass dem Familienleben insbesondere in Hinblick auf die Vermittlung und Aneignung von Bildung (mithin als Erziehungsinstanz), nach wie vor eine zentrale Zuschreibungs- und Integrationsfunktion [...] zukommt" (Grundmann und Wernberger 2023, S. 389). Somit wird über die Sozialisation die soziale Ungleichheit innerhalb von Gesellschaften perpetuiert und verfestigt.

Trotz der sozialen Öffnung des Bildungssystems und der Bildungsexpansion hat sich die intergenerationale Reproduktion der Bildungsungleichheit in den letzten Jahrzehnten kaum verringert – eher im Gegenteil sogar vergrößert (siehe für einen Überblick Kotitschke et al. 2023). Kinder aus niedrigen Sozialschichten sind in der Entwicklung schulbezogener Kompetenzen gegenüber Kindern aus höheren Sozialschichten von Anfang an benachteiligt. Dabei zeigen sich herkunftsbedingte Unterschiede insbesondere in der Entwicklung sprachlicher und kognitiver Kompetenzen (Kotzerke et al. 2013; Schlesiger et al. 2011), die sich langfristig auf die schulischen Leistungen und schließlich auf den Bildungserfolg niederschlagen (Angelone und Ramseier 2012). Kinder aus niedrigen Sozialschichten beginnen ihre Schullaufbahn auf deutlich geringeren Wissen- und Kompetenzniveaus, sie zeigen in der Folge schlechtere Schulleistungen und schließlich geringere Übertrittsraten in höhere Bildungsstufen als Kinder aus sozial privilegierten Familien (z. B. Dumont et al. 2014). Diese vielfach bestätigten empirischen Ergebnisse finden sich insbesondere, wenn man Schüler:innen mit und ohne Migrationshintergrund vergleicht: Kinder aus Migrantenfamilien erzielen durchschnittlich deutlich schlechtere Bildungsergebnisse als Kinder aus einheimischen Familien (Olczyk et al. 2016). „Der Einfluss des Migrationsstatus auf Bildungserfolg kann dabei als ein Spezialfall des

Zusammenhangs von sozialer Herkunft und Bildungschancen verstanden werden" (Kotitschke et al. 2023, S. 792). Neben den herkunftsbedingten Kompetenz- und Leistungsunterschieden lassen sich die schlechteren Übertrittraten auch auf elterliche Bildungsentscheidungen zurückführen. Zum einen finden sich hier Unterschiede in der Nutzung frühkindlicher Betreuungs- und Bildungsangebote (Kotitschke und Becker 2013). Zum anderen sind herkunftsspezifische Unterschiede in der Wahl höherer Schul- und Ausbildungszweige empirisch gut belegt (Becker 2017).

Theoretisch lassen sich herkunftsbedingte Bildungsunterschiede mit Hilfe der Rational-Choice-Theorie erklären (Becker 2022). Die Bildungschancen der Kinder und Jugendlichen ist eine Folge elterlicher Ressourcen und Entscheidungen. Einerseits zeigen sich Leistungsunterschiede, die durch unterschiedliche Sozialisationsbedingungen hervorgerufen werden *(primärer Herkunftseffekt)*. Andererseits entscheiden sich Eltern aus höheren sozialen Schichten zu einem deutlich größeren Anteil für eine Weiterführung der Ausbildung, während in den unteren Schichten ganz überwiegend die kurzen Schul- bzw. Ausbildungsgänge gewählt werden *(sekundärer Herkunftseffekt)*. Boudon (1980, S. 169 ff.) hat hinsichtlich des sekundären Herkunftseffekts verschiedene Mechanismen genannt, die die Kosten-Nutzen-Abschätzung schichtspezifisch variieren lassen: a) die Unterschicht betrachtet Bildung als weniger bedeutsam für (beruflichen) Erfolg; hier herrscht eher die Vorstellung, „der Erfolg sei das Ergebnis von Faktoren, die sich der Kontrolle des Individuums entziehen" (Boudon 1980, S. 170), dass also auch Schicksal oder Zufall einflussreich sind, b) Unterschichtskinder sind den Mittel- und Oberschichtskindern in der Schule unterlegen, da ihre Sozialisation im Hinblick auf die schulischen Anforderungen ungünstiger war und Mittel- und Oberschichteltern über bessere Kenntnisse im Umgang mit schulischen Problemen verfügen, c) Unterschichtseltern unterschätzen die Vorteile (Nutzen) einer längeren schulischen Ausbildung, d) Unterschichtseltern überschätzen die Nachteile (Kosten), die eine längere schulische Ausbildung mit sich bringt, und e) Unterschichtseltern überschätzen die Risiken (bzw. unterschätzen die Erfolgswahrscheinlichkeit) einer schulischen Investition: „Arbeiter mit geringen Ressourcen gehen nur dann das Risiko ein, ihr Kind den Weg der Gymnasialausbildung einschlagen zu lassen, wenn die Erfolgsaussichten gut sind" (Boudon 1980, S. 176). In der einschlägigen Forschung wurden weitere Faktoren benannt, die Einfluss auf die Bildungsentscheidung haben, etwa die Tatsache, dass Eltern aus Mittel- und Oberschichten einen Statuserhalt anstreben bzw. sozialen Abstieg vermeiden und somit eine längere Schulbildung fördern (Becker 2016). Unter sonst gleichen Bedingungen genügt bereits

einer der genannten Faktoren, um die beschriebene Ungleichheit in der Bildungs-
partizipation zu bewirken.

Theoretisch werden die Bildungsentscheidungen demnach als Investitions-
entscheidungen modelliert, die einerseits mit Kosten (verlängerte Schul- und
Ausbildungszeit) und andererseits mit dem vermutlichen Nutzen einer längeren
Bildung verrechnet und mit den jeweiligen Realisationswahrscheinlichkeiten
gewichtet werden. Die genannten Faktoren können eine schichtspezifische
Kalkulation für den erwartbaren Gewinn aus der Bildungsinvestition bewirken
und die entsprechenden Entscheidungen bedingen dann die bekannte Bildungsungleichheit.

Ein anderer Bereich der Sozialisationsforschung betrifft die während der
(früh-)kindlichen Phase vermittelten Fähigkeiten und Eigenschaften bezüglich
des späteren Bindungsstils. Besondere Bedeutung kommt bei der theoretischen
Debatte hier der *Bindungstheorie* zu (Bowlby 1975). Dieser Ansatz, der Überlegungen der Psychoanalyse, Resultate der Ethologie und der kognitiven Psychologie miteinander verbindet, geht davon aus, dass die Bindungsmotivation als ein
eigenständiges Bedürfnis zum Aufbau emotional geprägter Beziehungen zu verstehen ist (Grossmann und Grossmann 2021; Zemp et al. 2019). Dieses Bedürfnis ist dabei letztlich genetisch verankert. Nach diesen Überlegungen ist der
Mensch notwendigerweise mit einer angeborenen Bereitschaft bzw. mit einem
angeborenen Bedürfnis nach affektiven Bindungen ausgestattet. Bei der alltäglichen Interaktion des kleinen Kindes mit der jeweiligen Bezugsperson entwickelt das Kind eine interne Repräsentation des Beziehungsverhaltens und
bildet dadurch einen typischen Bindungsstil aus. „The quality of early attachment relationships is seen as rooted largely in the history of interactions between
infants and their primary caretakers (or attachment figures). Especially crucial is
the degree to which infants learn that they can rely on their attachment figures as
sources of security and support" (Bartholomew 1993, S. 32 f.). Es wird vermutet,
dass sich drei Bindungsstile *(attachment patterns)* ausbilden: a) ein sicherer
Bindungsstil, b) ein ängstlich-ambivalenter Bindungsstil oder c) ein unsicherer
bzw. ablehnender Bindungsstil (Grossmann und Grossmann 2021). Welcher Stil
etabliert wird, ist von den Reaktionen der zentralen Beziehungsperson auf das
kindliche Explorationsverhalten abhängig. Fungiert die Bindungsfigur als ‚sichere
Basis', die dem Kind verlässlich schützend, sorgend und tröstend zur Seite
steht, dann entwickelt sich der sichere Bindungsstil. Ein ängstlich-ambivalentes
Bindungsmuster entsteht, wenn die primäre Bezugsperson sehr unstetig, also
gelegentlich einfühlsam und beschützend, aber dann auch wiederum ablehnend
und zurückweisend auf die Bedürfnisse des Kleinkindes nach Nähe, Zuwendung

und Geborgenheit reagiert. Ist die Ablehnung und Zurückweisung gar die Regel, dann wird eine Vermeidungsbindung ausgebildet (Ainsworth et al. 2015).

Der dominante Bindungsstil wird in einem inneren Arbeitsmodell gespeichert und bestimmt das Verhalten in affektuellen Sozialbeziehungen: „Attachment behavior characterizes human beings throughout life" (Bartholomew 1993, S. 30). Durch den Bindungsstil werden dann die Partnerwahl und die konkrete Ausgestaltung der jeweiligen Beziehungen beeinflusst. In einer (stetig wachsenden) Vielzahl von empirischen Befunden wird gezeigt, dass Personen, die einen sicheren Bindungsstil entwickelt haben, ihre intimen Sozialbeziehungen erfolgreicher gestalten als die beiden anderen Typen. So wird eine höhere Partnerschaftsqualität berichtet (Sandberg et al. 2017), Konflikthäufigkeit und Konfliktmanagement werden günstig beeinflusst (Domingue und Mollen 2009; Shi 2003) und schließlich wird die Stabilität von Beziehungen gefördert (Knoke et al. 2010). Dass sich diese theoriekonformen Zusammenhänge zwischen Bindungsstil einerseits und Vertrauen, Nähe und Konflikt andererseits vor allem bei Partnerschaftsbeziehungen (und in deutlich geringerem Ausmaß bei Freundschafts- und Kollegenbeziehungen) zeigen, kann ebenfalls empirisch belegt werden (Mikula und Leitner 1998).

5.3.2 Eltern und erwachsene Kinder

Intergenerationale Beziehungen zwischen Eltern und Kindern sind im Lebensverlauf zunächst durch eine starke Asymmetrie geprägt und werden, wenn die Kinder minderjährig sind, unter den Aspekten der Sozialisation, der Erziehung und des Bindungsverhaltens untersucht (siehe Abschn. 5.3.1). Die Eltern-Kind-Beziehung endet jedoch nicht mit dem Auszug der Kinder aus dem Elternhaus, sondern setzt sich auch im Erwachsenenalter vielfältig und meist lebenslang fort (Hank 2023): Dabei wird sie von den – über den Lebensverlauf hinweg variierenden – individuellen Möglichkeiten zu und Bedarfen nach gegenseitiger Unterstützung (Min et al. 2022) ebenso beeinflusst wie von strukturellen Merkmalen auf der Mesoebene der Familie (Steinbach 2010) und der Makroebene der Gesellschaft (Szydlik 2012).

Im Modell intergenerationaler Solidarität (siehe Abschn. 5.1) wird *strukturelle Solidarität* als grundlegende Gelegenheitsstruktur für den Austausch von Unterstützung zwischen den Generationen betrachtet. Entsprechend beschäftigt der Zusammenhang zwischen räumlicher Nähe und der Interaktion zwischen Eltern und ihren (erwachsenen) Kindern die Familiensoziologie bereits seit vielen Jahrzehnten. Dabei wird vor allem die Frage diskutiert, in welchem Ausmaß z. B.

höhere Mobilitätserfordernisse (und -chancen!) moderner Gesellschaften bei gleichzeitigen Fortschritten im Transport- und Kommunikationswesen zu einer Herausforderung für die Interaktionsdichte und bestimmten Interaktionsformen zwischen den Familienmitgliedern werden (siehe auch Steinbach et al. 2020). Untersucht man in europäisch vergleichender Perspektive das regionale Muster der Wohnentfernung und der Kontakthäufigkeit (d. h. *assoziative Solidarität*) zwischen Eltern im Alter 50+ und ihren erwachsenen Kindern zeigt sich, dass im Wesentlichen zwei Ländergruppen unterschieden werden können (siehe Abb. 5.2): Erstens, die nordischen und westmitteleuropäischen Länder, in denen zwischen knapp 50 % (Deutschland, Frankreich, Österreich, Schweiz) und gut 60 % (Dänemark, Niederlande, Schweden) der Eltern mindestens ein Kind haben, das maximal 25 km entfernt (aber nicht im elterlichen Haushalt) lebt. Ein ähnlich hoher Anteil (54–62 %) von Eltern in diesen Ländern hat mindestens einmal wöchentlich (aber seltener als täglich) Kontakt zu einem Kind. Dem stehen, zweitens, die Mittelmeerländer (Griechenland, Italien, Spanien) gegenüber, in denen das Zusammenleben unter einem Dach (55–63 %) und tägliche Kontakte (57–61 %) am weitesten verbreitet sind.

Dieses Nord-Süd-Gefälle der geografischen und sozialen Nähe zwischen den Generationen kann nicht primär auf eine regional unterschiedliche Verteilung relevanter individueller Merkmale (z. B. Familienstand, Erwerbsstatus oder Gesundheitszustand) der Eltern und Kinder – einen sogenannten *Kompositions-effekt* – zurückgeführt werden. Vielmehr dürften hier vor allem unterschiedliche soziale Normen und wohlfahrtsstaatliche Institutionen (etwa im Bereich der

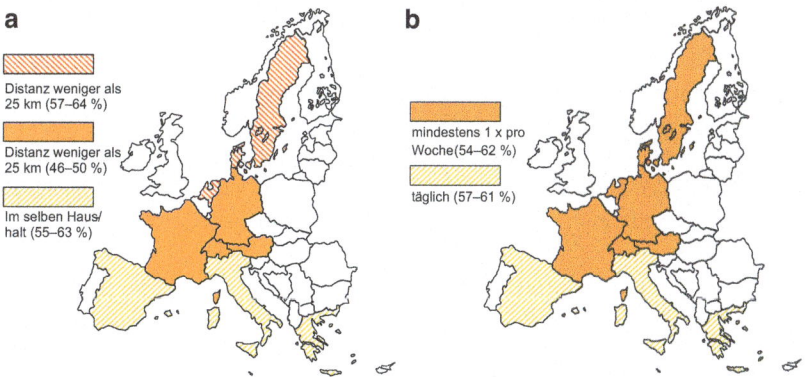

Abb. 5.2 Geografisches Muster der (a) räumlichen Nähe und (b) Kontakthäufigkeit zwischen Eltern und erwachsenen Kindern in Europa. (Quelle: Hank 2009, S. 95)

Pflege älterer Menschen) – also echte *Kontexteffekte* – bedeutsam sein (siehe Hank und Steinbach 2019, Abschn. 5).

Jenseits aller regionalen Unterschiede zeigt sich jedoch vor allem eine Vielzahl von Gemeinsamkeiten: In allen untersuchten Ländern – und über alle Altersklassen hinweg – leben 85 % der beobachteten Eltern-Kind-Paare nicht mehr als 25 km voneinander entfernt. Der Anteil der Eltern, die seltener als wöchentlichen Kontakt zu einem ihrer Kinder haben, bewegt sich in Schweden und Spanien mit jeweils 7 % auf einem ähnlich niedrigen Niveau (Hank 2009). Des Weiteren konnten neuere Studien im Zeitverlauf nur eine moderate Zunahme der räumlichen Distanz, aber keinen Rückgang der Kontakthäufigkeit zwischen getrennt voneinander lebenden Eltern und Kindern feststellen (Steinbach et al. 2020).

Die Voraussetzungen dafür, dass sich die Generationen tatsächlich gegenseitig unterstützen können, scheinen also – zumindest soweit sie sich in den Dimensionen struktureller und assoziativer Solidarität widerspiegeln – weitgehend gegeben zu sein. Folgt man der von Bengtson vorgeschlagenen Typologie intergenerationaler Beziehungen, kann man zudem davon ausgehen, dass auch bei größerer Wohnentfernung zwischen Eltern und Kindern ein hohes Maß an *affektiver Solidarität* möglich ist (*„intimate but distant"*; siehe Tab. 5.1). Dies ist zwar keine notwendige Voraussetzung für *funktionale Solidarität*, macht diese aber deutlich wahrscheinlicher. Darüber hinaus können die Grenzen zwischen Solidaritätspotenzial (d. h. räumlicher Nähe und Kontakt) sowie Solidaritätsausdruck (z. B. Austausch finanzieller und instrumenteller Hilfe) mitunter fließend sein: So argumentieren etwa Albertini et al. (2007, S. 326), dass, anders als in Nordeuropa, „co-residence (…) the Southern European way of transferring resources from parents to children and vice versa" ist. Dabei kann Koresidenz als indirekter finanzieller Transfer verstanden werden, weil das gemeinsame Wohnen Kosten für den Lebensunterhalt spart, oder als indirekte instrumentelle Hilfe, weil Synergien bei der Bewältigung alltäglicher Herausforderungen, z. B. Einkaufen, Kochen, etc., entstehen.

Betrachtet man direkte *finanzielle Transfers* zeigt sich, dass diese ganz überwiegend von der Eltern an die Kindergeneration gegeben werden (Abb. 5.3a; siehe auch Deindl 2011): Im kontinentaleuropäischen Durchschnitt unterstützt etwa ein Viertel der Eltern in der Generation 50+ihre Kinder finanziell mit jährlichen Beträgen in Höhe von 250 € oder mehr. Die höchsten Anteile finden sich mit etwa 30 % in den skandinavischen Ländern (Dänemark und Schweden), während die Mittelmeerländer Italien (16 %) und Spanien (9 %) deutlich unter dem Durchschnitt liegen. Die durchschnittliche Höhe der Transfersummen liegt in Südeuropa jedoch signifikant über jener in den nordeuropäischen Ländern. Zudem zeigt sich, dass der Umfang der Leistungen zwar mit dem Alter der Eltern

a

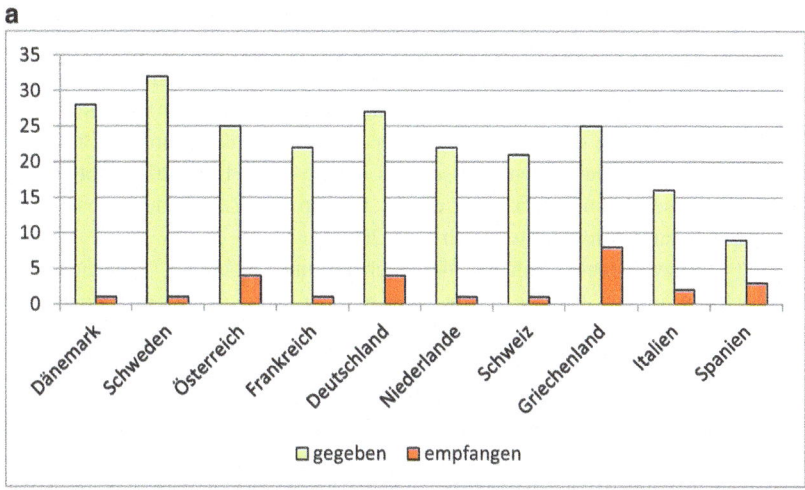

b

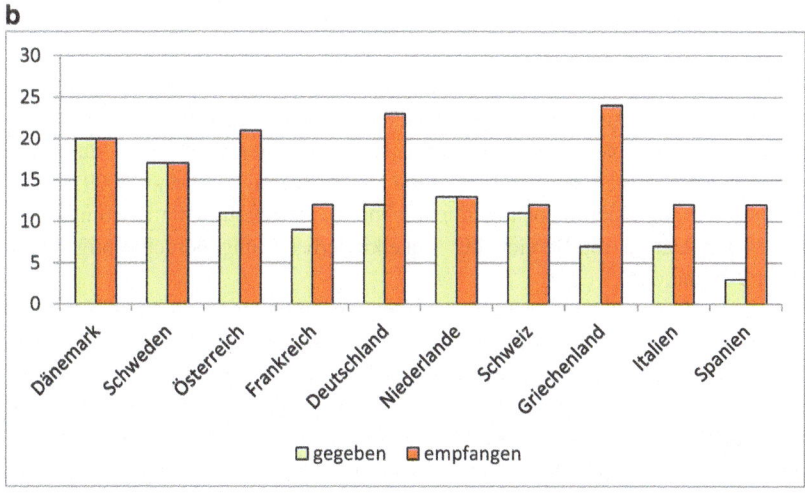

Abb. 5.3 Finanzielle Transfers und instrumentelle Hilfe zwischen Eltern und Kindern in Europa. **(a)** Anteil der Eltern, die in den vergangenen 12 Monaten 250 € oder mehr mit ihren Kindern ausgetauscht haben (Prozentangaben). **(b)** Anteil der Eltern, die in den vergangenen 12 Monaten instrumentelle Hilfeleistungen mit ihren Kindern ausgetauscht haben (Prozentangaben). (Quelle: Hank 2009, S. 96)

abnimmt, dass aber auch im höheren Lebensalter netto ein positiver monetärer Transfer an die jüngere Generation erfolgt: Finanzielle intergenerationale Transfers fließen einem Kaskadenprinzip folgend von den älteren an die jüngeren Generationen. Lediglich in Griechenland findet sich mit 8 % ein nennenswerter Anteil von Eltern, die durch ihre Kinder finanziell unterstützt werden. Eine Analyse von Daten des Deutschen Altersurveys für die Jahre 1996–2014 gibt zudem keine Hinweise darauf, dass sich dieses Prinzip im Zeitverlauf substanziell bedeutsam verändert hätte (Steinbach et al. 2020).

Eine ausgewogenere Balance des Gebens und Nehmens zwischen den Generationen in der Familie ergibt sich bei der Betrachtung *instrumenteller Hilfe* (Abb. 5.3b), worunter etwa Hilfe beim Waschen, Ankleiden oder Essen, im Haushalt oder bei finanziellen Angelegenheiten sowie Behördengängen gefasst wird (Brandt 2009). Im internationalen Vergleich zeigt sich, dass in den skandinavischen Ländern (mit jeweils ca. 20 %) sowie in den Niederlanden und der Schweiz (mit jeweils um 12 %) die Anteile der Eltern, die ihren Kindern helfen, genauso hoch sind wie die Anteile jener, die Hilfe erhalten. In anderen Ländern liegt der Anteil von instrumenteller Hilfe empfangenden Eltern jedoch deutlich – z. T. um das Doppelte – über jenem der selbst Helfenden. Berücksichtigt man zudem den Zeitaufwand der Hilfe zeigt sich, erstens, wiederum ein regionales Muster mit zwar hoher Prävalenz aber geringer Intensität in Nordeuropa (und vice versa in Südeuropa), sowie, zweitens, ein netto durchweg positiver Transfer von den Kindern an die Elterngeneration (Brandt 2009). Diese Balance verändert sich jedoch deutlich, wenn man zusätzlich die Leistungen der älteren Generation im Bereich der Enkelkinderbetreuung berücksichtig (siehe hierzu Abschn. 5.4).

Ein letzter wichtiger Ausdruck intergenerationaler Solidarität der hier behandelt werden soll, ist die *Pflege der Eltern* (Haberkern 2009). Es zeigt sich, dass in Südeuropa der Anteil der Pflegebedürftigen, die durch ihre Kinder versorgt werden, deutlich höher ist als in den nordeuropäischen Staaten. Dies wird vor allem darauf zurückgeführt, dass in den Mittelmeerländern das Angebot professioneller (ambulanter) Pflegedienste geringer, und die Präferenzen bzw. normativen Verpflichtungen zur familiären Pflege der Eltern höher sind. Letztere spiegeln sich auch in gesetzlichen Regelungen zur Pflege der Eltern in einigen mittel- und südeuropäischen Ländern wider, in denen der Anteil der von ihren Kindern gepflegten Eltern fünfmal so hoch ist, wie in Staaten ohne eine entsprechende gesetzliche Verpflichtung (Haberkern 2009). Auf individueller Ebene hängt das Zustandekommen einer Pflegebeziehung im Wesentlichen von den Bedürfnissen der Eltern (Gesundheitszustand, Vorhandensein eines Partners) und den Möglichkeiten der Kinder (räumliche Nähe, berufliche Verpflichtungen) ab.

Wichtig ist festzuhalten, dass bei allen hier diskutierten Formen intergenerationaler Solidarität, Unterschiede entlang sozialstruktureller Merkmale beobachtet werden können (Hank 2023). So hat sich u. a. die *Verfügbarkeit sozio-ökonomischer Ressourcen* als bedeutsam erwiesen. Finanziell besser gestellte Eltern können sich beispielsweise eher eine professionelle Pflege leisten (und sind aufgrund ihrer meist höheren Bildung auch besser über ihre Ansprüche auf staatliche Leistungen informiert), sind aber gleichzeitig in der Lage, finanzielle Anreize dafür zu setzen, von ihren Kindern gepflegt zu werden (Haberkern 2009). Noch deutlicher wird der Zusammenhang zwischen Ressourcen und intergenerationalem Austausch bei der Betrachtung finanzieller Transfers: „Mit steigendem Einkommen werden eher Hilfen gewährt. Ist das Einkommen geringer, erhält man im Gegenzug eher Leistungen" (Deindl 2011, S. 163). Zwar ist es einerseits eine gute Nachricht, dass die Familie – i. d. R. die ältere Generation – im Bedarfsfall finanziell aushilft; selbst relativ geringe Hilfeleistungen können jedoch zur intergenerationalen Transmission (d. h. ‚Vererbung‘) sozialer Ungleichheiten beitragen.

Eine weitere zentrale Determinante der Ausgestaltung intergenerationaler Beziehungen ist die *Beziehungsgestaltung bzw. Beziehungsstabilität der leiblichen Eltern:* Mit einer Trennung – und einer möglicherweise darauf folgenden Wiederverpartnerung – steigt das Risiko der Schwächung intergenerationaler Beziehungen in der Familie deutlich an (Steinbach 2010). Hiervon sind insbesondere Vater-Kind-Beziehungen betroffen, da Kinder in Trennungsfamilien nach wie vor meist bei der leiblichen Mutter verbleiben. Es überrascht daher nicht, dass die Dauer des Zusammenlebens mit dem biologischen Vater und – in Stieffamilien – mit dem sozialen Vater auch langfristig einen wesentlichen Einfluss auf die Enge der Beziehung zum Kind hat (Hornstra et al. 2020). Des Weiteren konnte gezeigt werden, dass „(b)iological mothers are the primary kinkeepers, and for fathers of any type, their relationship to children depends on their partnership to the biological mother" (Kalmijn et al. 2019, S. 876). Darüber hinaus stellt sich die Frage, inwieweit Stiefkinder gegenüber biologischen Kindern in der Familie materiell oder emotional benachteiligt werden und welche Determinanten das Ausmaß eines solchen *step gap* beeinflussen: Arránz Becker et al. (2013) konnten diesbezüglich zeigen, dass hier wiederum strukturelle Faktoren, wie die Dauer der Stiefelternbeziehung und die Anzahl der Kinder im Haushalt, aber auch Einstellungen zu familiären Normen und Werten, eine wesentliche Rolle spielen.

Zunehmende Aufmerksamkeit haben zuletzt auch die sozialstrukturellen Merkmale Migrationshintergrund und sexuelle Orientierung erfahren. Hinsichtlich der möglichen Bedeutung des *Migrationshintergrundes* liegt der

Schwerpunkt vieler Analysen auf der Überprüfung der Solidaritäts- bzw. Konfliktthese intergenerationaler Beziehungen in Migrantenfamilien (siehe hierzu allgemeiner Baykara-Krumme 2023). Während die Solidaritätsthese aufgrund der gemeinsamen Wanderungserfahrung ein größeres Solidaritätspotenzial zwischen Generationen in Migrantenfamilien annimmt, postuliert die Konfliktthese ein Auseinanderbrechen vormals stabiler Familienverbände. Empirische Untersuchungen unterstützen eher die Solidaritäts- als die Konfliktthese, weisen aber vor allem darauf hin, dass theoretische Diskussionen die tatsächlichen Unterschiede der Qualität von Beziehungen zwischen Eltern und erwachsenen Kindern in Familien mit und ohne Migrationshintergrund deutlich überschätzen (Steinbach 2018). In ähnlicher Weise zeigen auch Studien zur Erforschung der Diversität intergenerationaler Beziehungen in ‚Regenbogenfamilien‘, dass es insgesamt kaum substanziell bedeutsame Unterschiede in der Beziehungsqualität zwischen Eltern und erwachsenen Kindern in Abhängigkeit von deren *sexueller Orientierung* gibt (Hank und Salzburger 2015). Sie weisen jedoch gleichzeitig im Detail auf Verhaltensunterschiede – etwa in Bezug auf den Auszug aus dem Elternhaus oder finanzielle Transfers der Eltern – hin, die weitergehende Forschung in diesem Bereich sehr wünschenswert erscheinen lassen (siehe hierzu ausführlicher Fischer und de Vries 2023).

5.4   Großeltern und Enkelkinder

Jenseits der Betrachtung intergenerationaler Beziehungen über nur zwei Generationen – Eltern und (erwachsene) Kinder – erscheint eine *multigenerationale Perspektive,* die zusätzlich (mindestens) die Großelterngeneration miteinbezieht, für die Familiensoziologie bedeutsam. So beschäftigt sich die Soziologie insgesamt häufig mit *intergenerationalen Transmissionsprozessen* (Boehnke und Boehnke 2023), also der ‚Vererbung‘ sozialer Ungleichheiten (wie z. B. Vermögen oder Bildungschancen), bestimmter Verhaltensweisen (wie z. B. dem Geburten- oder Scheidungsverhalten) und von Einstellungen und Werten (wie z. B. Religiosität oder Parteipräferenzen) über mehrere Generationen. In diesem Zusammenhang wurden u. a. mögliche Effekte von Merkmalen der Großeltern auf den Bildungserfolg oder das gesundheitliche Wohlbefinden ihrer Enkelkinder untersucht (Anderson et al. 2018; Bordone et al. 2023a), die meist indirekt, zum Beispiel über die Kapitalausstattung der Großeltern oder Merkmale der Elterngeneration, vermittelt werden und bei denen es keiner unmittelbaren Interaktion zwischen der Großeltern- und der Enkelgenerationen bedarf.

Viele Aspekte einer aktiven Ausgestaltung der *Großelternrolle* bedürfen
jedoch der direkten Interaktion – und die Voraussetzungen hierfür erscheinen
heute besser als je zuvor: Im Alter von 70–85 Jahren haben gut drei Viertel der
Menschen in Deutschland Enkelkinder und die durchschnittliche *gemeinsame
Lebenszeit* amerikanischer und ostdeutscher Großmütter mit ihren Enkelkindern
beträgt 35 Jahre, jene westdeutscher und spanischer Großväter mit ihren Enkeln
immerhin noch 21 Jahre (Klaus et al. 2023, Abschn. 4.1; Leopold und Skopek
2015b). Viele Großeltern erleben heute also sogar noch den Übergang ihrer
Enkelkinder ins Erwachsenenalter und es zeigt sich, dass trotz dann tendenziell
abnehmender Kontakthäufigkeit in der Regel ein hohes Maß an emotionaler
Verbundenheit – und damit eine wichtige Voraussetzung für möglicherweise
notwendige beiderseitige praktische Unterstützung – bestehen bleibt (Wetzel
und Hank 2020). Von ganz besonderer Bedeutung – und obwohl die subjektive
Bewertung und die Bedeutung der Großelternrolle keinesfalls hierauf reduziert
werden kann – ist jedoch die Hilfe der Großeltern bei der *Betreuung jüngerer
Enkelkinder* (Bordone et al. 2023b; Klaus et al. 2023, Abschn. 4.3).

In Europa und den USA betreuen mehr als die Hälfte der Großeltern – insbesondere Großmütter – zumindest gelegentlich ein Enkelkind, wobei sich
jedoch erhebliche Unterschiede zwischen den Ländern zeigen. In den USA findet
sich zum Beispiel, anders als in Europa, in sozial benachteiligten Familien ein
substanzieller Anteil von Großeltern, die mit Enkelkindern im gleichen Haushalt
leben oder sogar das Sorgerecht für diese übernommen haben (Hayslip Jr. et al.
2019). Innerhalb Europas zeigt sich, dass dort, wo der Anteil überhaupt, d. h.
auch nur gelegentlich, Enkelkinder betreuender Großeltern vergleichsweise hoch
ist, nämlich in Skandinavien, der Anteil regelmäßig betreuender Großeltern am
niedrigsten ist. Umgekehrt werden Enkelkinder in den Mittelmeerländern zwar
insgesamt eher selten, aber wenn doch, dann überdurchschnittlich oft regelmäßig
von ihren Großeltern betreut (Abb. 5.4). Dieses Muster resultiert mutmaßlich
aus dem komplexen Zusammenspiel von Müttererwerbstätigkeit, der regionalen
Verfügbarkeit von sowie kulturell geprägten Präferenzen für (oder gegen) die
Inanspruchnahme öffentlicher und familialer Kinderbetreuung in unterschiedlichen Typen von Wohlfahrtsstaaten (Bordone et al. 2023b): So erfordert etwa
das gut ausgebaute System öffentlicher Kinderbetreuung in Skandinavien trotz
hoher Müttererwerbstätigkeit üblicherweise keine regelmäßige Betreuung durch
die Großeltern, die aber dann von großer Bedeutung sind, wenn es darum geht
in Ausnahmefällen (z. B. Überstunden im Beruf) ‚einzuspringen'. In Südeuropa
kümmert sich hingegen die große Mehrheit der Mütter nach wie vor in Vollzeit
um die Kinder, so dass die Hilfe der Großeltern in der Regel nicht gebraucht

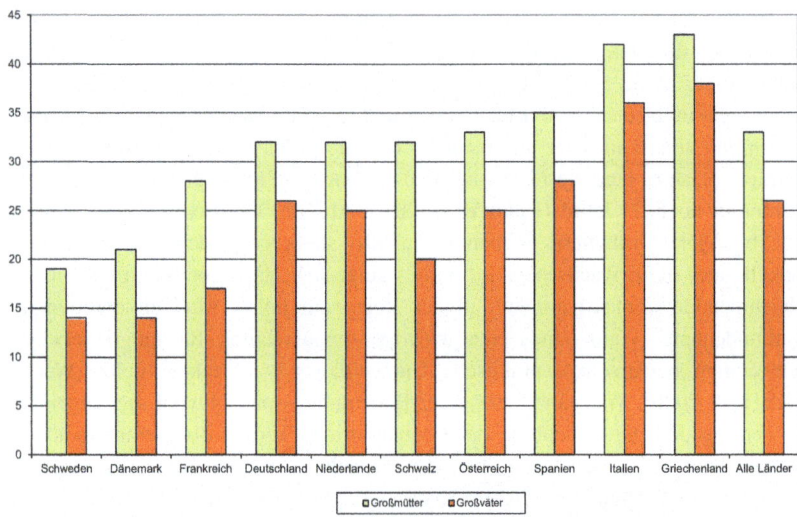

Abb. 5.4 Anteil der Großeltern die in den vergangenen 12 Monaten Enkelkinder (regelmäßig) betreut haben (Prozentangaben). (Quelle: Hank 2009, S. 97)

wird. Die vergleichsweise geringe Zahl erwerbstätiger Mütter ist hier allerdings auf regelmäßige familiäre Unterstützung bei der Betreuung ihrer Kinder angewiesen, da es kaum institutionelle Betreuungsmöglichkeiten gibt.

Hieran wird auch deutlich, dass die Ausgestaltung der Beziehungen zwischen Großeltern und Enkelkindern in der Tat als Teil eines *multi*generationalen Familiensystem betrachtet werden muss und stark von *Merkmalen der mittleren (Eltern-)Generation* abhängt. Die Erwerbsbeteiligung der Eltern (insbesondere der Mutter) des Kindes und die Wohnentfernung stellen dabei vor allem für das großelterliche Engagement in der Kinderbetreuung relevante Einflussfaktoren dar. Umgekehrt beeinflusst die Verfügbarkeit von Großeltern als potenzielle Betreuungspersonen für Enkelkinder die Erwerbsbeteiligung und sogar das Geburtenverhalten der mittleren Generation: Wer mehr Unterstützung von der älteren Generation erwarten kann, entscheidet sich eher für ein (weiteres) Kind und kann sich stärker am Erwerbsleben beteiligen (Bordone et al. 2023b; Steinbach und Hank 2016, Abschn. 3.1). Für die Ausgestaltung der Großeltern-Enkelkind-Beziehung insgesamt (z. B. die Kontakthäufigkeit oder emotionale Verbundenheit) spielt jedoch – bis ins Erwachsenenalter der jüngsten Generation hinein (Wetzel und Hank 2020) – insbesondere die Qualität der Beziehung

zwischen den beiden älteren Generationen eine herausragende Rolle. Die mittlere
Elterngeneration nimmt dabei häufig eine ‚Brücken'- oder ‚Türsteher'-Funktion
ein, die sich förderlich oder behindernd auf die Art und Dichte der Interaktion
zwischen Großeltern und Enkelkindern auswirken kann (Arránz Becker und
Steinbach 2012; Klaus et al. 2023, Abschn. 4.5).

Wenig überraschend hängt die Ausgestaltung der Beziehung zu den Enkeln
auch von einer Reihe sozio-demografischer *Merkmale der Großeltern* ab. Neben
dem *Geschlecht* der Großeltern selbst hat sich hier zum Beispiel auch als bedeutsam erwiesen, ob es sich um Großeltern mütterlicher- oder väterlicherseits
handelt (wobei die ‚weibliche Linie' typischerweise engere Bindungen aufweist). Während der *sozio-ökonomische Status* der Großeltern (d. h. Bildung, Einkommen) in Deutschland kaum einen Einfluss auf die subjektive Bedeutung der
Großelternrolle zu haben scheint, deuten Befunde aus einigen angelsächsischen
Studien nicht nur eine höhere identitätsstiftende Bedeutung der Großelternschaft
bei niedriger Gebildeten hin, sondern zeigen auch, dass ärmere Großeltern überdurchschnittlich oft besonders intensive Betreuungsaufgaben – bis hin zur Übernahme des Sorgerechts für ihre Enkel – übernehmen (Di Gessa et al. 2022; Klaus
et al. 2023, Abschn. 4.2). Darüber hinaus weisen die *Erwerbstätigkeit* sowie der
Renteneintritt der Großeltern eine Wechselwirkung mit der Beziehung zu den
Enkelkindern auf: Enkel zu haben bzw. zu betreuen, kann zu einer Reduzierung
des Erwerbsumfangs und einem früheren Renteneintritt führen, während gleichzeitig der Übergang in den Ruhestand mit einer Ausweitung des zeitlichen
Engagements von Großeltern – insbesondere Großvätern – bei der Enkelkinderbetreuung einherzugehen scheint (Tanskanen et al. 2021). Unterschiedliche
produktive Rollen scheinen hier also teilweise wechselseitig substituiert zu
werden.

Die Ausübung produktiver Rollen im höheren Lebensalter wird seit geraumer
Zeit intensiv im Hinblick auf ihren Zusammenhang mit *Gesundheit und Wohlbefinden* untersucht: Einerseits können gesundheitliche Probleme zu Ein-
schränkungen hinsichtlich der Art und des Umfangs gemeinsamer Aktivitäten
mit Enkelkindern ergeben; andererseits können sich soziale Aktivitäten wie die
Betreuung von oder, ganz allgemein, die Interaktion mit den Enkeln prinzipiell
positiv auf das Wohlbefinden der Großeltern auswirken. Dass ein solcher in der
Literatur mitunter berichteter Zusammenhang tatsächlich einen gesundheits-
förderlichen *kausalen Effekt* von Großelternschaft reflektiert, wird allerdings in
neueren Untersuchungen bezweifelt (Bordone et al. 2023a). Vielmehr scheinen
sich ohnehin gesündere Großeltern eher selbst in eine aktivere Großelternrolle zu
begeben und von dieser zu profitieren *(Selektionseffekt)*.

Als ähnlich schwierig hat sich schließlich der Nachweis kausaler Effekte der Beziehung zu den Großeltern auf *das Wohlbefinden oder den Bildungserfolg der Enkel* erwiesen (Anderson et al. 2018; Bordone et al. 2023a). Beobachtete Zusammenhänge werden zum Teil über Merkmale der mittleren Elterngeneration vermittelt *(Mediationseffekt)* oder sind häufig wiederum auf Selektionseffekte zurückzuführen: Großeltern ‚investieren' möglicherweise mehr Ressourcen (z. B. Zeit) in besonders ‚bedürftige' oder aber in besonders ‚vielversprechende' (d. h. ohnehin gesündere und klügere) Enkelkinder (Tanskanen und Danielsbacka 2018). Der unterstellte ‚Großeltern-Effekt' wäre also eigentlich ein Effekt von Merkmalen des Enkelkindes. Unbestritten bleibt jedoch die große Bedeutung von Großeltern und Enkelkindern als in der Regel längerfristige und verlässliche Quelle gegenseitiger emotionaler und praktischer Unterstützung (Hank et al. 2018).

▶ **Kurz zusammengefasst** In empirischen Analysen westlicher Gegenwartsgesellschaften zeigt sich, dass auch nach der Sozialisationsphase während der Kindheit und Jugend enge intergenerationale Beziehungen weiter fortbestehen. Eltern und erwachsene Kinder wohnen oft nah beieinander (wenngleich nicht immer im selben Haushalt), haben häufig Kontakt miteinander (wenngleich nicht immer täglich) und unterstützen sich auf vielfältige Weise im Alltag (wenngleich in unterschiedlicher Form und Intensität). Ähnlich enge Beziehungen – über den gesamten Lebensverlauf hinweg – finden sich auch intragenerational zwischen Geschwistern und multigenerational zwischen Großeltern und Enkelkindern. Dabei sind dyadische Beziehungen zwischen einzelnen Familienmitgliedern (Mikroebene) immer auch eingebettet in das Beziehungssystem der gesamten Familie (Mesoebene) und in spezifische wohlfahrtsstaatliche Kontexte (Makroebene).

Familie und Familiensoziologie: Ein kurzer Ausblick

6

Viele der in den vorangegangenen Kapiteln skizzierten Veränderungen familialer Strukturen und Verhaltensweisen in demografisch fortgeschrittenen Gesellschaften – rückläufige Heirats- und steigende Scheidungsziffern, ein wachsender Anteil dauerhaft Alleinlebender, stabil unterhalb des Bestandserhaltungsniveaus liegende Geburtenzahlen sowie eine tendenziell zunehmende räumliche Distanz zwischen den Generationen – werden, teils in fachwissenschaftlichen, vor allem aber in öffentlichen Diskursen regelmäßig als Ausdruck eines ‚Niedergangs' der Familie wahrgenommen, aus dem sich vielfältige Krisenszenarien herleiten lassen (Meyer 2002). Besonders einflussreich und drastisch äußerte sich hierzu Popenoe (1993, S. 527) in einem Artikel zur Entwicklung der amerikanischen Familie seit 1960: „Like the majority of Americans, I see the family as an institution in decline and believe that this should be a cause of alarm – especially as regards the consequences for children. In some sense, of course, the family has been declining since the beginning of recorded history – yet we've survived. But often overlooked in the current debate is the fact that recent family decline is unlike historical family change. It is something unique, and much more serious". Dabei umfassen die von ihm angesprochenen Veränderungen nicht nur demografische Wandlungsprozesse, sondern auch den Wandel kultureller Wertvorstellungen: „Family decline has also occured in the sense that familism as a cultural value has weakened in favor of such values as self-fulfillment and egalitarianism" (Popenoe 1993, S. 537).

Eine solche defizitorientierte Perspektive – die sich an der historischen Ausnahmesituation (!) des *golden age of marriage* als Referenzpunkt orientiert – halten wir jedoch empirisch für wenig angemessen (oder zumindest für sehr einseitig verzerrt). Wie wir gesehen haben, sucht und findet die Mehrheit der Menschen nach wie vor eine – mehr oder minder dauerhafte – Partnerschaft

K. Hank et al., *Familiensoziologie,* Studienskripten zur Soziologie, https://doi.org/10.1007/978-3-658-41878-6_6

(Kap. 3), in der immer noch mehrheitlich Kinder geboren werden (Kap. 4), die mit ihren Geschwistern, Eltern und Großeltern häufig in lebenslanger – wenn auch nicht immer konfliktfreier – Solidarität verbunden bleiben (Kap. 5). Was wir also tatsächlich beobachten, ist weniger ein Niedergang als eine permanente Veränderung ‚der' Familie – und dies nicht erst seit dem Ende des *golden age of marriage* in den 1960er Jahren und in Zeiten, die Soziolog:innen mit Begriffen wie Modernisierung, Individualisierung oder Globalisierung zu beschreiben versuchen. So stellte Groves (1925, S. 228 f.) bereits vor einhundert Jahren fest, dass „the home [family] is in transition. So it is. It is moving away from what it was toward something that it is to be. (...) [It] is not an institution usually at equilibrium (...). It is always on the move (...)". Die Fähigkeit von Individuen, ihr Verhalten so anzupassen, dass die daraus entstehenden Familienstrukturen (die wiederum auf individuelle Entscheidungen rückwirken) im Einklang stehen mit den sich ebenfalls permanent wandelnden gesellschaftlichen Strukturen und Anforderungen, in die sie eingebettet sind, ist essenziell. Nur dies erlaubt es ‚der' Familie als sozialer Institution von den frühen Wildbeutergesellschaften bis heute (und auch zukünftig) fortzubestehen und ihre wesentlichen Funktionen – Reproduktion, Sozialisation, Solidarität – weitgehend verlässlich zu erfüllen. Es bedarf also möglichst flexibler Reaktionsmuster und Organisationsformen von Familien, um den jeweiligen gesellschaftlichen Anforderungen (und individuellen Präferenzen ihrer Mitglieder) gerecht zu werden.

Aber unter welchen Bedingungen können Familien ihre Funktionen heute erfüllen? Eine der größten Herausforderungen heutiger Gesellschaften mit weitreichenden Auswirkungen auf die familialen Strukturen wie auch auf die Ausgestaltung des Familienlebens ist dabei die Gleichstellung von Männern und Frauen bzw. von Vätern und Müttern. Noch ist die Arbeitsteilung der meisten Paare sehr traditionell organisiert (siehe Abschn. 3.2.5 und 3.2.6) – mit unterschiedlichen Folgen für beide Geschlechter. Solange Väter vorrangig für die Erwerbsarbeit und für die ökonomische Absicherung der Familie verantwortlich sind, während Mütter den überwiegenden Teil der Haus- und Familienarbeit übernehmen, verlieren Mütter nach einer Trennung ihre ökonomische Basis und Väter ihre Kinder. Sozialpolitisch wie auch familienpolitisch sollten daher Anreize geschaffen werden, dass Frauen und Männer auch nach der Geburt eines Kindes in gleichberechtigten Partnerschaften leben, in denen nicht nur Mütter einer Erwerbstätigkeit nachgehen können, sondern auch Männer in größerem Ausmaß die Chance haben, eine aktive Vaterrolle zu übernehmen. Anreize hingegen, die ein traditionelles Ernährermodell befördern (wie zum Beispiel das deutsche Ehegattensplitting, das bei einem steigenden Anteil nichtehelicher Lebensgemeinschaften mit Kindern eigentlich keine Familienförderung, sondern eine

Eheförderung darstellt), wirken in eine entgegengesetzte Richtung (Steinbach 2017).

Die Untersuchung *familialen Wandels* ist und bleibt eine der zentralen Aufgaben der Familiensoziologie (siehe hierzu Ehmer (2021) in historischer Perspektive sowie Sobotka und Berghammer (2021) für aktuelle Befunde im europäischen Kontext). Dabei geht es jedoch nicht nur um strukturellen Wandel (ob bzw. wie sich z. B. durch niedrigere Geburtenzahlen und steigende Lebenserwartung die generationale Struktur von Familien „from pyramid to beanpole" (Bengtson 2001) verändert hat); sondern es geht auch um die Frage, wie sich die subjektive Wahrnehmung dessen, was (und wer!) Familie ist – d. h. deren ‚soziale Konstruktion' durch ihre Mitglieder – verändert hat: „Social construction theory asserts that reality is both objectively present (e.g., Tracy is Sarah's stepmother because she married Sarah's father) and subjectively apprehended (who is Tracy to Sarah – is she a friend, a family member, or a parent?" (Sanner et al. 2021, S. 425). Wenn es also objektiv komplexere Familienstrukturen als die nach wie vor quantitativ dominierende ‚biologische' Kernfamilie gibt und darüber hinaus soziale Normen in Bezug auf die Ausgestaltung familialer Rollen an Verbindlichkeit verlieren, können bzw. müssen Familienbeziehungen von den Individuen aktiv neu interpretiert werden – und auch die Familiensoziologie muss einige ihrer Konzepte überdenken bzw. erweitern. Dies spiegelt sich in allgemeineren Debatten über eine mögliche Deinstitutionalisierung oder Diversifizierung von Familie (Knapp und Wurm 2019) ebenso wider wie in einer Fülle neuer Begrifflichkeiten, die ‚familienähnliche' (äquivalente?) Beziehungen jenseits der in Kernfamilien etablierten Rollenbeziehungen beschreiben sollen (z. B. *fictive kin* oder *families of choice*).

Insbesondere unter LSBTQI*-Menschen gibt es schon seit längerem eine gewisse Tradition solcher Wahlverwandtschaften bzw. -familien (Fischer und de Vries 2023, Abschn. 8). Sie waren lange von traditionellen familialen Rollen als Ehepartner:innen oder als Eltern rechtlich ausgeschlossen und deshalb stärker auf familienähnliche Beziehungen, oft innerhalb ihrer *community,* angewiesen. Mit der zunehmenden gesellschaftlichen und rechtlichen Anerkennung gleichgeschlechtlicher Beziehungen – mit erweiterten Adoptions- und Reproduktionsrechten oder der sogenannten ‚Ehe für Alle' (in Deutschland seit 2017) – wuchs ihre Sichtbarkeit in der Öffentlichkeit wie auch in der familiensoziologischen Forschung. Damit einher geht nicht nur ein größeres Bewusstsein für die Diversität familialer Lebensformen, sondern auch ein Anstieg ihrer tatsächlichen, d. h. strukturellen Vielfalt: Während z. B. die Kategorie ‚Alleinerziehend' in Statistiken schon lange erfasst wird, konnte es bis vor kurzem die Kategorie ‚gleichgeschlechtliches Ehepaar' per Definition gar nicht geben (ebenso wenig wie es vor 1997 in Irland ‚Geschiedene' gab, da bis dahin Ehescheidungen dort legal nicht möglich waren). Sich ändernde rechtliche Rahmenbedingungen können also – jenseits einer möglicherweise bereits vorher gelebten Praxis – familialen Wandel, wenn nicht herbeiführen, so aber doch befördern (oder hemmen; siehe hierzu allgemeiner Hank und Steinbach 2019).

Weitaus häufiger als das Entstehen tatsächlich neuer Phänomene finden sich jedoch Veränderungen in der Verteilung bereits existierender Familien- oder Haushaltsformen, also der distributiven Vielfalt (siehe Kap. 1).[1] Diese steht auch im Mittelpunkt von Debatten um den Wandel von Familien in globaler Perspektive und die Frage, inwieweit es hier Anzeichen von Konvergenz oder anhaltender Diversität gibt. Generell lässt sich festhalten, dass eine einheitliche Praxis des Familienlebens nicht gibt und sie auch nie existiert hat.[2] Allerdings formulierten etwa in den 1960er Jahren einige Autor:innen die Annahme, dass „family systems around the world would eventually converge with the Western model of the nuclear family [… because …] the conjugal family was most compatible with the growth of market capitalism and a job-based economy" (Furstenberg 2019, S. 326). Die empirische Befundlage hierzu ist bis heute eher dürftig; allerdings deuten neuere Untersuchungen auf eine durchaus globale Tendenz zur Schwächung der Institution Ehe, zu sinkenden Geburtenziffern, sich verändernden Geschlechterrollen und einer Abnahme der Bedeutung intergenerationaler Koresidenz. Diese Veränderungen spielen sich aber je nach spezifischem Phänomen regional sehr unterschiedlich ab, so dass generell eher von einer „persistent diversity with development" (Pesando und GFC Team 2019) ausgegangen werden kann.

Wenn wir von der Makroebene der globalen Diversität familialer Lebens-formen nun noch einmal auf die Mikroebene familialer Lebensverläufe herunter-zoomen, finden wir wiederum ein in gewisser Weise erstaunlich hohes Maß an Stabilität: Trajektorien der Familiengründung und -entwicklung (z. B. ob und wann Partnerschaften gegründet oder wieder aufgelöst werden) haben

---

[1] In der deutschen Familiensoziologie wurde die Entwicklung neuer und insbesondere die Verschiebung zwischen bestehenden familialen Lebensformen vor allem unter dem Begriff der *Pluralisierung,* der im Zusammenhang mit der Individualisierungsthese steht, diskutiert (z. B. Wagner und Valdés Cifuentes 2014).

[2] Für dieses Lehrbuch haben wir uns bewusst gegen eine ausführlichere Darstellung ver-wandtschaftlicher und familialer Lebensformen in nicht-westlichen Gesellschaften ent-schieden. Interessierte Leser:innen seien daher z. B. auf die aktuellen Handbucharktikel von Martin und Alber (2023) sowie Nam (2023) zu Familien in Afrika bzw. Asien verwiesen.

sich, anders als aus individualisierungstheoretischer Perspektive zu vermuten gewesen wäre, im Kohortenvergleich nur vergleichsweise wenig weiter ausdifferenziert. Zudem finden sich hier sehr deutliche und stabile Unterschiede zwischen europäischen Ländern, d. h. „path dependency in institutions may be the primary source of gradual change in family life courses" (Van Winkle 2018, S. 156). Hieran zeigt sich auch, dass historisch weit zurückreichende Binnendifferenzierungen im System der christlich-europäischen Familie teilweise bis ins 21. Jahrhundert hinein fortwirken (siehe hierzu auch Steinbach et al. 2016).

Wenn also – wie wir etwas weiter oben festgestellt haben – die Untersuchung familialen Wandels *eine* der zentralen Aufgaben der Familiensoziologie ist, so besteht eine ihrer *anderen* wesentlichen Aufgaben darin, die Stabilität und Verlässlichkeit von Familie und familialen Beziehungen aufzuzeigen und gegen die nur zu menschliche Gier nach Drama und Veränderung zu verteidigen: „For those in sociology fascinated with the surprises of what comes next, social change is sociology" (Massey 2017, S. 487). Aber die (Familien-)Soziologie ist eben auch noch viel mehr und mitunter ist es um einiges spannender (und herausfordernder), unerwartete Persistenzen zu erklären.

Eine *erklärende,* dann vor allem empirisch-quantitativ vorgehende Familiensoziologie (Baron et al. 2019) ist vor allem auch dann gefordert, wenn es um die Erfüllung der weiteren Aufgabe geht, evidenzbasierte Beiträge zu einer praxisorientierten Sozialforschung zu leisten. Diese ist hochrelevant für die Politikberatung (etwa durch die Evaluation der Wirksamkeit konkreter familienpolitischer Maßnahmen; Fichtl et al. 2017) sowie für die Beantwortung zentraler familienrechtlicher Fragen (etwa im Ehe- oder Kindschaftsrecht; Helms 2023). Sozialer Wandel – den zu analysieren ja zum ‚Markenkern' soziologischer Forschung gehört – schlägt sich besonders deutlich im Familienrecht und in der Familienpolitik nieder, die sich daher beide in einem permanenten Reformzustand befinden und als Spiegel der gesellschaftlichen Wirklichkeit betrachtet werden können.

Um ihren gerade skizzierten vielfältigen Aufgaben gerecht werden zu können, muss sich auch die *familiensoziologische Forschung* selbst ständig weiterentwickeln. So stellen etwa Konietzka et al. (2021, S. 99) in einem Überblick zur neueren deutschsprachigen Familienforschung fest, dass „[in] theoretical terms, micro-theoretical approaches have largely replaced former macrosociological debates on de-institutionalization and pluralization of the family. In empirical research, the application of a life course perspective and the use of longitudinal data have become more and more established. In substantial terms, researchers have pursued integrative research perspectives that link family dynamics to other life domains". Als besonders fruchtbar für die Weiterentwicklung der Familiensoziologie und die Generierung neuer Erkenntnisse haben sich zuletzt weniger neue theoretische Debatten erwiesen (siehe hierzu Schneider und Kreyenfeld 2021b, Teil II), als die wachsende Verfügbarkeit langfristig angelegter Dateninfrastrukturen – wie etwa das familiendemografische Panel FReDA (Hank et al. 2023) – die es erlauben, die Dynamik und Komplexität individueller Lebensverläufe über längere Zeiträume hinweg zu beobachten und mittels fortgeschrittener quantitativer Auswertungsverfahren (Arránz Becker und Lois 2023) zu analysieren.[3] Weitere Potenziale für die zukünftige empirische Familienforschung ergeben sich zudem aus bislang noch vergleichsweise wenig erschlossenen ‚digitalen' Datenquellen, wie etwa Twitter oder Facebook (Legewie und Fasang 2021). Wie sich die Nutzung solcher digitalen Kommunikationsformen auf die Partnersuche (Potarca 2021) oder auf die Interaktion zwischen Familienmitgliedern (Neves und Casimiro 2018) auswirkt, kann darüber hinaus als eines der spannendsten aktuellen Forschungsfelder der Familiensoziologie betrachtet werden.

Wie wir in diesem Kapitel – und im gesamten Buch – hoffentlich gezeigt haben, sind trotz vielfältiger Herausforderungen die Perspektiven für ‚die' Familie insgesamt als positiv einzuschätzen. Dies gilt u. E. ebenso für die Familiensoziologie – und entsprechend hoffen wir, dass sich unsere Leser:innen auch über diese kompakte Einführung hinaus weiterhin engagiert deren Studium widmen werden!

---

[3] Längsschnittliche Daten stehen (zunehmend) auch für die *qualitativ* arbeitende Familiensoziologie zur Verfügung (Bernardi 2021). Einen Überblick über qualitative Methoden in der familiensoziologischen Forschung geben Vogl et al. (2023).

Literatur

Abendroth, A.-K., Van der Lippe, T., & Maas, I. (2012). Social support and the working hours of employed mothers in Europe: The relevance of the state, the workplace, and the family. *Social Science Research, 41*(3), 581–597. https://doi.org/10.1016/j.ssresearch.2011.12.008

Abraham, M. (2003). Die Stabilisierung von Partnerschaften durch bilaterale Investitionen. Das Beispiel der Unternehmensbesitzer. *Zeitschrift für Soziologie, 32*(1), 50–69. https://doi.org/10.1515/zfsoz-2003-0103

Adorno, T. W., Frenkel-Brunswik, E., Levinson, D., & Sanford, R. N. (1950). *The authoritarian personality*. New York: Harper & Row.

Ainsworth, M. D. S., Blehar, M. C., Waters, E., & Wall, S. N. (2015). *Patterns of attachment: A psychological study of the strange situation*. New York, London: Routledge.

Ainsworth, S. E., & Baumeister, R. F. (2012). Changes in sexuality: How sexuality changes across time, across relationships, and across sociocultural contexts. *Clinical Neuropsychiatry, 9*(1), 32–38.

Albertini, M., Gähler, M., & Härkönen, J. (2018). Moving back to "mamma"? Divorce, intergenerational coresidence, and latent family solidarity in Sweden. *Population, Space and Place, 24*(6), e2142. https://doi.org/10.1002/psp.2142

Albertini, M., Kohli, M., & Vogel, C. (2007). Intergenerational transfers of time and money in European families: Common patterns – different regimes? *Journal of European Social Policy, 17*(4), 319–334. https://doi.org/10.1177/0958928707081068

Aldous, J. (1996). *Family careers: Rethinking the developmental derspective*. Thousand Oaks: Sage. https://doi.org/10.4135/9781483327310

Alexander, M. G., & Fisher, T. D. (2003). Truth and consequences: Using the bogus pipeline to examine sex differences in self-reported sexuality. *Journal of Sex Research, 40*(1), 27–35. https://doi.org/10.1080/00224490309552164

Altintas, E. (2016). The widening education gap in developmental child care activities in the United States, 1965–2013. *Journal of Marriage and Family, 78*(1), 26–42. https://doi.org/10.1111/jomf.12254

Altintas, E., & Sullivan, O. (2016). Fifty years of change updated: Cross-national gender convergence in housework. *Demographic Research, 35*, 455–470. https://doi.org/10.4054/DemRes.2016.35.16

Amato, P. R. (2000). The consequences of divorce for adults and children. *Journal of Marriage and Family, 62*(4), 1269–1287. https://doi.org/10.1111/j.1741-3737.2000.01269.x

Amato, P. R., & Anthony, C. J. (2014). Estimating the effects of parental divorce and death with fixed effects models. *Journal of Marriage and Family, 76*(2), 370–386. https://doi.org/10.1111/jomf.12100

Amato, P. R., & DeBoer, D. D. (2004). The transmission of marital instability across generations: Relationship skills or commitment to marriage? *Journal of Marriage and Family, 63*(4), 1038–1051. https://doi.org/10.1111/j.1741-3737.2001.01038.x

Amato, P. R., & Patterson, S. E. (2017). The intergenerational transmission of union instability in early adulthood. *Journal of Marriage and Family, 79*(3), 723–738. https://doi.org/10.1111/jomf.12384

Amato, P. R., & Previti, D. (2003). People's reasons for divorcing: Gender, social class, the life course, and adjustment. *Journal of Family Issues, 24*(5), 602–626. https://doi.org/10.1177/0192513X03254507

Anderson, L. R., Sheppard, P., & Monden, C. W. S. (2018). Grandparent effects on educational outcomes: A systematic review. *Sociological Science, 5*, 114–142. https://doi.org/10.15195/v5.a6

Angelone, D., & Ramseier, E. (2012). Die Kluft öffnet sich. Herkunftseffekte auf die schulischen Leistungen verstärken sich im Verlauf der Primarschule. *Swiss Journal of Sociology, 38*(2).

Antweiler, C. (2007). *Was ist den Menschen gemeinsam? Über Kultur und Kulturen.* Darmstadt: Wissenschaftliche Buchgesellschaft.

Arnold, L. S., & Beelmann, A. (2022). Gewalt und Prävention in Familie. In J. Ecarius & A. Schierbaum (Hrsg.), *Handbuch Familie. Band II: Erziehung, Bildung und pädagogische Arbeitsfelder* (2. Auflage, S. 799–817). Wiesbaden: Springer VS. https://doi.org/10.1007/978-3-658-19843-5_39

Arránz Becker, O. (2023). Determinanten und Konsequenzen von Trennung und Scheidung. In O. Arránz Becker, K. Hank, & A. Steinbach (Hrsg.), *Handbuch Familiensoziologie* (2. Auflage, S. 511–541). Wiesbaden: Springer VS. https://doi.org/10.1007/978-3-658-35219-6_21

Arránz Becker, O. (2004). Die Bedeutung von Interaktionsstilen für die Partnerschaft – Ein Überblick zum Forschungsstand. In P. B. Hill (Hrsg.), *Interaktion und Kommunikation. Eine empirische Studie zu Alltagsinteraktion, Konflikten und Zufriedenheit in Partnerschaften* (S. 39–72). Würzburg: Ergon.

Arránz Becker, O., Hank, K., & Steinbach, A. (Hrsg.). (2023). *Handbuch Familiensoziologie* (2. Auflage). Wiesbaden: Springer VS. https://doi.org/10.1007/978-3-658-35219-6.

Arránz Becker, O., & Lois, D. (2010). Selection, alignment, and their interplay: Origins of lifestyle homogamy in couple relationships. *Journal of Marriage and Family, 72*(5), 1234–1248. https://doi.org/10.1111/j.1741-3737.2010.00761.x

Arránz Becker, O., & Lois, D. (2023). Quantitative Auswertungsverfahren in der Familiensoziologie. In O. Arránz Becker, K. Hank, & A. Steinbach (Hrsg.), *Handbuch Familiensoziologie* (2. Auflage, S. 83–130). Wiesbaden: Springer VS. https://doi.org/10.1007/978-3-658-35219-6_5

Arrànz Becker, O., Rüssmann, K., & Hill, P. B. (2005). Wahrnehmung und Bewältigung von Konflikten und die Stabilität von Partnerschaften. *Zeitschrift für Familienforschung, 17*(3), 251–279.

Arránz Becker, O., Salzburger, V., Lois, N., & Nauck, B. (2013). What narrows the stepgap? Closeness between parents and adult (step)children in Germany. *Journal of Marriage and Family, 75*(5), 1130–1148. https://doi.org/10.1111/jomf.12052

Arránz Becker, O., & Steinbach, A. (2012). Beziehungen zwischen Großeltern und Enkelkindern im Kontext des familialen Beziehungssystems. *Zeitschrift für Bevölkerungswissenschaft, 37*(3–4), 517–542. https://doi.org/10.4232/10.CPoS-2012-06de

Asendorpf, J. B. (2008). Living apart together: Alters- und Kohortenabhängigkeit einer heterogenen Lebensform. *Kölner Zeitschrift für Soziologie und Sozialpsychologie, 60*(4), 749–764. https://doi.org/10.1007/s11577-008-0035-4

Auersperg, F., Vlasak, T., Ponocny, I., & Barth, A. (2019). Long-term effects of parental divorce on mental health–A meta-analysis. *Journal of Psychiatric Research, 119*, 107–115. https://doi.org/10.1016/j.jpsychires.2019.09.011

Augustijn, L. (2021). The relation between joint physical custody, interparental conflict, and children's mental health. *Journal of Family Research, 33*(3), 613–636. https://doi.org/10.20377/jfr-621

Badgett, M. V. L., Carpenter, C. S., & Sansone, D. (2021). LGBTQ Economics. *Journal of Economic Perspectives, 35*(2), 141–170. https://doi.org/10.1257/jep.35.2.141

Bakker, A. B., & Demerouti, E. (2013). The spillover-crossover model. In J. G. Grzywacz & E. Demerouti (Hrsg.), *New frontiers in work and family research* (S. 55–70). London. New York: Psychology Press.

Bandura, A. (1978). Social learning theory of aggression. *Journal of Communication, 28*(3), 12–29. https://doi.org/10.1111/j.1460-2466.1978.tb01621.x

Barnett, R. C., & Shen, Y.-C. (1997). Gender, high-and low-schedule-control housework tasks, and psychological distress: A study of dual-earner couples. *Journal of Family Issues, 18*(4), 403–428. https://doi.org/10.1177/019251397018004003

Baron, D., Arránz Becker, O., & Lois, D. (Hrsg.). (2019). *Erklärende Soziologie und soziale Praxis (Festschrift für Paul B. Hill zum 65. Geburtstag)*. Wiesbaden: Springer VS.

Bartholomew, K. (1993). From childhood to adult relationships: Attachment theory and research. In S. Duck (Hrsg.), *Learning about relationships* (2. Auflage, S. 30–62). Newbury Park: Sage.

Bastin, S., Kreyenfeld, M., & Schnor, C. (2013). Diversität von Familienformen in Ost- und Westdeutschland. In D. C. Krüger, H. Herma, & A. Schierbaum (Hrsg.), *Familie(n) heute. Entwicklungen, Kontroversen, Prognosen* (S. 126–145). Weinheim: Beltz Juventa.

Bauernschuster, S., Hener, T., & Rainer, H. (2016). Children of a (policy) revolution: The introduction of universal child care and its effect on fertility. *Journal of the European Economic Association, 14*(4), 975–1005. https://doi.org/10.1111/jeea.12158

Baxter, J., Haynes, M., & Hewitt, B. (2010). Pathways into marriage: Cohabitation and the domestic division of labor. *Journal of Family Issues, 31*(11), 1507–1529. https://doi.org/10.1177/0192513X10365817

Baxter, J., Hewitt, B., & Haynes, M. (2008). Life course transitions and housework: Marriage, parenthood, and time on housework. *Journal of Marriage and Family, 70*(2), 259–272. https://doi.org/10.1111/j.1741-3737.2008.00479.x

Baykara-Krumme, H. (2023). Migrantenfamilien. In O. Arránz Becker, K. Hank, & A. Steinbach (Hrsg.), *Handbuch Familiensoziologie* (2. Auflage, S. 757–782). Wiesbaden: Springer VS. https://doi.org/10.1007/978-3-658-35219-6_30

Bean, R. C., Ledermann, T., Higginbotham, B. J., & Galliher, R. V. (2021). Adjustment difficulties and marital stability in remarriages: The role of stepfamily constellation. *Marriage & Family Review, 57*(8), 721–740. https://doi.org/10.1080/01494929.2021.1958123

Beaujouan, É. (2020). Latest-late fertility? Decline and resurgence of late parenthood across the low-fertility countries. *Population and Development Review, 46*(2), 219–247. https://doi.org/10.1111/padr.12334

Beck-Gernsheim, E. (1994). Individualisierungstheorie: Veränderungen des Lebenslaufs in der Moderne. In H. Keupp (Hrsg.), *Zugänge zum Subjekt. Perspektiven einer reflexiven Sozialpsychologie* (S. 125–146). Frankfurt am Main: Suhrkamp.

Beck, U. (1986). *Risikogesellschaft: Auf dem Weg in eine andere Moderne.* Frankfurt am Main: Suhrkamp.

Beck, U., & Beck-Gernsheim, E. (1990). *Das ganz normale Chaos der Liebe.* Frankfurt am Main: Suhrkamp.

Becker, G. S. (1960). An economic analysis of fertility. In National Bureau of Economic Research (Hrsg.), *Demographic and economic change in developed countries* (S. 209–240). Columbia University Press.

Becker, G. S. (1965). A theory of the allocation of time. *The Economic Journal, 75*(299), 493–517. https://doi.org/10.2307/2228949

Becker, G. S. (1974). A theory of marriage. In T. W. Schulz (Hrsg.), *Economics of the family: Marriage, children and human capital* (S. 299–344). Chicago, London: University of Chicago Press.

Becker, G. S. (1976). *The economic approach to human behavior.* Chicago, London: University of Chicago Press.

Becker, G. S. (1981). *A treatise on the family.* Cambridge, Massachusetts: Harvard University Press.

Becker, R. (2016). Soziale Ungleichheit von Bildungschancen und Chancengerechtigkeit – Eine Reanalyse mit bildungspolitischen Implikationen. In R. Becker & W. Lauterbach (Hrsg.), *Bildung als Privileg. Erklärungen und Befunde zu den Ursachen der Bildungsungleichheit* (S. 183–219). Wiesbaden: Springer VS.

Becker, R. (2017). Entstehung und Reproduktion dauerhafter Bildungsungleichheiten. In R. Becker (Hrsg.), *Lehrbuch der Bildungssoziologie* (S. 89–150). Wiesbaden: Springer VS. https://doi.org/10.1007/978-3-658-15272-7_4

Becker, R. (2022). 'Explaining educational differentials' revisited: An evaluation of rigorous theoretical foundations and empirical findings. In K. Gërxhani, N. D. de Graaf & W. Raub (Hrsg.), *Handbook of sociological science: Contributions to rigorous sociology* (S. 356–371). Edward Elgar Publishing. https://doi.org/10.4337/9781789909432.00029

Beckmeyer, J. J., & Jamison, T. B. (2023). Understanding singlehood as a complex and multifaceted experience: Insights from relationship science. *Journal of Family Theory & Review.* https://doi.org/10.1111/jftr.12497

Bellani, D., Esping-Andersen, G., & Nedoluzhko, L. (2017). Never partnered: A multilevel analysis of lifelong singlehood. *Demographic Research, 37*, 53–100. https://doi.org/10.4054/DemRes.2017.37.4

Bengtson, V. L. (2001). Beyond the nuclear family: The increasing importance of multigenerational bonds. *Journal of Marriage and Family, 63*(1), 1–16. https://doi.org/10.1111/j.1741-3737.2001.00001.x

Bengtson, V. L., Acock, A. C., Allen, K. R., Dilworth-Anderson, P., & Klein, D. M. (2005). Theory and theorizing in family research. In V. L. Bengtson, A. C. Acock, K. R. Allen, P. Dilworth-Anderson, & D. M. Klein (Hrsg.), *Sourcebook of family theory and research* (S. 3–33). Thousand Oaks: Sage.

Berger, B., & Berger, P. L. (1984). *In Verteidigung der bürgerlichen Familie*. Fischer Verlag.

Bergsvik, J., Fauske, A., & Hart, R. K. (2021). Can policies stall the fertility fall? A systematic review of the (quasi-) experimental literature. *Population and Development Review, 47*(4), 913–964. https://doi.org/10.1111/padr.12431

Bernardi, F., & Martínez-Pastor, J.-I. (2011). Female education and marriage dissolution: Is it a selection effect? *European Sociological Review, 27*(6), 693–707. https://doi.org/10.1093/esr/jcq031

Bernardi, F., & Radl, J. (2014). The long-term consequences of parental divorce for children's educational attainment. *Demographic Research, 30*, 1653−1680. https://doi.org/10.4054/DemRes.2014.30.61

Bernardi, L. (2021). Qualitative longitudinal research in family sociology. In N. F. Schneider & M. Kreyenfeld (Hrsg.), *Research handbook on the sociology of the family* (S. 107–124). Cheltenham: Edward Elgar. https://doi.org/10.4337/9781788975544.00015

Berrington, A. (2021). Fertility desires, intentions, and behaviour. In N. F. Schneider & M. Kreyenfeld (Hrsg.), *Research handbook on the sociology of the family* (S. 248–262). Cheltenham: Edward Elgar.

Berscheid, E. (1983). Emotion. In H. H. Kelley, E. Berscheid, A. Christensen, J. H. Harvey, T. L. Huston, G. Levinger, E. McClintock, L. A. Peplau, & D. R. Peterson (Hrsg.), *Close relationships* (S. 110–168). New York: Freeman.

Berscheid, E. (2010). Love in the fourth dimension. *Annual Review of Psychology, 61*, 1–25. https://doi.org/10.1146/annurev.psych.093008.100318

Berscheid, E., & Walster, E. (1974). A little bit about love. In T. L. Huston (Hrsg.), *Foundations of interpersonal attraction* (S. 355–381). New York, London: Academic Press.

Bianchi, S. M., & Milkie, M. A. (2010). Work and family research in the first decade of the 21st century. *Journal of Marriage and Family, 72*(3), 705–725. https://doi.org/10.1111/j.1741-3737.2010.00726.x

Bierman, A., Fazio, E. M., & Milkie, M. A. (2006). A multifaceted approach to the mental health advantage of the married: Assessing how explanations vary by outcome measure and unmarried group. *Journal of Family Issues, 27*(4), 554–582. https://doi.org/10.1177/0192513X05284111

Birg, H., Flöthmann, E.-J., & Reiter, I. (1991). *Biographische Theorie der demographischen Reproduktion*. Frankfurt, New York: Campus.

Bischof, N. (1989). *Das Rätsel Ödipus. Die biologische Wurzel des Urkonfliktes von Intimität und Autonomie*. München: Piper.

Blau, P. M. (1994). *Structural contexts of opportunities*. Chicago, London: University of Chicago Press.

Blossfeld, H.-P. (2009). Educational assortative marriage in comparative perspective. *Annual Review of Sociology, 35*(1), 513–530. https://doi.org/10.1146/annurev-soc-070308-115913

Blossfeld, H.-P., & Huinink, J. (1991). Human capital investments or norms of role transition? How women's schooling and career affect the process of family formation. *American Journal of Sociology, 97*(1), 143–168. https://doi.org/10.1086/229743

Blossfeld, H.-P., & Timm, A. (1997). Der Einfluß des Bildungssystems auf den Heiratsmarkt. Eine Längsschnittanalyse der Wahl des ersten Ehepartners im Lebensverlauf. *Kölner Zeitschrift für Soziologie und Sozialpsychologie, 49*, 440–476.

Boehnke, M., & Boehnke, K. (2023). Intergenerationale Transmission. In O. Arránz Becker, K. Hank, & A. Steinbach (Hrsg.), *Handbuch Familiensoziologie* (2. Auflage, S. 445–468). Wiesbaden: Springer VS. https://doi.org/10.1007/978-3-658-35219-6_16

Bongaarts, J. (2017). Africa's unique fertility transition. *Population and Development Review, 43*, 39–58.

Bordone, V., Di Gessa, G., & Hank, K. (2023a). Family relations and health inequalities: grandparents and grandchildren. In R. Hoffmann (Hrsg.), *Research handbook on health inequalities across the life course* (S. 188–202). Cheltenham: Edward Elgar. https://doi.org/10.4337/9781800888166.00021

Bordone, V., Hank, K., Arpino, B., & Tomassini, C. (2023b). Childcare by grandparents in the context of welfare state policies. In M. Daly, B. Pfau-Effinger, N. Gilbert, & D. J. Besharov (Hrsg.), *The Oxford handbook of family policy over the life course* (S. 979–997). New York: Oxford University Press. https://doi.org/10.1093/oxfordhb/9780197518151.013.46

Bossard, J. H. S. (1932). Residential propinquity as a factor in marriage selection. *American Journal of Sociology, 38*(2), 219–224. https://doi.org/10.1086/216031

Boudon, R. (1980). *Die Logik des gesellschaftlichen Handelns*. Neuwied, Darmstadt: Luchterhand.

Bourdieu, P. (1983). Ökonomisches Kapital, kulturelles Kapital, soziales Kapital. In R. Kreckel (Hrsg.), *Soziale Ungleichheiten* (S. 183–198). Göttingen: Schwartz.

Bowlby, J. (1975). *Bindung: Eine Analyse der Mutter-Kind-Beziehung*. München: Kindler.

Bradbury, T. N., Fincham, F. D., & Beach, S. R. H. (2000). Research on the nature and determinants of marital satisfaction: A decade in review. *Journal of Marriage and Family, 62*(4), 964–980. https://doi.org/10.1111/j.1741-3737.2000.00964.x

Brand, J. E., Moore, R., Song, X., & Xie, Y. (2019). Why does parental divorce lower children's educational attainment? A causal mediation analysis. *Sociological Science, 6*, 264–292. https://doi.org/10.15195/v6.a11

Brandt, M. (2009). *Hilfe zwischen Generationen. Ein europäischer Vergleich*. Wiesbaden: Springer. https://doi.org/10.1007/978-3-531-91594-4

Brentano, L. (1909). Die Malthussche Lehre und die Bevölkerungsbewegung der letzten Dezennien. In *Abhandlungen der historischen Klasse der Königlich Bayerischen Akademie der Wissenschaften. XXIV. Band, III. Abteilung* (S. 567–625). München: Verlag der Königlich Bayerischen Akademie der Wissenschaft.

Bröckel, M., & Andreß, H.-J. (2015). The economic consequences of divorce in Germany: What has changed since the turn of the millennium? *Comparative Population Studies, 40*(3), 277–312. https://doi.org/10.12765/CPoS-2015-04

Bronfenbrenner, U. (1979). *The ecology of human development: Experiments by nature and design.* Cambridge: Harvard University Press.

Brose, S., & Zank, S. (2023). Sexualität im Alter. In K. Hank, M. Wagner, & S. Zank (Hrsg.), *Alternsforschung. Handbuch für Wissenschaft und Studium* (2. Auflage, S. 517–534). Baden-Baden: Nomos. https://doi.org/10.5771/9783748938095-517

Brown, S. L. (2003). Relationship quality dynamics of cohabiting unions. *Journal of Family Issues, 24*(5), 583–601. https://doi.org/10.1177/0192513X03252671

Brown, S. L., & Lin, I.-F. (2012). The gray divorce revolution: Rising divorce among middle-aged and older adults, 1990–2010. *The Journals of Gerontology: Series B, 67*(6), 731–741. https://doi.org/10.1093/geronb/gbs089

Brüderl, J., & Klein, T. (2003). Die Pluralisierung partnerschaftlicher Lebensformen in Westdeutschland, 1960–200. Eine Untersuchung mit dem Familiensurvey 2000. In W. Bien & J. H. Marbach (Hrsg.), *Partnerschaft und Familiengründung* (S. 189–217). Wiesbaden: VS Verlag für Sozialwissenschaften.

Brüggmann, D., & Kreyenfeld, M. (2023). Earnings trajectories after divorce: The legacies of the earner model during marriage. *Population Research and Policy Review, 42*(2), 23. https://doi.org/10.1007/s11113-023-09756-4

Budig, M. J., & Folbre, N. (2004). Activity, proximity, or responsibility? Measuring parental childcare time. In N. Folbre & M. Bittman (Hrsg.), *Family time: The social organization of care* (S. 51–68). London, New York: Routledge.

Buhr, P., & Kuhnt, A.-K. (2012). Die kurzfristige Stabilität des Kinderwunsches von Kinderlosen in Ost-und Westdeutschland: eine Analyse mit den ersten beiden Wellen des deutschen Beziehungs- und Familienpanels. *Zeitschrift für Familienforschung, Sonderheft 9*, 275–297. https://doi.org/10.2307/j.ctvdf036j.15

Bujard, M. (2016). Wirkungen von Familienpolitik auf die Geburtenentwicklung. In Y. Niephaus, M. Kreyenfeld, & R. Sackmann (Hrsg.), *Handbuch Bevölkerungssoziologie* (S. 619–646). Wiesbaden: Springer VS.

Bujard, M., Milewski, N., & Passet-Wittig, J. (2023). Fertilität. In O. Arránz Becker, K. Hank, & A. Steinbach (Hrsg.), *Handbuch Familiensoziologie* (2. Auflage, S. 353–380). Wiesbaden: Springer VS. https://doi.org/10.1007/978-3-658-35219-6_14

Bundesagentur für Arbeit. (2022). *Die Arbeitsmarktsituation von Frauen und Männern 2021.* Berichte: Blickpunkt Arbeitsmarkt. https://statistik.arbeitsagentur.de/DE/Statischer-Content/Statistiken/Themen-im-Fokus/Frauen-und-Maenner/generische-Publikationen/Frauen-Maenner-Arbeitsmarkt.pdf?__blob=publicationFile

Bundesministerium für Familie, S., Frauen und Jugend. (2021). Allein- oder getrenterziehen – Lebenssituation, Übergänge und Herausforderungen. *Monitor Familienforschung. Beiträge aus Forschung, Statistik und Familienpolitik, 43.* https://publikationen.uni-tuebingen.de/xmlui/bitstream/handle/10900/66564/Monitor-Familienforschung-Ausgabe-28.pdf?sequence=1

Bünning, M. (2015). What happens after the 'daddy months'? Fathers' involvement in paid work, childcare, and housework after taking parental leave in Germany. *European Sociological Review, 31*(6), 738–748. https://doi.org/10.1093/esr/jcv072

Buschner, A., & Bergold, P. (2022). Regenbogenfamilien. In J. Ecarius & A. Schierbaum (Hrsg.), *Handbuch Familie. Band I: Gesellschaft, Familienbeziehungen und differentielle Felder* (2. Auflage, S. 529–547). Wiesbaden: Springer VS. https://doi.org/10.1007/978-3-531-19985-6_29

Buss, D. M., & Schmitt, D. P. (2019). Mate preferences and their behavioral manifestations. *Annual Review of Psychology, 70,* 77–110. https://doi.org/10.1146/annurev-psych-010418-103408

Cha, Y., & Park, H. (2021). Converging educational differences in parents' time use in developmental child care. *Journal of Marriage and Family, 83*(3), 769–785. https://doi.org/10.1111/jomf.12720

Cherlin, A. J. (2017). Introduction to the special collection on separation, divorce, repartnering, and remarriage around the world. *Demographic Research, 37,* 1275–1296. https://doi.org/10.4054/DemRes.2017.37.38

Cherlin, A. J. (2020). Degrees of change: An assessment of the deinstitutionalization of marriage thesis. *Journal of Marriage and Family, 82*(1), 62–80. https://doi.org/10.1111/jomf.12605

Chibucos, T. R., & Leite, R. W. (Hrsg.). (2005). *Readings in family theory.* Thousand Oaks: Sage.

Christopher, F. S., & Sprecher, S. (2000). Sexuality in marriage, dating, and other relationships: A decade review. *Journal of Marriage and Family, 62*(4), 999–1017. https://doi.org/10.1111/j.1741-3737.2000.00999.x

Cleland, J., & Machiyama, K. (2017). The challenges posed by demographic change in sub-Saharan Africa: A concise overview. *Population and Development Review, 43,* 264–286.

Coleman, J. S. (1990). *Foundations of social theory.* Cambridge: Harvard University Press.

Coltrane, S. (2000). Research on household labor: Modeling and measuring the social embeddedness of routine family work. *Journal of Marriage and Family, 62*(4), 1208–1233. https://doi.org/10.1111/j.1741-3737.2000.01208.x

Connidis, I. A. (2020). Who counts as family later in life? Following theoretical leads. *Journal of Family Theory & Review, 12*(2), 164–179. https://doi.org/10.1111/jftr.12367

Conroy, G. C. (1990). *Primate evolution.* New York, London: Norton.

Cooke, L. P. (2004). The gendered division of labor and family outcomes in Germany. *Journal of Marriage and Family, 66*(5), 1246–1259. https://doi.org/10.1111/j.0022-2445.2004.00090.x

Coontz, S. (2005). *Marriage, a history: From obedience to intimacy, or how love conquered marriage.* New York: Yiking.

Coverman, S. (1985). Explaining husbands' participation in domestic labor. *The Sociological Quarterly, 26*(1), 81–97. https://doi.org/10.1111/j.1533-8525.1985.tb00217.x

Craig, L., Powell, A., & Smyth, C. (2014). Towards intensive parenting? Changes in the composition and determinants of mothers' and fathers' time with children 1992–2006. *The British Journal of Sociology, 65*(3), 555–579. https://doi.org/10.1111/1468-4446.12035

Crowley, J. E. (2019). Does everything fall apart? Life assessments following a gray divorce. *Journal of Family Issues, 40*(11), 1438–1461. https://doi.org/10.1177/0192513X19839735

D'Onofrio, B. M., & Lahey, B. B. (2010). Biosocial influences on the family: A decade review. *Journal of Marriage and Family, 72*(3), 762–782. https://doi.org/10.1111/j.1741-3737.2010.00729.x

Daly, K. J. (2003). Family theory versus the theories families live by. *Journal of Marriage and Family, 56*(4), 771–784. https://doi.org/10.1111/j.1741-3737.2003.00771.x

Danielsbacka, M., Tanskanen, A. O., & Billari, F. C. (2019). Who meets online? Personality traits and sociodemographic characteristics associated with online partnering in Germany. *Personality and Individual Differences, 143*, 139–144. https://doi.org/10.1016/j.paid.2019.02.024

Davis, K. (1959). The myth of functional analysis as a special method in sociology and anthropology. *American Sociological Review, 24*(6). https://doi.org/10.2307/2088563

de Bel, V., Kalmijn, M., & van Duijn, M. A. J. (2019). Balance in family triads: How intergenerational relationships affect the adult sibling relationship. *Journal of Family Issues, 40*(18), 2707–2727. https://doi.org/10.1177/0192513X19860181

de Graaf, P. M., & Kalmijn, M. (2003). Alternative routes in the remarriage market: Competing-risk analyses of union formation after divorce. *Social Forces, 81*(4), 1459–1498. https://doi.org/10.1353/sof.2003.0052

de Graaf, P. M., & Kalmijn, M. (2006). Divorce motives in a period of rising divorce: Evidence from a Dutch life-history survey. *Journal of Family Issues, 27*(4), 483–505. https://doi.org/10.1177/0192513X05283982

de Vaus, D., Gray, M., Qu, L., & Stanton, D. (2017). The economic consequences of divorce in six OECD countries. *Australian Journal of Social Issues, 52*(2), 180–199. https://doi.org/10.1002/ajs4.13

Deindl, C. (2011). *Finanzielle Transfers zwischen Generationen in Europa.* Wiesbaden: Springer. https://doi.org/10.1007/978-3-531-92690-2

Demo, D. H., & Fine, M. A. (2010). *Beyond the average divorce.* Thousand Oaks: Sage.

DeRose, L. (2023). The comparative stability of cohabitition versus marriage. In M. Daly, B. Pfau-Effinger, N. Gilbert, & D. J. Besharov (Hrsg.), *The Oxford handbook of family policy over the life course: A life-course perspective* (S. 437–461). New York: Oxford University Press. https://doi.org/10.1093/oxfordhb/9780197518151.013.21

Devaney, J., Bradbury-Jones, C., Macy, R. J., Øverlien, C., & Holt, S. (Hrsg.). (2021). *The Routledge international handbook of domestic violence and abuse.* Oxon, New York: Routledge.

Di Gessa, G., Glaser, K., & Zaninotto, P. (2022). Is grandparental childcare socio-economically patterned? Evidence from the English longitudinal study of ageing. *European Journal of Ageing, 19*, 763–774. https://doi.org/10.1007/s10433-021-00675-x

Diekmann, A., & Schmidheiny, K. (2004). Do parents of girls have a higher risk of divorce? An eighteen-country study. *Journal of Marriage and Family, 66*(3), 651–660. https://doi.org/10.1111/j.0022-2445.2004.00044.x

Diekmann, A., & Schmidheiny, K. (2013). The intergenerational transmission of divorce: A fifteen-country study with the fertility and family survey. *Comparative sociology, 12*(2), 211–235. https://doi.org/10.1163/15691330-12341261

Digoix, M. (2020). *Same-Sex Families and Legal Recognition in Europe.* Cham: Springer. https://doi.org/10.1007/978-3-030-37054-1

Domingue, R., & Mollen, D. (2009). Attachment and conflict communication in adult romantic relationships. *Journal of Social and Personal Relationships, 26*(5), 678–696. https://doi.org/10.1177/0265407509347932

Dorbritz, J., & Ruckdeschel, K. (2014). Kinderlosigkeit–differenzierte Analysen und europäische Vergleiche. In D. Konietzka & M. Kreyenfeld (Hrsg.), *Ein Leben ohne Kinder: Ausmaß, Strukturen und Ursachen von Kinderlosigkeit* (S. 253–278). Wiesbaden: Springer VS. https://doi.org/10.1007/978-3-531-94149-3_9

Dotti Sani, G. M., & Treas, J. (2016). Educational gradients in parents' child-care time across countries, 1965–2012. *Journal of Marriage and Family, 78*(4), 1083–1096. https://doi.org/10.1111/jomf.12305

Dronkers, J., & Härkönen, J. (2008). The intergenerational transmission of divorce in cross-national perspective: Results from the Fertility and Family Surveys. *Population Studies, 62*(3), 273–288. https://doi.org/10.1080/00324720802320475

Dujeu, M., Castetbon, K., Rouche, M., Lebacq, T., Pedroni, C., & Godin, I. (2022). Eight-year changes in adolescent self-rated health and life satisfaction in relation to living arrangement. *Journal of Divorce & Remarriage, 63*(3), 167–183. https://doi.org/10.108 0/10502556.2021.1993023

Dumont, H., Maaz, K., Neumann, M., & Becker, M. (2014). Soziale Ungleichheiten beim Übergang von der Grundschule in die Sekundarstufe I: Theorie Forschungsstand, Interventions-und Fördermöglichkeiten. *Zeitschrift für Erziehungswissenschaft, 17*, 141–165. https://doi.org/10.25656/01:12370

Durkheim, E. (1984 [1895]). *Die Regeln der soziologischen Methode.* Frankfurt am Main: Suhrkamp.

Dyer, E. D. (1986). Scheidung und Scheidungsfolgen in den USA. *Kölner Zeitschrift für Soziologie und Sozialpsychologie, 38*(3), 581–600.

Easterlin, R. A. (1975). An economic framework for fertility analysis. *Studies in Family Planning, 6*(3), 54–63. https://doi.org/10.2307/1964934

Easterlin, R. A., & Crimmins, E. (1985). *The fertility revolution. A aupply-demand-analysis.* Chicago, London: University of Chicago Press.

Ebner, C., Kühhirt, M., & Lersch, P. (2020). Cohort changes in the level and dispersion of gender ideology after German reunification: Results from a natural experiment. *European Sociological Review, 36*(5), 814–828. https://doi.org/10.1093/esr/jcaa015

Eggen, B., & Rupp, M. (2011). Gleichgeschlechtliche Paare und ihre Kinder: Hintergrundinformationen zur Entwicklung gleichgeschlechtlicher Lebensformen in Deutschland. *Zeitschrift für Familienforschung, Sonderheft 7*, 22–37.

Ehmer, J. (2021). A historical perspective on family change in Europe. In N. F. Schneider & M. Kreyenfeld (Hrsg.), *Research handbook on the sociology of the family* (S. 143–161). Cheltenham: Edward Elgar. https://doi.org/10.4337/9781788975544.00018

Engelhardt, H. (2002). *Zur Dynamik von Ehescheidungen. Theoretische und empirische Analysen.* Berlin: Duncker & Humblot.

Erlinghagen, M., & Hank, K. (2018). *Neue Sozialstrukturanalyse: Ein Kompass für Studienanfänger.* Paderborn: Wilhelm Fink.

Esping-Andersen, G. (2009). *Incomplete revolution: Adapting welfare states to women's new roles.* Cambridge: Polity Press.

Esser, H. (1993). *Soziologie: Allgemeine Grundlagen.* Frankfurt, New York: Campus.

Evertsson, M. (2014). Gender ideology and the sharing of housework and child care in Sweden. *Journal of Family Issues, 35*(7), 927–949. https://doi.org/10.1177/01925 13X14522239

Evertsson, M., Eriksson Kirsch, M., & Geerts, A. (2021). Family sociological theories questioned: Same-sex parent families sharing work and care. In N. F. Schneider & M. Kreyenfeld (Hrsg.), *Research handbook on the sociology of the family* (S. 373–385). Cheltenham: Edward Elgar. https://doi.org/10.4337/9781788975544.00035

Fallesen, P. (2021). Who reacts to less restrictive divorce laws? *Journal of Marriage and Family, 83*(2), 608–619. https://doi.org/10.1111/jomf.12722

Farrington, K., & Chertok, E. (1993). Social conflict theories of the family. In P. G. Boss, W. J. Doherty, R. LaRossa, W. R. Schumm, & S. K. Steinmetz (Hrsg.), *Sourcebook of family theories and methods. A contextual approach* (S. 357–381). New York, London: Plenum Press.

Fasang, A. E., & Zagel, H. (2023). Lebensverlauf. In O. Arránz Becker, K. Hank, & A. Steinbach (Hrsg.), *Handbuch Familiensoziologie* (2. Auflage, S. 37–55). Wiesbaden: Spinger VS. https://doi.org/10.1007/978-3-658-35219-6_3

Feld, S. L. (1981). The focused organization of social ties. *American Journal of Sociology, 86*, 1015–1035.

Feldhaus, M., & Huinink, J. (2011). Multiple Elternschaften in Deutschland – eine Analyse zur Vielfalt von Elternschaft in Folgepartnerschaften. *Zeitschrift für Familienforschung, Sonderheft 8*, 77–104.

Ferragina, E. (2019). Does family policy influence women's employment?: Reviewing the evidence in the field. *Political Studies Review, 17*(1), 65–80. https://doi.org/10.1177/1478929917736438

Fichtl, A., Hener, T., & Rainer, H. (2017). Familienpolitik in Deutschland: Kausale Evaluationsstudien und ausgewählte Ergebnisse. *Perspektiven der Wirtschaftspolitik, 18*, 117–131. https://doi.org/10.1515/pwp-2017-0010

Field, T. (2011). Romantic breakups, heartbreak and bereavement—Romantic breakups. *Psychology, 2*(4), 382–387. https://doi.org/10.4236/psych.2011.2406

Fincham, F. D., & Beach, S. R. H. (2010). Marriage in the new millennium: A decade in review. *Journal of Marriage and Family, 72*(3), 630–649. https://doi.org/10.1111/j.1741-3737.2010.00722.x

Fink, B., & Sövegjarto, O. (2007). Physische Attraktivität und zyklusabhängige Partnerpräferenzen. *Der Gynäkologe, 40*(9), 729–736. https://doi.org/10.1007/s00129-007-2039-y

Fischer, M., & de Vries, L. (2023). LSBTQI* Paarbeziehungen und Familien. In O. Arránz Becker, K. Hank, & A. Steinbach (Hrsg.), *Handbuch Familiensoziologie* (2. Auflage, S. 601–623). Wiesbaden: Springer VS. https://doi.org/10.1007/978-3-658-35219-6_24

Fisher, H. (1993). *Anatomie der Liebe. Warum Paare sich finden, sich binden und auseinandergehen.* München: Droemer.

Foa, E. B., & Foa, U. G. (1980). Resource theory. In K. J. Gergen, M. S. Greenberg, & R. H. Willis (Hrsg.), *Social exchange: Advances in theory and research* (S. 77–101). New York, London: Plenum.

Fomby, P., & Cherlin, A. J. (2007). Family instability and child well-being. *American Sociological Review, 72*(2), 181–204. https://doi.org/10.1177/000312240707200203

Franzese, F., & Rapp, I. (2013). Der Einfluss von Arbeitslosigkeit auf das Trennungsrisiko von Ehen. *Zeitschrift für Familienforschung, 25*(3), 331–346. https://doi.org/10.20377/jfr-146

Furman, W., & Buhrmester, D. (1985). Children's perceptions of the qualities of sibling relationships. *Child Development, 56*(2), 448–461. https://doi.org/10.2307/1129733

Furstenberg, F. F. (2019). Family change in global perspective: How and why family systems change. *Family Relations, 68*(3), 326–341. https://doi.org/10.1111/fare.12361

Furstenberg, F. F. (2020). Kinship reconsidered: Research on a neglected topic. *Journal of Marriage and Family, 82*(1), 364–382. https://doi.org/10.1111/jomf.12628

Galbraith, N., & Kingsbury, M. (2022). Parental separation or divorce, shared parenting time arrangements, and child well-being: New findings for Canada. *Canadian Studies in Population, 49*, 75–108. https://doi.org/10.1007/s42650-022-00068-0

Ganong, L. H., & Coleman, M. (2018). Studying stepfamilies: Four eras of family scholarship. *Family Process, 57*(1), 7–24. https://doi.org/10.1111/famp.12307

García Román, J., & Cortina, C. (2016). Family time of couples with children: Shortening gender differences in parenting? *Review of Economics of the Household, 14*(4), 921–940. https://doi.org/10.1007/s11150-015-9315-8

Gath, M. E. (2021). Parents and adolescents in stepfamilies: Longitudinal links to physical health, psychological distress, and stress. *Journal of Child and Family Studies, 31*, 17–28. https://doi.org/10.1007/s10826-021-02078-z

Geary, D. C., & Flinn, M. V. (2001). Evolution of human parental behavior and the human family. *Parenting: Science and Practice, 1*(1–2), 5–61. https://doi.org/10.1080/1529519 2.2001.9681209

Gehres, W., & Sauer, S. (2022). Adoptiv- und Pflegefamilien. In J. Ecarius & A. Schierbaum (Hrsg.), *Handbuch Familie. Band II: Erziehung, Bildung und pädagogische Arbeitsfelder* (2. Auflage, S. 701–720). Wiesbaden: Springer VS. https://doi. org/10.1007/978-3-658-19843-5_36

Geisler, E., & Kreyenfeld, M. (2019). Policy reform and fathers' use of parental leave in Germany: The role of education and workplace characteristics. *Journal of European Social Policy, 29*(2), 273–291. https://doi.org/10.1177/0958928718765638

Geist, C., & Ruppanner, L. (2018). Mission impossible? New housework theories for changing families. *Journal of Family Theory & Review, 10*(1), 242–262. https://doi. org/10.1111/jftr.12245

Giddens, A. (1995). *Soziologie*. Graz, Wien: Nausner und Nausner.

Gilligan, M., Stocker, C. M., & Conger, K. J. (2020). Sibling relationships in adulthood: Research findings and new frontiers. *Journal of Family Theory & Review, 12*(3), 305–320. https://doi.org/10.1111/jftr.12385

Glassner, J.-J. (1996). Von Sumer bis Babylon. Bewirtschaftsgruppen und Herrscherfamilien. In A. Burguière, C. Klapisch-Zuber, M. Segalen, & F. Zonabend (Hrsg.), *Geschichte der Familie. Band 1: Altertum* (S. 117–159). Frankfurt, New York: Campus.

Glauber, R., & Gozjolko, K. L. (2011). Do traditional fathers always work more? Gender ideology, race, and parenthood. *Journal of Marriage and Family, 73*(5), 1133–1148. https://doi.org/10.1111/j.1741-3737.2011.00870.x

Glenn, N. D. (1990). Quantitative research on marital quality in the 1980s: A critical review. *Journal of Marriage and the Family, 52*(4), 818–831. https://doi. org/10.2307/353304

Glick, P. C. (1947). The family cycle. *American Sociological Review, 12*, 164–174.

Goisis, A., Özcan, B., & van Kerm, P. (2019). Do children carry the weight of divorce? *Demography, 56*(3), 785–811. https://doi.org/10.1007/s13524-019-00784-4

Goldberg, A. E. (2013). "Doing" and "undoing" gender: The meaning and division of housework in same-sex couples. *Journal of Family Theory & Review, 5*(2), 85–104. https://doi.org/10.1111/jftr.12009

Goldberg, A. E., & Allan, K. R. (Hrsg.). (2020). *LGBTQ-parent families: Innovations in research and implications for practice.* Cham: Springer. https://doi.org/10.1007/978-3-030-35610-1.

Goldscheider, F., Bernhardt, E., & Lappegård, T. (2015). The gender revolution: A framework for understanding changing family and demographic behavior. *Population and Development Review, 41*(2), 207–239. https://doi.org/10.1111/j.1728-4457.2015.00045.x

Goldstein, J., Kreyenfeld, M., Huinink, J., Konietzka, D., & Trappe, H. (2010). *Familie und Partnerschaft in Ost-und Westdeutschland. Ergebnisse im Rahmen des Projektes „Demographic Differences in Life Course Dynamics in Eastern and Western Germany".* Rostock: Max-Planck-Institut für demografische Forschung.

Goldstein, J. R., Sobotka, T., & Jasilioniene, A. (2009). The end of "lowest-low" fertility? *Population and Development Review, 35*(4), 663–699. https://doi.org/10.1111/j.1728-4457.2009.00304.x

Goode, W. J. (1949). Problems in postdivorce adjustment. *American Sociological Review, 14,* 394–401. https://doi.org/10.2307/2086888

Gottman, J. M. (1994). *What predicts divorce? The relationship between marital processes and marital outcomes.* Hillsdale: Lawrence Erlbaum.

Grätz, M. (2015). When growing up without a parent does not hurt: Parental separation and the compensatory effect of social origin. *European Sociological Review, 31*(5), 546–557. https://doi.org/10.1093/esr/jcv057

Greenhaus, J. H., & Powell, G. N. (2006). When work and family are allies: A theory of work-family enrichment. *Academy of Management Review, 31*(1), 72–92. https://doi.org/10.5465/amr.2006.19379625

Grossmann, K., & Grossmann, K. E. (2021). *Bindungen – das Gefüge psychischer Sicherheit.* Stuttgart: Klett-Cotta.

Groves, E. R. (1925). Social influences affecting home life. *American Journal of Sociology, 31*(2), 227–240. https://doi.org/10.1086/213854

Grundmann, M., & Wernberger, A. (2023). Familie und Sozialisation. In O. Arránz Becker, K. Hank, & A. Steinbach (Hrsg.), *Handbuch Familiensoziologie* (2. Auflage, S. 381–401). Wiesbaden: Springer VS. https://doi.org/10.1007/978-3-658-35219-6_15

Grundy, E. M., & Murphy, M. (2018). Population ageing in Europe. In J.-P. Michel (Hrsg.), *Oxford textbook of geriatric medicine* (S. 11–18). Oxford: Oxford University Press.

Grünheid, E. (2017). Wandel der Lebensformen in Deutschland. *BiB Working Paper, 2/2017.* https://d-nb.info/115709533X/34

Grunow, D., Schulz, F., & Blossfeld, H.-P. (2012). What determines change in the division of housework over the course of marriage? *International Sociology, 27*(3), 289–307. https://doi.org/10.1177/0268580911423056

Gupta, S. (1999). The effects of transitions in marital status on men's performance of housework. *Journal of Marriage and the Family, 61*(3), 700–711. https://doi.org/10.2307/353571

Haberkern, K. (2009). *Pflege in Europa: Familie und Wohlfahrtsstaat.* Wiesbaden: Springer. https://doi.org/10.1007/978-3-531-91617-0

Hadfield, K., Amos, M., Ungar, M., Gosselin, J., & Ganong, L. (2018). Do changes to family structure affect child and family outcomes? A systematic review of the instability hypothesis. *Journal of Family Theory & Review, 10*(1), 87–110. https://doi.org/10.1111/jftr.12243

Hakvoort, E. M., Bos, H. M. W., Van Balen, F., & Hermanns, J. M. A. (2011). Postdivorce relationships in families and children's psychosocial adjustment. *Journal of Divorce & Remarriage, 52*(2), 125–146. https://doi.org/10.1080/10502556.2011.546243

Hank, K. (2009). Generationenbeziehungen im alternden Europa: Analysepotenziale und Befunde des Survey of Health, Ageing and Retirement in Europe. *Zeitschrift für Familienforschung, 21*(1), 86–97.

Hank, K. (2023). Intergenerationale Beziehungen. In O. Arránz Becker, K. Hank, & A. Steinbach (Hrsg.), *Handbuch Familiensoziologie* (2. Auflage, S. 403–423). Wiesbaden: Springer VS. https://doi.org/10.1007/978-3-658-35219-6_18

Hank, K., Cavrini, G., Di Gessa, G., & Tomassini, C. (2018). What do we know about grandparents? Insights from current quantitative data and identification of future data needs. *European Journal of Ageing, 15*(3), 225–235. https://doi.org/10.1007/s10433-018-0468-1

Hank, K., Gummer, T., Bujard, M., Neyer, F. J., Pollak, R., Spieß, C. K., Wolf, C., ...;, & Thönnissen, C. (2023). A new data infrastructure for family research and demographic analysis: The German Family Demography Panel Study (FReDA). *European Sociological Review*.

Hank, K., & Salzburger, V. (2015). Gay and lesbian adults' relationship with parents in Germany. *Journal of Marriage and Family, 77*(4), 866–876. https://doi.org/10.1111/jomf.12205

Hank, K., & Steinbach, A. (2018). Intergenerational solidarity and intragenerational relations between adult siblings. *Social Science Research, 76*, 55–64. https://doi.org/10.1016/j.ssresearch.2018.08.003

Hank, K., & Steinbach, A. (2019). Families and their institutional contexts: The role of family policies and legal regulations. *Kölner Zeitschrift für Soziologie und Sozialpsychologie, 71*, 375–398. https://doi.org/10.1007/s11577-019-00603-z

Hardesty, J. L., & Ogolsky, B. G. (2020). A socioecological perspective on intimate partner violence research: A decade in review. *Journal of Marriage and Family, 82*(1), 454–477. https://doi.org/10.1111/jomf.12652

Härkönen, J., Bernardi, F., & Boertien, D. (2017). Family dynamics and child outcomes: An overview of research and open questions. *European Journal of Population, 33*(2), 163–184. https://doi.org/10.1007/s10680-017-9424-6

Harris, M. (1989). *Kulturanthropologie. Ein Lehrbuch*. Frankfurt, New York: Campus.

Harris, M. (1990 [1977]). *Kannibalen und Könige. Die Wachstumsgrenzen der Hochkulturen*. Stuttgart: Klett-Cotta.

Havermans, N., Swicegood, G., & Matthijs, K. (2020). Floor effects or compensation of social origin? The relation between divorce and children's school engagement according to parents' educational level. In D. Mortelmans (Hrsg.), *Divorce in Europe. New insights in trends, causes and consequences of relation break-ups* (S. 355–370). Cham: Springer. https://doi.org/10.1007/978-3-030-25838-2_17

Hawkins, D. N., & Booth, A. (2005). Unhappily ever after: Effects of long-term, low-quality marriages on well-being. *Social Forces, 84*(1), 451–471. https://doi.org/10.1353/sof.2005.0103

Hayslip Jr., B., Fruhauf, C. A., & Dolbin-MacNab, M. L. (2019). Grandparents raising grandchildren: What have we learned over the past decade? *The Gerontologist, 59*(3), e152–e163. https://doi.org/10.1093/geront/gnx106

Hedström, P., & Swedberg, R. (1998). *Social mechanisms: An analytical approach to social theory.* Cambridge, New York: Cambridge University Press.

Heers, M., & Szalma, I. (2022). Gender role attitudes and father practices as predictors of nonresident father-child contact. *PloS One, 17*(4), e0266801. https://doi.org/10.1371/journal.pone.0266801

Hellmann, D. F. (2014). Repräsentativbefragung zu Viktimisierungserfahrungen in Deutschland. *Forschungsbericht No. 122, Kriminologisches Forschungsinstitut Niedersachsen.*, https://kfn.de/wp-content/uploads/Forschungsberichte/FB_122.pdf.

Hellstrand, J., Nisén, J., Miranda, V., Fallesen, P., Dommermuth, L., & Myrskylä, M. (2021). Not just later, but fewer: Novel trends in cohort fertility in the Nordic countries. *Demography, 58*(4), 1373–1399. https://doi.org/10.1215/00703370-9373618

Helms, T. (2023). Familienrecht. In O. Arránz Becker, K. Hank, & A. Steinbach (Hrsg.), *Handbuch Familiensoziologie* (2. Auflage, S. 849–872). Wiesbaden: Springer VS. https://doi.org/10.1007/978-3-658-35219-6_34

Hempel, C. G. (1959). The logic of functional analysis. In L. Gross (Hrsg.), *Symposium on sociological theory* (S. 271–307). Evanston: White Plains.

Hempel, C. G. (1977 [1965]). *Aspekte wissenschaftlicher Erklärung.* Berlin, New York: De Gruyter.

Henry, L. (1961). Some data on natural fertility. *Eugenics Quarterly, 8*(2), 81–91. https://doi.org/10.1080/19485565.1961.9987465

Henz, U. (2022). Couples' daily childcare schedules: Gendered patterns and variations. *Families, Relationships and Societies, 11*(1), 127–146. https://doi.org/10.1332/204674320X15979442575464

Hewitt, B., Turrell, G., & Giskes, K. (2012). Marital loss, mental health and the role of perceived social support: findings from six waves of an Australian population based panel study. *Journal of Epidemiology & Community Health, 66*(4), 308–314. https://doi.org/10.1136/jech.2009.104893

Hill, P. B. (1992). Emotionen in engen Beziehungen: Zum Verhältnis von „Commitment", „Liebe" und „Rational Choice". *Zeitschrift für Familienforschung, 4*(2), 125–146.

Hill, P. B. (1999). Segmentäre Beziehungen in modernen Gesellschaften. Zum Bestand familialer Lebensformen unter dem Einfluß gesellschaftlicher Differenzierung. In F. Busch, B. Nauck, & R. Nave-Herz (Hrsg.), *Aktuelle Forschungsfelder der Familienwissenschaft* (S. 33–51). Würzburg: Ergon.

Hill, P. B. (2004). *Interaktion und Kommunikation: Eine empirische Studie zu Alltagsinteraktionen, Konflikten und Zufriedenheit in Partnerschaften.* Würzburg: Ergon.

Hill, P. B., & Kopp, J. (1997). Heiratsverhalten und Fertilität im internationalen Vergleich. In R. Becker (Hrsg.), *Generation und sozialer Wandel. Generationsdynamik, Generationsbeziehungen und Differenzierung von Generationen* (S. 23–40). Opladen: Leske und Budrich.

Hill, P. B., & Kopp, J. (2013). *Familiensoziologie: Grundlagen und theoretische Perspektiven* (5. Auflage). Wiesbaden: Springer VS.

Hill, P. B., & Kopp, J. (2023). Theoretische Ansätze der Familiensoziologie. In O. Arránz Becker, K. Hank, & A. Steinbach (Hrsg.), *Handbuch Familiensoziologie* (2. Auflage, S. 9–35). Wiesbaden: Springer VS. https://doi.org/10.1007/978-3-658-35219-6_2

Hochschild, A. R. (1989). *The second shift: Working parents and the revolution at home.* New York: Viking Penguin.

Hoffman, L. W., & Hoffman, M. L. (1973). The value of children to parents. In J. T. Fawcett (Hrsg.), *Psychological perspectives on population* (S. 19–76). New York: Basic Books.

Högnäs, R. S. (2020). Gray divorce and social and emotional loneliness. In D. Mortelmans (Hrsg.), *Divorce in Europe. New insights in trends, causes and consequences of relation break-ups* (S. 147–165). Cham: Springer. https://doi.org/10.1007/978-3-030-25838-2_7

Hornstra, M., Kalmijn, M., & Ivanova, K. (2020). Fatherhood in complex families: Ties between adult children, biological fathers, and stepfathers. *Journal of Marriage and Family, 82*(5), 1637–1654. https://doi.org/10.1111/jomf.12679

Hubbard, W. H. (1983). *Familiengeschichte: Materialien zur deutschen Familie seit dem Ende des 18. Jahrhunderts.* München: Beck.

Huinink, J. (2011). Die ‚notwendige Vielfalt‘ der Familie in spätmodernen Gesellschaften. In K. Hahn & C. Koppetsch (Hrsg.), *Soziologie des Privaten* (S. 19–31). Wiesbaden: VS Verlag für Sozialwissenschaften. https://doi.org/10.1007/978-3-531-93460-0_2

Huinink, J., & Kohli, M. (2014). A life-course approach to fertility. *Demographic Research, 30*(45), 1293–1326. https://doi.org/10.4054/DemRes.2014.30.45

Huston, T. L. (2000, May). The social ecology of marriage and other intimate unions. *Journal of Marriage and Family, 62*(2), 298–320. https://doi.org/10.1111/j.1741-3737.2000.00298.x

Igel, C., Brandt, M., Haberkern, K., & Szydlik, M. (2009). Specialization between family and state – Intergenerational time transfers in Western Europe. *Journal of Comparative Family Studies, 40*(2), 203–226.

Irmer, J. v. (2008). Die Rolle des Sexuallebens in einer romantischen Partnerschaft für die Beziehungszufriedenheit: Der Fragebogen zum Erleben von Sexualität in engen Partnerschaften (FESP). *Zeitschrift für Familienforschung, 20*(3), 229–246.

Jansen, M., Mortelmans, D., & Snoeckx, L. (2009). Repartnering and (re)employment: Strategies to cope with the economic consequences of partnership dissolution. *Journal of Marriage and Family, 71*(5), 1271–1293. https://doi.org/10.1111/j.1741-3737.2009.00668.x

Jappens, M., & van Bavel, J. (2020). Grandparent-grandchild relationships and grandchildren's well-being after parental divorce in Flanders, Belgium. Does lineage matter? *Journal of Family Research, 32*(1), 1–24. https://doi.org/10.20377/jfr-158

Johnson, M. P., & Ferraro, K. J. (2000). Research on domestic violence in the 1990s: Making distinctions. *Journal of Marriage and Family, 62*(4), 948–963. https://doi.org/10.1111/j.1741-3737.2000.00948.x

Jones, L. E., & Schoonbroodt, A. (2011). Fertility theories: Can they explain the negative fertility-income relationship? In J. B. Shoven (Hrsg.), *Demography and the economy* (S. 43–106). Chicago: University of Chicago Press. https://doi.org/10.7208/chicago/9780226754758.003.0003

Jose, A., Daniel O'Leary, K., & Moyer, A. (2010). Does premarital cohabitation predict subsequent marital stability and marital quality? A meta-analysis. *Journal of Marriage and Family, 72*(1), 105–116. https://doi.org/10.1111/j.1741-3737.2009.00686.x

Jurczyk, K., & Klinkhardt, J. (2014). *Vater, Mutter, Kind? Acht Trends in Familien, die Politik heute kennen sollte.* Gütersloh: Bertelsmann Stiftung.

Kalmijn, M. (2010). Country differences in the effects of divorce on well-being: The role of norms, support, and selectivity. *European Sociological Review, 26*(4), 475–490. https://doi.org/10.1093/esr/jcp035

Kalmijn, M. (2017). The ambiguous link between marriage and health: A dynamic reanalysis of loss and gain effects. *Social Forces, 95*(4), 1607–1636. https://doi.org/10.1093/sf/sox015

Kalmijn, M., De Graaf, P. M., & Janssen, J. P. (2005). Intermarriage and the risk of divorce in the Netherlands: The effects of differences in religion and in nationality, 1974–94. *Population Studies, 59*(1), 71–85. https://doi.org/10.1080/0032472052000332719

Kalmijn, M., de Leeuw, S. G., Hornstra, M., Ivanova, K., van Gaalen, R., & van Houdt, K. (2019). Family complexity into adulthood: The central role of mothers in shaping intergenerational ties. *American Sociological Review, 84*(5), 876–904. https://doi.org/10.1177/0003122419871959

Kalmijn, M., & Leopold, T. (2021). A new look at the separation surge in Europe: Contrasting adult and child perspectives. *American Sociological Review, 86*(1), 1–34. https://doi.org/10.1177/0003122420973982

Karney, B. R., & Bradbury, T. N. (2020). Research on marital satisfaction and stability in the 2010s: Challenging conventional wisdom. *Journal of Marriage and Family, 82*(1), 100–116. https://doi.org/10.1111/jomf.12635

Kasten, H. (2020). *Geschwister: Vorbilder, Rivalen, Vertraute* (7. Auflage). München: Reinhardt.

Kaufmann, J.-C. (2004). *Der Morgen danach: Wie eine Liebesgeschichte beginnt.* Konstanz: UVK.

Keizer, R., & Schenk, N. (2012). Becoming a parent and relationship satisfaction: A longitudinal dyadic perspective. *Journal of Marriage and Family, 74*(4), 759–773. https://doi.org/10.1111/j.1741-3737.2012.00991.x

Kelley, H. H. (1983). Love and commitment. In H. H. Kelley, E. Berscheid, A. Christensen, J. H. Harvey, T. L. Huston, G. Levinger, E. McClintock, L. A. Peplau, & D. R. Peterson (Hrsg.), *Close relationships* (S. 265–314). New York: Freeman.

Killewald, A. (2016). Money, work, and marital stability: Assessing change in the gendered determinants of divorce. *American Sociological Review, 81*(4), 696–719. https://doi.org/10.1177/0003122416655340

Kirk, D. (1996). Demographic transition theory. *Population Studies, 50*(3), 361–387. https://doi.org/10.1080/0032472031000149536

Klaus, D., Mahne, K., & Hank, K. (2023). Partnerschaft und Familie im Alter. In K. Hank, M. Wagner, & S. Zank (Hrsg.), *Alternsforschung. Handbuch für Wissenschaft und Studium* (2. Auflage, S. 361–386). Baden-Baden: Nomos. https://doi.org/10.5771/9783748938095-361

Klein, T. (1995). Die geschwisterlose Generation: Mythos oder Realität? *Zeitschrift für Pädagogik, 41*(2), 285–299. https://doi.org/10.25656/01:10454

Klein, T. (2023). Partnerwahl. In O. Arránz Becker, K. Hank, & A. Steinbach (Hrsg.), *Handbuch Familiensoziologie* (2. Auflage, S. 329–351). Wiesbaden: Springer VS. https://doi.org/10.1007/978-3-658-35219-6_13

Klein, T., & Rapp, I. (2014). Die altersbezogene Partnerwahl im Lebensverlauf und ihr Einfluss auf die Beziehungsstabilität. In A. Steinbach, M. Hennig, & O. Arránz Becker (Hrsg.), *Familie im Fokus der Wissenschaft* (S. 203–223). Wiesbaden: Springer. https://doi.org/10.1007/978-3-658-02895-4_9

Knapp, S. J., & Wurm, G. (2019). Theorizing family change: A review and reconceptualization. *Journal of Family Theory & Review, 11*(2), 212–229. https://doi. org/10.1111/jftr.12329

Knoke, J., Burau, J., & Roehrle, B. (2010). Attachment styles, loneliness, quality, and stability of marital relationships. *Journal of Divorce & Remarriage, 51*(5), 310–325. https://doi.org/10.1080/10502551003652017

Kohler, H.-P., Rodgers, J. L., & Christensen, K. (2002). Between nurture and nature: The shifting determinants of female fertility in Danish twin cohorts. *Social Biology, 49*(3–4), 218–248. https://doi.org/10.1080/19485565.2002.9989060

Kolk, M., & Andersson, G. (2020). Two decades of same-sex marriage in Sweden: A demographic account of developments in marriage, childbearing, and divorce. *Demography, 57*(1), 147–169. https://doi.org/10.1007/s13524-019-00847-6

Konietzka, D., Feldhaus, M., Kreyenfeld, M., & Trappe, H. (2021). Family and intimate relationships. In B. Hollstein, R. Greshoff, U. Schimank, & A. Weiß (Hrsg.), *Soziologie—Sociology in the German-Speaking World. Special Issue Soziologische Revue 2020* (S. 99–115). Berlin: De Gruyter. https://doi.org/10.1515/9783110627275-008

Konietzka, D., & Kreyenfeld, M. (Hrsg.). (2014). *Ein Leben ohne Kinder. Ausmaß, Strukturen und Ursachen von Kinderlosigkeit.* Wiesbaden: Springer VS.

König, R. (1976). Soziologie der Familie. In R. König & L. Rosenmayr (Hrsg.), *Handbuch zur empirischen Sozialforschung. Band 7: Familie – Alter* (2. Auflage, S. 1–217). Stuttgart: Enke.

Kopp, J. (2020). Ethnographie als soziologische Methode. Einige Anmerkungen. In N. Richter & J. Kopp (Hrsg.), *Entering the Battlefield. Eine ethnographische Annäherung an eine Musikszene* (S. 23–45). Wiesbaden: Springer VS. https://doi.org/10.1007/978-3-658-22384-7_2

Kopp, J., Lois, D., Kunz, C., & Arránz Becker, O. (2010). *Verliebt, verlobt, verheiratet: Institutionalisierungsprozesse in Partnerschaften.* Wiesbaden: VS Verlag. https://doi. org/10.1007/978-3-531-92304-8

Kotitschke, E., & Becker, R. (2013). Familienergänzende Betreuung und Schulerfolg. In M. Stamm & D. Edelmann (Hrsg.), *Handbuch frühkindliche Bildungsforschung* (S. 713–729). Wiesbaden: Springer VS. https://doi.org/10.1007/978-3-531-19066-2_49

Kotitschke, E., Möser, S., Gilgen, S., & Becker, R. (2023). Familie und Bildung. In O. Arránz Becker, K. Hank, & A. Steinbach (Hrsg.), *Handbuch Familiensoziologie* (2. Auflage, S. 783–813). Wiesbaden: Springer VS. https://doi.org/10.1007/978-3-658-35219-6_31

Kotzerke, M., Röhricht, V., Weinert, S., & Ebert, S. (2013). Sprachlich-kognitive Kompetenzunterschiede bei Schulanfängern und deren Auswirkungen bis Ende der Klassenstufe 2. In G. Faust (Hrsg.), *Einschulung. Ergebnisse aus der Studie „Bildungsprozesse, Kompetenzentwicklung und Selektionsentscheidungen im Vorschul- und Schulalter (BiKS)"* (S. 111–135). Münster, New York, München, Berlin: Waxmann.

Kraaykamp, G. (2002). Trends and countertrends in sexual permissiveness: Three decades of attitude change in the Netherlands 1965–1995. *Journal of Marriage and Family, 64*(1), 225–239. https://doi.org/10.1111/j.1741-3737.2002.00225.x

Krahé, B. (2023). Aggression und Gewalt in der Familie. In O. Arránz Becker, K. Hank, & A. Steinbach (Hrsg.), *Handbuch Familiensoziologie* (2. Auflage, S. 491–510). Wiesbaden: Springer VS. https://doi.org/10.1007/978-3-658-35219-6_20

Kramer, L., Conger, K. J., Rogers, C. R., & Ravindran, N. (2019). Siblings. In B. H. Fiese, M. Celano, K. Deater-Deckard, E. N. Jouriles, & M. A. Whisman (Hrsg.), *APA handbook of contemporary family psychology. Volume 1: Foundations, methods, and contemporary issues across the lifespan* (S. 521–538). Washington, D.C.: American Psychological Association. https://doi.org/10.1037/0000099-029

Kreyenfeld, M., & Heintz-Martin, V. (2012). *Stieffamilien in Deutschland. Ein soziodemographischer Überblick* Berlin: Bundesministerium für Familie, Senioren, Frauen und Jugend.

Kreyenfeld, M., & Konietzka, D. (2012). Stieffamilien und die spätmoderne Vielfalt der Familie. In P. Buhr & M. Feldhaus (Hrsg.), *Die notwendige Vielfalt von Familie und Partnerschaft* (S. 233–253). Würzburg: Ergon.

Kreyenfeld, M., & Konietzka, D. (2020). Bevölkerung. In H. Joas & S. Mau (Hrsg.), *Lehrbuch der Soziologie* (S. 757–787). Frankfurt: Campus.

Kröhnert, S., & Vollmer, S. (2012). Gender-specific migration from Eastern to Western Germany: Where have all the young women gone? *International Migration, 50*(5), 95–112. https://doi.org/10.1111/j.1468-2435.20212.00750.x

Kuhnt, A.-K. (2013). *Kinderwünsche im Lebensverlauf – Analysen auf Basis des Beziehungs- und Familienpanels (pairfam)* [Dissertation, Universität Rostock]. Rostock.

Kuhnt, A.-K., Minkus, L., & Buhr, P. (2021). Uncertainty in fertility intentions from a life course perspective: Which life course markers matter? *Journal of Family Research, 33*(1), 186–210. https://doi.org/10.20377/jfr-426

Kuhnt, A.-K., & Passet-Wittig, J. (2023). Familie und Reproduktionsmedizin. In O. Arránz Becker, K. Hank, & A. Steinbach (Hrsg.), *Handbuch Familiensoziologie* (2. Auflage, S. 625–653). Wiesbaden: Springer VS. https://doi.org/10.1007/978-3-658-35219-6_25

Kuhnt, A.-K., & Steinbach, A. (2014). Diversität von Familie in Deutschland. In A. Steinbach, M. Henning, & O. Arranz Becker (Hrsg.), *Familie im Fokus der Wissenschaft*. Wiesbaden: Springer VS. https://doi.org/10.1007/978-3-658-02895-4_3

Lachance-Grzela, M., & Bouchard, G. (2010). Why do women do the lion's share of housework? A decade of research. *Sex Roles, 63*(11–12), 767–780. https://doi.org/10.1007/s11199-010-9797-z

Laslett, P. (1972). Introduction: The history of the family. In P. Laslett & R. Wall (Hrsg.), *Household and family in past time* (S. 1–89). Cambridge: Cambridge University Press.

Lazarsfeld, P. F., & Merton, R. K. (1954). Friendship as a social process: A substantive and methodological Analysis. In M. Berger, T. Abel, & C. H. Page (Hrsg.), *Freedom and control in modern society* (S. 18–66). Toronto, New York, London: Van Nostrand.

Le, B., & Agnew, C. R. (2003). Commitment and its theorized determinants: A meta-analysis of the Investment Model. *Personal Relationships, 10*(1), 37–57. https://doi.org/10.1111/1475-6811.00035

Le, B., Dove, N. L., Agnew, C. R., Korn, M. S., & Mutso, A. A. (2010). Predicting nonmarital romantic relationship dissolution: A meta-analytic synthesis. *Personal Relationships, 17*(3), 377–390. https://doi.org/10.1111/j.1475-6811.2010.01285.x

Lee, D., & McLanahan, S. (2015). Family structure transitions and child development: Instability, selection, and population heterogeneity. *American Sociological Review, 80*(4), 738–763. https://doi.org/10.1177/0003122415592129

Lee, R. B. (1979). What hunters do for a living, or, how to make out scare resources. In R. B. Lee & I. DeVore (Hrsg.), *Man the hunter* (S. 30–48). New York: Aldine Publishing.

Legewie, N. M., & Fasang, A. E. (2021). Digital family research. In N. F. Schneider & M. Kreyenfeld (Hrsg.), *Research handbook on the sociology of the family* (S. 89–106). Cheltenham: Edward Elgar. https://doi.org/10.4337/9781788975544.00014

Leibenstein, H. (1957). *Economic backwardness and economic growth*. New York: Wiley.

Leibenstein, H. (1974). An interpretation of the economic theory of fertility: Promising path or blind alley? *Journal of Economic Literature, 12*(2), 457–479.

Lengerer, A., & Bohr, J. (2019). Gleichgeschlechtliche Partnerschaften in Deutschland. Verbreitung, Entwicklung und soziale Unterschiede. *Informationsdienst Soziale Indikatoren, 62*, 7–12. https://doi.org/10.15464/isi.62.2019.7-12

Lenz, K., & Adler, M. A. (2021). Emotions, love, and sexuality in committed relationships. In N. F. Schneider & M. Kreyenfeld (Hrsg.), *Research handbook on the sociology of the family* (S. 314–327). Cheltenham: Edward Elgar. https://doi.org/10.4337/9781788975544.00030

Leopold, T. (2018). Gender differences in the consequences of divorce: A study of multiple outcomes. *Demography, 55*(3), 769–797. https://doi.org/10.1007/s13524-018-0667-6

Leopold, T., & Skopek, J. (2015a). Convergence or continuity? The gender gap in household labor after retirement. *Journal of Marriage and Family, 77*(4), 819–832. https://doi.org/10.1111/jomf.12199

Leopold, T., & Skopek, J. (2015b). The demography of grandparenthood: An international profile. *Social Forces, 94*(2), 801–832. https://doi.org/10.1093/sf/sov066

Leopold, T., & Skopek, J. (2018). Retirement and changes in housework: A panel study of dual earner couples. *The Journals of Gerontology: Series B, 73*(4), 733–743. https://doi.org/10.1093/geronb/gbw121

Leopold, T., Skopek, J., & Schulz, F. (2018). Gender convergence in housework time: A life course and cohort perspective. *Sociological Science, 5*, 281–303. https://doi.org/10.15195/v5.a13

Lesthaeghe, R. J. (2014). The second demographic transition: A concise overview of its development. *Proceedings of the National Academy of Sciences, 111*(51), 18112–18115. https://doi.org/10.1073/pnas.1420441111

Levi-Strauss, C. (1981). *Die elementaren Strukturen der Verwandtschaft*. Frankfurt am Main: Suhrkamp.

Lewis, R. A., & Spanier, G. B. (1979). Theorizing about the quality and stability of marriage. In W. R. Burr, R. Hill, F. I. Nye, & I. L. Reiss (Hrsg.), *Contemporary theories about the family* (S. 268–294). New York, London: Free Press.

Lin, I.-F., Brown, S. L., Wright, M. R., & Hammersmith, A. M. (2018). Antecedents of gray divorce: A life course perspective. *The Journals of Gerontology: Series B, 73*(6), 1022–1031. https://doi.org/10.1093/geronb/gbw164

Liu, C. (2000). A theory of marital sexual life. *Journal of Marriage and Family, 62*(2), 363–374. https://doi.org/10.1111/j.1741-3737.2000.00363.x

Loter, K., Arránz Becker, O., Mikucka, M., & Wolf, C. (2019). Mental health dynamics around marital dissolution. Moderating effects of parenthood and children's age. *Journal of Family Research, 31*(2), 155–179. https://doi.org/10.3224/zff.v31i2.03

Lovejoy, C. O. (1981). The origin of man. *Science, 211*(4480), 341–350. https://doi.org/10.1126/science.211.4480.341

Luhmann, N. (1983). Lob der Routine. In N. Luhmann (Hrsg.), *Politische Planung: Aufsätze zur Soziologie von Politik und Verwaltung* (S. 113–142). Opladen: Westdeutscher Verlag.

Lundberg, S., & Pollak, R. A. (1996). Bargaining and distribution in marriage. *Journal of Economic Perspectives, 10*(4), 139–158. https://doi.org/10.1257/jep.10.4.139

Luy, M. (2016). Demographische Kennziffern und Methoden. In Y. Niephaus, M. Kreyenfeld, & R. Sackmann (Hrsg.), *Handbuch Bevölkerungssoziologie* (S. 121–152). Wiesbaden: Springer VS.

Lyngstad, T. H., & Jalovaara, M. (2010). A review of the antecedents of union dissolution. *Demographic Research, 23*, 257–292. https://doi.org/10.4054/DemRes.2010.23.10

Maccoby, E. E., & Martin, J. A. (1983). Socialization in the context of the family: Parent-child interaction. In P. H. Mussen & E. M. Hetherington (Hrsg.), *Handbook of child psychology* (4. Auflage, S. 1–101). New York: Wiley.

Malthus, T. R. (1924). *Eine Abhandlung über das Bevölkerungsgesetz*. Jena: Gustav Fischer.

Mandler, G. (1980). The generation of emotion: A psychological theory. In R. Plutchik & H. Kellerman (Hrsg.), *Emotions: Theory, research, and experience. Vol. 1: Theories of emotion* (S. 219–243). New York: Academic Press.

Manning, W. D. (2004). Children and the stability of cohabiting couples. *Journal of Marriage and Family, 66*(3), 674–689. https://doi.org/10.1111/j.0022-2445.2004.00046.x

Martin, J., & Alber, E. (2023). Familie in Afrika. In O. Arránz Becker, K. Hank, & A. Steinbach (Hrsg.), *Handbuch Familiensoziologie* (2. Auflage, S. 263–297). Wiesbaden: Springer VS. https://doi.org/10.1007/978-3-658-35219-6_11

Massey, G. (2017). Social change. In K. O. Korgen (Hrsg.), *The Cambridge handbook of sociology* (S. 487–496). Cambridge: Cambridge University Press. https://doi.org/10.1017/9781316418376.048

Matthiesen, S., & Dekker, A. (2018). Jugendsexualität: Sexuelle Sozialisation im Zeitalter des Internets. In A. Lange, H. Reiter, S. Schutter, & C. Steiner (Hrsg.), *Handbuch Kindheits-und Jugendsoziologie* (S. 379–392). Wiesbaden: Springer VS. https://doi.org/10.1007/978-3-658-04207-3_28

Matysiak, A., & Cukrowska-Torzewska, E. (2021). Gender and labour market outcomes. In N. F. Schneider & M. Kreyenfeld (Hrsg.), *Research handbook on the sociology of the family* (S. 329–241). Cheltenham: Edward Elgar. https://doi.org/10.4337/9781788975544.00032

Matysiak, A., Styrc, M., & Vignoli, D. (2014). The educational gradient in marital disruption: A meta-analysis of European research findings. *Population Studies, 68*(2), 197–215. https://doi.org/10.1080/00324728.2013.856459

Mayer, K. U., & Huinink, J. (1990). Alters-, Perioden- und Kohorteneffekte in der Analyse von Lebensverläufen oder: Lexis ade? In K. U. Mayer (Hrsg.), *Lebensläufe und sozialer Wandel* (S. 442–459). Opladen: Westdeutscher Verlag.

Mayr, E. (1988). *Towards a new philosophy of biology: Oberservations of an evolutionist.* Cambridge, London: Belknap Press of Harvard University Press.

McDonnell, C., Luke, N., & Short, S. E. (2019). Happy moms, happier dads: Gendered caregiving and parents' affect. *Journal of Family Issues, 40*(17), 2553–2581. https://doi.org/10.1177/0192513X19860179

Mead, G. H. (1973 [1934]). *Geist, Identität und Gesellschaft aus der Sicht des Sozialbehaviorismus.* Frankfurt am Main: Suhrkamp.

Meyer, T. (2002). Das „Ende der Familie" – Szenarien zwischen Mythos und Wirklichkeit. In U. Volkmann & U. Schimank (Hrsg.), *Soziologische Gegenwartsdiagnosen II: Vergleichende Sekundäranalysen* (S. 199–224). Opladen: Leske + Budrich. https://doi.org/10.1007/978-3-322-80885-1_9

Mikula, G., & Leitner, A. (1998). Partnerbezogene Bindungsstile und Verhaltenserwartungen an Liebespartner, Freunde und Kollegen. *Kölner Zeitschrift für Sozialpsychologie, 29*, 213–223.

Milewski, N., & Kulu, H. (2014). Mixed marriages in Germany: A high risk of divorce for immigrant-native Couples. *European Journal of Population, 30*(1), 89–113. https://doi.org/10.1007/s10680-013-9298-1

Miller, A., Cartwright, C., & Gibson, K. (2018). Stepmothers' perceptions and experiences of the wicked stepmother stereotype. *Journal of Family Issues, 39*(7), 1984–2006. https://doi.org/10.1177/0192513x17739049

Miller, R. B. (2000). Misconceptions about the U-shaped curve of marital satisfaction over the life course. *Family Science Review, 13*(1/2), 60–73.

Mills, M. C., & Tropf, F. C. (2020). Sociology, genetics, and the coming of age of sociogenomics. *Annual Review of Sociology, 46*, 553–581. https://doi.org/10.1146/annurev-soc-121919-054756

Min, J., Johnson, M. D., Anderson, J. R., & Yurkiw, J. (2022). Support exchanges between adult children and their parents across life transitions. *Journal of Marriage and Family, 84*(2), 367–392. https://doi.org/10.1111/jomf.12787

Mincer, J. (1963). Market prices, opportunity costs, and income effects. In C. Christ (Hrsg.), *Measurement in economics. Studies in mathematical economics in memory of Yehuda Grunfeld* (S. 67–82). Stanford: Stanford University Press.

Monden, C. W. S., & Uunk, W. J. G. (2013). For better and for worse: The relationship between union dissolution and self-assessed health in European panel data. *European Journal of Population, 29*, 103–125.

Morgan, S. P., & King, R. B. (2001). Why have children in the 21st Century? Biological predisposition, social coercion, rational choice. *European Journal of Population, 17*(1), 3–20.

Mortelmans, D. (2020). Economic consequences of divorce: A review. In M. Kreyenfeld & H. Trappe (Hrsg.), *Parental life courses after separation and divorce in Europe* (S. 23–41). Cham: Springer. https://doi.org/10.1007/978-3-030-44575-1_2

Mortelmans, D. (2021). Causes and consequences of family dissolution in Europe and post-divorce families. In N. F. Schneider & M. Kreyenfeld (Hrsg.), *Research handbook on the sociology of the family* (S. 232–247). Cheltenham: Edward Elgar Publishing. https://doi.org/10.4337/9781788975544.00024

Murdock, G. P. (1949). *Social structure.* New York: Free Press.

Nagel, E. (1972). Probleme der Begriffs- und Theoriebildung in den Sozialwissenschaften. In H. Albert (Hrsg.), *Theorie und Realität.* Tübingen: Mohr Siebeck.

Nam, S.-H. (2023). Familie in Asien. In O. Arránz Becker, K. Hank, & A. Steinbach (Hrsg.), *Handbuch Familiensoziologie* (2. Auflage, S. 299–326). Wiesbaden: Springer VS. https://doi.org/10.1007/978-3-658-35219-6_12

Nauck, B. (2001). Der Wert von Kindern für ihre Eltern. „Value of Children" als spezielle Handlungstheorie des generativen Verhaltens und von Generationenbeziehungen im interkulturellen Vergleich. *Kölner Zeitschrift für Soziologie und Sozialpsychologie, 53*(3), 407–435.

Nauck, B., & Arránz Becker, O. (2013). Institutional regulations and the kinship solidarity of women—Results from 13 areas in Asia, Africa, Europe, and North America. *European Sociological Review, 29*(3), 580–592. https://doi.org/10.1093/esr/jcr110

Nave-Herz, R. (1999). Die nichteheliche Lebensgemeinschaft als Beispiel partnerschaftlicher Differenzierung. In T. Klein & W. Lauterbach (Hrsg.), *Nichteheliche Lebensgemeinschaften: Analysen zum Wandel partnerschaftlicher Lebensformen* (S. 37–59). Opladen: Leske und Budrich.

Nave-Herz, R. (2013). *Ehe- und Familiensoziologie. Eine Einführung in Geschichte, theoretische Ansätze und empirische Befunde* (Vol. 3., überarbeitete Auflage). Weinheim, München: BeltzJuventa.

Nave-Herz, R. (2016). *Die Geschichte der Familiensoziologie in Portraits*. Würzburg: Ergon. https://doi.org/10.5771/9783956508455

Nave-Herz, R. (2018). Familiensoziologie. Historische Entwicklung, theoretische Ansätze, aktuelle Themen. In A. Wonneberger, K. Weidtmann, & S. Stelzig-Willutzki (Hrsg.), *Familienwissenschaft. Grundlagen und Überblick* (S. 119–147). Wiesbaden: Springer VS. https://doi.org/10.1007/978-3-658-17003-5_6

Neurath, O. (1991 [1927]). Statistik und Proletariat. In O. Neurath (Hrsg.), *Gesammelte bildpädagogische Schriften* (S. 78–84). Wien: Hölder, Pichler, Tempsky.

Neves, B. B., & Casimiro, C. (Hrsg.). (2018). *Connecting families? Information and communication technologies, generations, and the life course*. Bristol: Policy Press.

Nilsen, S. A., Breivik, K., Wold, B., & Bøe, T. (2018). Divorce and family structure in Norway: Associations with adolescent mental health. *Journal of Divorce & Remarriage, 59*(3), 175–194. https://doi.org/10.1080/10502556.2017.1402655

Nurhayati, S. R., Faturochman, F., & Helmi, A. F. (2019). Marital quality: A conceptual review. *Buletin Psikologi, 27*(2), 109–124. https://doi.org/10.22146/buletinpsikologi.37691

Nye, F. I. (Hrsg.). (1982). *Family relationships. Rewards and costs*. Beverly Hills: Sage.

Ogolsky, B. G., Monk, J. K., Rice, T. M., Theisen, J. C., & Maniotes, C. R. (2017). Relationship maintenance: A review of research on romantic relationships. *Journal of Family Theory & Review, 9*(3), 275–306. https://doi.org/10.1111/jftr.12205

Olczyk, M., Seuring, J., Will, G., & Zinn, S. (2016). Migranten und ihre Nachkommen im deutschen Bildungssystem: Ein aktueller Überblick. In C. Diehl, C. Hunkler, & C. Kristen (Hrsg.), *Ethnische Ungleichheiten im Bildungsverlauf: Mechanismen, Befunde, Debatten* (S. 33–70). Wiesbaden: Springer VS. https://doi.org/10.1007/978-3-658-04322-3_2

Osborne, C., Berger, L. M., & Magnuson, K. (2012). Family structure transitions and changes in maternal resources and well-being. *Demography, 49*(1), 23–47. https://doi.org/10.1007/s13524-011-0080-x

Osborne, C., & McLanahan, S. (2007). Partnership instability and child well-being. *Journal of Marriage and Family, 69*(4), 1065–1083. https://doi.org/10.1111/j.1741-3737.2007.00431.x

Ott, N. (1989). Familienbildung und familiale Entscheidungsfindung aus verhandlungstheoretischer Sicht. In G. G. Wagner, N. Ott, & H.-J. Hoffmann-Nowotny (Hrsg.), *Familienbildung und Erwerbstätigkeit im demographischen Wandel* (S. 97–116). Berlin, Heidelberg: Springer. https://doi.org/10.1007/978-3-642-83989-4_7

Pailhé, A., Solaz, A., & Stanfors, M. (2021). The great convergence: Gender and unpaid work in Europe and the United States. *Population and Development Review, 47*(1), 181–217. https://doi.org/10.1111/padr.12385

Panico, L., Bartley, M., Kelly, Y. J., McMunn, A., & Sacker, A. (2019). Family structure trajectories and early child health in the UK: Pathways to health. *Social Science & Medicine, 232*, 220–229. https://doi.org/10.1016/j.socscimed.2019.05.006

Parsons, T. (1986). *Aktor, Situation und normative Muster. Ein Essay zur Theorie sozialen Handelns.* Frankfurt am Main: Suhrkamp.

Parsons, T., & Bales, R. F. (1955). *Family socialization and interaction process.* Glencoe, Illinois: The Free Press.

Pasteels, I., & Bastaits, K. (2020). Loneliness in children adapting to dual family life. In M. Kreyenfeld & H. Trappe (Hrsg.), *Parental life courses after separation and divorce in Europe* (S. 195–213). Cham: Springer. https://doi.org/10.1007/978-3-030-44575-1_10

Pasteels, I., & Mortelmans, D. (2015). Dyadic analysis of repartnering after divorce. Do children matter? *Zeitschrift für Familienforschung, 27*(Sonderheft 10), 143–164.

Pasternak, B. (1976). *Introduction to kinship and social organization.* Englewood Cliffs: Prentice Hall.

Perez-Brena, N. J., Duncan, J. C., Bámaca, M. Y., & Perez, R. (2022). Progress and gaps: A systematic review of the family demographics and family subsystems represented in top family science journals 2008–2018. *Journal of Family Theory & Review, 14*(1), 59–78. https://doi.org/10.1111/jftr.12446

Perry-Jenkins, M., & Gerstel, N. (2020). Work and family in the second decade of the 21st century. *Journal of Marriage and Family, 82*(1), 420–453. https://doi.org/10.1111/jomf.12636

Pesando, L. M., & GFC Team. (2019). Global family change: Persistent diversity with development. *Population and Development Review, 45*(1), 133–168. https://doi.org/10.1111/padr.12209

Pfau-Effinger, B. (2023). Theorizing the role of culture and family policy for women's employment behavior. In M. Daly, B. Pfau-Effinger, N. Gilbert, & D. J. Besharov (Hrsg.), *The Oxford handbook of family policy over the life course: A life-course perspective* (S. 224–242). New York: Oxford University Press. https://doi.org/10.1093/oxfordhb/9780197518151.013.10

Piaget, J. (1983 [1932]). *Das moralische Urteil beim Kinde.* Frankfurt am Main: Suhrkamp.

Pollmann-Schult, M. (2023). Familie, Erwerbsarbeit, Einkommen. In O. Arránz Becker, K. Hank, & A. Steinbach (Hrsg.), *Handbuch Familiensoziologie* (2. Auflage, S. 675–692). Wiesbaden: Springer WS. https://doi.org/10.1007/978-3-658-35219-6_27

Pollmann-Schult, M., & Reynolds, J. (2017). The work and wishes of fathers: actual and preferred work hours among German fathers. *European Sociological Review, 33*(6), 823–838. https://doi.org/10.1093/esr/jcx079

Pollmann-Schult, M. (2014). Parenthood and life satisfaction: Why don't children make people happy? *Journal of Marriage and Family, 76*(2), 319–336. https://doi.org/10.1111/jomf.12095

Poortman, A.-R., & Lyngstad, T. H. (2007). Dissolution risks in first and higher order marital and cohabiting unions. *Social Science Research, 36*(4), 1431–1446. https://doi.org/10.1016/j.ssresearch.2007.02.005

Poortman, A. R., & van der Lippe, T. (2009). Attitudes toward housework and child care and the gendered division of labor. *Journal of Marriage and Family, 71*(3), 526–541. https://doi.org/10.1111/j.1741-3737.2009.00617.x

Popenoe, D. (1993). American family decline, 1960–1990: A review and appraisal. *Journal of Marriage and Family, 55*(3), 527–542. https://doi.org/10.2307/353333

Popper, K. R. (1972). Die Logik der Sozialwissenschaft. In T. W. Adorno, R. Dahrendorf, H. Pilot, H. Albert, J. Habermas, & K. R. Popper (Hrsg.), *Der Positivismusstreit in der deutschen Soziologie* (S. 103–132). Darmstadt, Neuwied: Luchterhand.

Popper, K. R. (1979). *Das Elend des Historizismus*. Tübingen: Mohr Siebeck. (1960)

Potarca, G. (2021). Online dating is shifting educational inequalities in marriage formation in Germany. *Demography, 58*(5), 1977–2007. https://doi.org/10.1215/00703370-9420350

Raley, R. K., & Sweeney, M. M. (2020). Divorce, repartnering, and stepfamilies: A decade in review. *Journal of Marriage and Family, 82*(1), 81–99. https://doi.org/10.1111/jomf.12651

Rapp, I. (2013). *Ehestabilität in der zweiten Lebenshälfte. Eine Analyse von kumulierten sozialwissenschaftlichen Umfragedaten.* Wiesbaden: Springer VS. https://doi.org/10.1007/978-3-531-19751-7

Rault, W. (2023). Same-sex unions in high-income countries: More widely recognized and more frequent. *Population & Societies, 607*(1), 1–4. https://doi.org/10.3917/popsoc.607.0001

Reczek, C. (2020). Sexual- and gender-minority families: A 2010 to 2020 decade in review. *Journal of Marriage and Family, 82*(1), 300–325. https://doi.org/10.1111/jomf.12607

Reichholf, J. H. (1990). *Das Rätsel der Menschwerdung. Die Entstehung des Menschen im Wechselspiel mit der Natur.* Stuttgart: Deutsche Verlags-Anstalt.

Rendall, M. S., Weden, M. M., Favreault, M. M., & Waldron, H. (2011). The protective effect of marriage for survival: A review and update. *Demography, 48*(2), 481–506. https://doi.org/10.1007/s13524-011-0032-5

Robson, K. (2010). Changes in family structure and the well-being of British children: Evidence from a fifteen-year panel study. *Child Indicators Research, 3*, 65–83. https://doi.org/10.1007/s12187-009-9057-3

Roeters, A., & Gracia, P. (2016). Child care time, parents' well-being, and gender: Evidence from the American Time Use Survey. *Journal of Child and Family Studies, 25*(8), 2469–2479. https://doi.org/10.1007/s10826-016-0416-7

Rosenbaum, H. (1982). *Formen der Familie: Untersuchungen zum Zusammenhang von Familienverhältnissen, Sozialstruktur und sozialem Wandel in der deutschen gesellschaft des 19. Jahrhunderts.* Frankfurt am Main: Suhrkamp.

Rosenbaum, H. (2014). Familienformen im historischen Wandel. In A. Steinbach, M. Hennig, & O. Arrànz Becker (Hrsg.), *Familie im Fokus der Wissenschaft* (S. 19–39). Wiesbaden: Springer VS. https://doi.org/10.1007/978-3-658-02895-4_2

Rosenfeld, M. J., & Roesler, K. (2019). Cohabitation experience and cohabitation's association with marital dissolution. *Journal of Marriage and Family, 81*(1), 42–58. https://doi.org/10.1111/jomf.12530

Rupp, M. (2009). *Die Lebenssituation von Kindern in gleichgeschlechtlichen Lebenspartnerschaften.* Köln: Bundesanzeiger Verlag.

Rusbult, C. E. (1980). Commitment and satisfaction in romantic associations: A test of the investment model. *Journal of Experimental Social Psychology, 16*(2), 172–186. https://doi.org/10.1016/0022-1031(80)90007-4

Rusbult, C. E., Coolsen, M. K., Kirchner, J. L., & Clarke, J. A. (2006). Commitment. In *The Cambridge Handbook of Personal Relationships* (S. 615–636). https://doi.org/10.1017/CBO9780511606632.034

Rüssmann, K. (2006). *Sozialstruktur und Konflikte in Partnerschaften*. Hamburg: Kovac.

Sack, E. J. (2023). Varieties of public policy toward domestic violence. In M. Daly, B. Pfau-Effinger, N. Gilbert, & D. J. Besharov (Hrsg.), *The Oxford handbook of family policy over the life course: A life-course perspective* (S. 837–868). New York: Oxford University Press. https://doi.org/10.1093/oxfordhb/9780197518151.013.40

Saint-Jacques, M.-C., Godbout, É., Drapeau, S., Kourgiantakis, T., & Parent, C. (2018). Researching children's adjustment in stepfamilies: How is it studied? What do we learn? *Child Indicators Research, 11*(6), 1831–1865. https://doi.org/10.1007/s12187-017-9510-7

Sanchéz Gassen, N. E. (2023a). Global trends in cohabitation. In M. Daly, B. Pfau-Effinger, N. Gilbert, & D. J. Besharov (Hrsg.), *The Oxford handbook of family policy over the life course* (S. 349–366). Oxford: Oxford University Press. https://doi.org/10.1093/oxfordhb/9780197518151.013.17

Sanchéz Gassen, N. E. (2023b). Increasing cohabitation and decreasing marriage: Explanations. In M. Daly, B. Pfau-Effinger, N. Gilbert, & D. J. Besharov (Hrsg.), *The Oxford handbook of family policy over the life course* (S. 419–436). Oxford: Oxford University Press. https://doi.org/10.1093/oxfordhb/9780197518151.013.20

Sandberg, J. G., Bradford, A. B., & Brown, A. P. (2017). Differentiating between attachment styles and behaviors and their association with marital quality. *Family Process, 56*(2), 518–531. https://doi.org/10.1111/famp.12186

Sanner, C., Ganong, L., & Coleman, M. (2021). Families are socially constructed: Pragmatic implications for researchers. *Journal of Family Issues, 42*(2), 422–444. https://doi.org/10.1177/0192513X20905334

Sanner, C., & Jensen, T. M. (2021). Toward more accurate measures of family structure: Accounting for sibling complexity. *Journal of Family Theory & Review, 13*(1), 110–127. https://doi.org/10.1111/jftr.12406

Sassler, S. (2010). Partnering across the life course: Sex, relationships, and mate selection. *Journal of Marriage and Family, 72*(3), 557–575. https://doi.org/10.1111/j.1741-3737.2010.00718.x

Sassler, S., & Lichter, D. T. (2020). Cohabitation and marriage: Complexity and diversity in union-formation patterns. *Journal of Marriage and Family, 82*(1), 35–61. https://doi.org/10.1111/jomf.12617

Sbarra, D. A., Hasselmo, K., & Bourassa, K. J. (2015). Divorce and health: Beyond individual differences. *Current Directions in Psychological Science, 24*(2), 109–113. https://doi.org/10.1177/0963721414559125

Schlesiger, C., Lorenz, J., Weinert, S., Schneider, T., & Roßbach, H.-G. (2011). From birth to early child care. *Zeitschrift für Erziehungswissenschaft, 2*(14), 187–202. https://doi.org/10.1007/s11618-011-0186-3

Schmitt, L., & Auspurg, K. (2022). A stall only on the surface? Working hours and the persistence of the gender wage gap in western Germany 1985–2014. *European Sociological Review, 38*(5), 754–769. https://doi.org/10.1093/esr/jcac001

Schneewind, K. A. (2012). Erziehungsstile. In W. Stange, R. Krüger, A. Henschel, & C. Schmitt (Hrsg.), *Erziehungs- und Bildungspartnerschaften: Grundlagen und Strukturen von Elternarbeit* (S. 122–126). Wiesbaden: Springer VS. https://doi.org/10.1007/978-3-531-94279-7_10

Schneider, N. F., & Kreyenfeld, M. (2021a). Introduction: The sociology of the family – towards a European perspective. In N. F. Schneider & M. Kreyenfeld (Hrsg.), *Research handbook on the sociology of the family* (S. 2–20). Cheltenham, Northampton, MA: Edward Elgar. https://doi.org/10.4337/9781788975544

Schneider, N. F., & Kreyenfeld, M. (Hrsg.). (2021b). *Research handbook on the sociology of the family.* Cheltenham, UK, Northampton, MA, USA: Edward Elgar. https://doi.org/10.4337/9781788975544.

Schnettler, S., & Steinbach, A. (2022). Is adolescent risk behavior associated with cross-household family complexity? An analysis of post-separation families in 42 countries. *Frontiers in Sociology, 7,* 1–10. https://doi.org/10.3389/fsoc.2022.802590

Schnor, C., Pasteels, I., & van Bavel, J. (2017). Sole physical custody and mother's repartnering after divorce. *Journal of Marriage and Family, 79*(3), 879–890. https://doi.org/10.1111/jomf.12389

Schober, P. S., & Zoch, G. (2019). Change in the gender division of domestic work after mothers or fathers took leave: Exploring alternative explanations. *European Societies, 21*(1), 158–180. https://doi.org/10.1080/14616696.2018.1465989.

Schulz, F. (2010). *Verbundene Lebensläufe. Partnerwahl und Arbeitsteilung zwischen neuen Ressourcenverhältnissen und traditionellen Geschlechterrollen.* Wiesbaden: VS Verlag. https://doi.org/10.1007/978-3-531-92372-7

Schulz, F. (2021). Attitudes towards sharing housework in couple context: An empirical, factorial survey approach. *Journal of Family Research, 33*(1), 148–183. https://doi.org/10.20377/jfr-419

Schulz, F., & Engelhardt, H. (2017). The development, educational stratification and decomposition of mothers' and fathers' childcare time in Germany. An update for 2001–2013. *Journal of Family Research, 29*(3), 277–297. https://doi.org/10.3224/zff.v29i3.02

Schulz, F., & Raab, M. (2023). When the last child moves out: Continuity and convergence in spouses' housework time. *Journal of Marriage and Family, 85*(1), 305–320. https://doi.org/10.1111/jomf.12873

Schulz, F., & Steinbach, A. (2023). Hausarbeit und Kinderbetreuung. In O. Arránz Becker, K. Hank, & A. Steinbach (Hrsg.), *Handbuch Familiensoziologie* (2. Auflage, S. 469–490). Wiesbaden: Springer VS. https://doi.org/10.1007/978-3-658-35219-6_19

Schwartz, C. R. (2013). Trends and variation in assortative mating: Causes and consequences. *Annual Review of Sociology, 39,* 451–470. https://doi.org/10.1146/annurev-soc-071312-145544

Shaver, P. R., & Hazan, C. (1987). Being lonely, falling in love: Perspectives from attachment theory. *Journal of Social Behavior & Personality, 2*(2), 105–124.

Shi, L. (2003). The association between adult attachment styles and conflict resolution in romantic relationships. *American Journal of Family Therapy, 31*(3), 143–157. https://doi.org/10.1080/01926180301120

Sieder, R. (1987). *Sozialgeschichte der Familie.* Frankfurt am Main: Suhrkamp.

Skirbekk, V. (2008). Fertility trends by social status. *Demographic Research, 18,* 145–180.

Skolnick, A. S., & Skolnick, J. H. (1974). Domestic relations and social change. In A. S. Skolnick & J. H. Skolnick (Hrsg.), *Intimacy, family and society* (S. 1–19). Boston: Little Brown.

Skopek, J., & Leopold, T. (2019). Explaining gender convergence in housework time: Evidence from a cohort-sequence design. *Social Forces, 98*(2), 578–621. https://doi.org/10.1093/sf/soy119

Skopek, J., Schulz, F., & Blossfeld, H.-P. (2009). Partnersuche im Internet: Bildungsspezifische Mechanismen bei der Wahl von Kontaktpartnern. *Kölner Zeitschrift für Soziologie und Sozialpsychologie, 61*(1), 1–28. https://doi.org/10.1007/s11577-009-0050-0

Smith, C., Crosnoe, R., & Cavanagh, S. E. (2017). Family instability and children's health. *Family Relations, 66*(4), 601–613. https://doi.org/10.1111/fare.12272

Smith, S. R., & Hamon, R. R. (2022). *Exploring family theories*. New York: Oxford University Press.

Smyth, B. M. (2017). Special issue on shared-time parenting after separation. *Family Court Review, 55*(4), 494–499. https://doi.org/10.1111/fcre.12299

Sobotka, T., & Berghammer, C. (2021). Demography of family change in Europe. In N. F. Schneider & M. Kreyenfeld (Hrsg.), *Research handbook on the sociology of the family* (S. 162–186). Cheltenham: Edward Elgar. https://doi.org/10.4337/9781788975544.00019

Solaz, A., Jalovaara, M., Kreyenfeld, M., Meggiolaro, S., Mortelmans, D., & Pasteels, I. (2020). Unemployment and separation: Evidence from five European countries. *Journal of Family Research, 32*(1), 145–176. https://doi.org/10.20377/jfr-368

Spencer, C. M., Stith, S. M., & Cafferky, B. (2022). What puts individuals at risk for physical intimate partner violence perpetration? A meta-analysis examining risk markers for men and women. *Trauma, Violence, & Abuse, 23*(1), 36–51. https://doi.org/10.1177/1524838020925776

Spitze, G., & Trent, K. (2018). Changes in individual sibling relationships in response to life events. *Journal of Family Issues, 39*(2), 503–526. https://doi.org/10.1177/0192513X16653431

Statistisches Bundesamt. (2020). *Ehescheidungen und betroffene minderjährige Kinder*. Destatis. Retrieved 24.05.2021 from https://www.destatis.de/DE/Themen/Gesellschaft-Umwelt/Bevoelkerung/Eheschliessungen-Ehescheidungen-Lebenspartnerschaften/Tabellen/ehescheidungen-kinder.html

Statistisches Bundesamt. (2021). *Datenreport 2021. Ein Sozialbericht für die Bundesrepublik Deutschland*. Bonn: Bundeszentrale für politische Bildung. https://www.destatis.de/DE/Service/Statistik-Campus/Datenreport/Downloads/datenreport-2021.pdf;jsessionid=08ED05CA2CFF21EADEE640C1A54C8E31.live731?__blob=publicationFile

Stauder, J. (2015). Durchdringende Sozialstruktur? Der Einfluss makrostruktureller Rahmenbedingungen auf den Partnermarkt. *Kölner Zeitschrift für Soziologie und Sozialpsychologie, 67*(3), 401–432. https://doi.org/10.1007/s11577-015-0340-7

Stauder, J., & Kossow, T. (2021). Opportunities and constraints of the partner market and educational assortative mating. *Journal of Family Issues, 42*(11), 2554–2588. https://doi.org/10.1177/0192513x20984494

Stauder, J., & Röhlke, L. (2022). The partner market as a resource in couples' bargaining on housework division. *Journal of Marriage and Family, 84*(2), 612–635. https://doi.org/10.1111/jomf.12802

Stearns, P. N. (2023). Change and variety in family forms: Patterns in world history. In M. Daly, B. Pfau-Effinger, N. Gilbert, & D. J. Besharov (Hrsg.), *The Oxford handbook of family policy over the life course: A life-course perspective* (S. 25–54). New York: Oxford University Press. https://doi.org/10.1093/oxfordhb/9780197518151.013.2

Stegmüller, W. (1983). *Probleme und Resultate der Wissenschaftstheorie und der Analytischen Philosophie*. Berlin, Heidelberg: Springer.

Steinbach, A. (2004). *Soziale Distanz. Ethnische Grenzziehung und die Eingliederung von Zuwanderern in Deutschland.* Wiesbaden: VS Verlag. https://doi.org/10.1007/978-3-322-80531-7

Steinbach, A. (2008). Stieffamilien in Deutschland. Ergebnisse des „Generations and Gender Survey" 2005. *Zeitschrift für Bevölkerungswissenschaft, 33*(2), 153–180. https://doi.org/10.1007/s12523-009-0009-2

Steinbach, A. (2010). *Generationenbeziehungen in Stieffamilien. Der Einfluss leiblicher und sozialer Elternschaft auf die Ausgestaltung von Eltern-Kind-Beziehungen im Erwachsenenalter.* Wiesbaden: VS Verlag. https://doi.org/10.1007/978-3-531-92511-0

Steinbach, A. (2017). Mutter, Vater, Kind: Was heißt Familie heute? *Aus Politik und Zeitgeschichte, 67*(30–31), 4–8.

Steinbach, A. (2018). Generationenbeziehungen in Migrantenfamilien in Europa. In M. Bach & B. Hönig (Hrsg.), *Europasoziologie. Handbuch für Wissenschaft und Studium* (S. 323–330). Baden-Baden: Nomos. https://doi.org/10.5771/9783845266152-322

Steinbach, A. (2019). Children's and parents' well-being in joint physical custody: A literature review. *Family Process, 58*(2), 353–369. https://doi.org/10.1111/famp.12372

Steinbach, A. (2023). Stieffamilien. In O. Arránz Becker, K. Hank, & A. Steinbach (Hrsg.), *Handbuch Familiensoziologie* (2. Auflage, S. 571–600). Wiesbaden: Springer VS. https://doi.org/10.1007/978-3-658-35219-6_23

Steinbach, A., & Augustijn, L. (2022). Children's well-being in sole and joint physical custody families. *Journal of Family Psychology, 36*(2), 301–311. https://doi.org/10.1037/fam0000875

Steinbach, A., Augustijn, L., Helms, T., & Flindt, J. O. (2022). Das Wohlbefinden von Eltern im Wechselmodell: Weitere Ergebnisse der Studie „Familienmodelle in Deutschland" (FAMOD). *Zeitschrift für das gesamte Familienrecht, 69*(23), 1827–1837.

Steinbach, A., & Hank, K. (2016). Familiale Generationenbeziehungen aus bevölkerungssoziologischer Perspektive. In Y. Niephaus, M. Kreyenfeld, & R. Sackmann (Hrsg.), *Handbuch Bevölkerungssoziologie* (S. 367–384). Wiesbaden: Springer VS. https://doi.org/10.1007/978-3-658-01410-0_18

Steinbach, A., & Hank, K. (2018). Full-, half-, and step-sibling relations in young and middle adulthood. *Journal of Family Issues, 39*(9), 2639–2658. https://doi.org/10.1177/0192513X18757829

Steinbach, A., & Hank, K. (2020). Familie. In H. Joas & S. Mau (Hrsg.), *Lehrbuch der Soziologie* (S. 439–470). Frankfurt am Main: Campus.

Steinbach, A., & Hank, K. (2023). Geschwisterbeziehungen. In O. Arránz Becker, K. Hank, & A. Steinbach (Hrsg.), *Handbuch Familiensoziologie* (2. Auflage, S. 425–444). Wiesbaden: Springer VS. https://doi.org/10.1007/978-3-658-35219-6_17

Steinbach, A., & Knüll, M. (2016). Die Bildungsbeteiligung von Kindern aus Kern-, Eineltern- und Stieffamilien in Deutschland. In J. Stauder, I. Rapp, & J. Eckhard (Hrsg.), *Soziale Bedingungen privater Lebensführung* (S. 171–206). Wiesbaden: Springer VS. https://doi.org/10.1007/978-3-658-10986-8_8

Steinbach, A., Kuhnt, A.-K., & Knüll, M. (2016). The prevalence of single-parent families and stepfamilies in Europe: Can the Hajnal line help us to describe regional patterns? *The History of the Family, 21*(4), 578–595. https://doi.org/10.1080/10816 02X.2016.1224730

Steinbach, A., Mahne, K., Klaus, D., & Hank, K. (2020). Stability and change in intergenerational family relations across two decades: Findings from the German Ageing Survey, 1996–2014. *The Journals of Gerontology: Series B, 75*(4), 899–906. https://doi.org/10.1093/geronb/gbz027

Steinbach, A., & Maslauskaitė, A. (2022). Childcare in Lithuania and Belarus: How gendered is parenting in Eastern European countries? *Journal of Family Studies, 28*(3), 1181–1197.

Steinbach, A., & Schulz, F. (2022). Stability and change in German parents' childcare patterns across two decades. *Social Politics: International Studies in Gender, State & Society, 29*(1), 428–445. https://doi.org/10.1093/sp/jxab017

Steinbach, A., & Silverstein, M. (2020). Step-grandparent–step-grandchild relationships: Is there a "grand step-gap" in emotional closeness and contact? *Journal of Family Issues, 41*(8), 1137–1160. https://doi.org/10.1177/0192513X19886638

Sternberg, R. J. (1986). A triangular theory of love. *Psychological Review, 93*(2), 119–135. https://doi.org/10.1037/0033-295X.93.2.119

Straus, M. A. (1990). Measuring intrafamily conflict and violence. The Conflic Tactics (CT) scales. In M. A. Straus & R. J. Gelles (Hrsg.), *Physical violence in American families. Risk factors and adaptions to violence in 8,145 families* (S. 29–47). New Brunswick, London: Transaction Publisher.

Sullivan, O. (2013). What do we learn about gender by analyzing housework separately from child care? Some considerations from time-use evidence. *Journal of Family Theory & Review, 5*(2), 72–84. https://doi.org/10.1111/jftr.12007

Sullivan, O. (2021). The gender division of housework and child care. In N. F. Schneider & M. Kreyenfeld (Hrsg.), *Research handbook on the sociology of the family* (S. 342–354). Cheltenham: Edward Elgar. https://doi.org/10.4337/9781788975544.00033

Sullivan, O., & Gershuny, J. (2016). Change in spousal human capital and housework: A longitudinal analysis. *European Sociological Review, 32*(6), 864–880. https://doi.org/10.1093/esr/jcw043.

Sullivan, O., Gershuny, J., & Robinson, J. P. (2018). Stalled or uneven gender revolution? A long-term processual framework for understanding why change is slow. *Journal of Family Theory & Review, 10*(1), 263–279. https://doi.org/10.1111/jftr.12248

Svensson, R., & Johnson, B. (2022). Does it matter in what family constellations adolescents live? Reconsidering the relationship between family structure and delinquent behaviour. *PloS One, 17*(4). https://doi.org/10.1371/journal.pone.0265964

Szydlik, M. (2012). Generations: Connections across the life course. *Advances in Life Course Research, 17*(3), 100–111. https://doi.org/10.1016/j.alcr.2012.03.002

Tach, L. M., & Eads, A. (2015). Trends in the economic consequences of marital and cohabitation dissolution in the United States. *Demography, 52*(2), 401–432. https://doi.org/10.1007/s13524-015-0374-5

Tanskanen, A. O., & Danielsbacka, M. (2018). Multigenerational effects on children's cognitive and socioemotional outcomes: A within-child investigation. *Child Development, 89*(5), 1856–1870. https://doi.org/10.1111/cdev.12968

Tanskanen, A. O., Danielsbacka, M., Hämäläinen, H., & Solé-Auró, A. (2021). Does transition to retirement promote grandchild care? Evidence from Europe. *Frontiers in Psychology, 12*. https://doi.org/10.3389/fpsyg.2021.738117

Teachman, J. (2003). Premarital sex, premarital cohabitation, and the risk of subsequent marital dissolution among women. *Journal of Marriage and Family, 65*(2), 444–455. https://doi.org/10.1111/j.1741-3737.2003.00444.x

Thébaud, S. (2010). Masculinity, bargaining, and breadwinning: Understanding men's housework in the cultural context of paid work. *Gender & Society, 24*(3), 330–354. https://doi.org/10.1177/0891243210369105

Thibaut, J. W., & Kelley, H. H. (1959). *The social psychology of groups.* New York: Wiley.

Thielemans, G., Fallesen, P., & Mortelmans, D. (2020). Division of household labor and relationship dissolution in Denmark 2001–2009. *Journal of Family Issues, 42*(7), 1582–1606. https://doi.org/10.1177/0192513X20949890

Thomas, J., Rowe, F., Williamson, P., & Lin, E. S. (2022). The effect of leave policies on increasing fertility: A systematic review. *Humanities & Social Sciences Communications, 9*, 262. https://doi.org/10.1057/s41599-022-01270-w

Thomson, E. (2023). Cohabitation through the Life Course. In M. Daly, B. Pfau-Effinger, N. Gilbert, & D. J. Besharov (Hrsg.), *The Oxford Handbook of family policy over the life course* (S. 367–387). Oxford: Oxford University Press. https://doi.org/10.1093/oxfordhb/9780197518151.013.18

Tolan, P., Gorman-Smith, D., & Henry, D. (2006). Family violence. *Annual Review of Psychology, 57*, 557–583. https://doi.org/10.1146/annurev.psych.57.102904.190110

Tosi, M., & van den Broek, T. (2020). Gray divorce and mental health in the United Kingdom. *Social Science & Medicine, 256*, 113030. https://doi.org/10.1016/j.socscimed.2020.113030

Trappe, H. (2022). Reproduktionsmedizin und Familie. In J. Ecarius & A. Schierbaum (Hrsg.), *Handbuch Familie. Band II: Erziehung, Bildung und pädagogische Arbeitsfelder* (2. Auflage, S. 79–100). Wiesbaden: Springer VS. https://doi.org/10.1007/978-3-658-19843-5_12

Trivers, R. L. (1971). The evolution of reciprocal altruism. *The Quarterly Review of Biology, 46*, 35–71.

Tutić, A. (Hrsg.). (2020). *Rational choice.* Berlin: De Gruyter Oldenbourg. https://doi.org/10.1515/9783110673616.

Tyrell, H. (2001). Das konflikttheoretische Defizit der Familiensoziologie. Überlegungen im Anschluß an Georg Simmel. In J. Huinink, K. P. Strohmeier, & M. Wagner (Hrsg.), *Solidarität in Partnerschaft und Familie. Zum Stand der familiensoziologischen Theoriebildung* (S. 43–64). Würzburg: Ergon.

Uunk, W. (2015). Does the cultural context matter? The effect of a country's gender-role attitudes on female labor supply. *European Societies, 17*(2), 176–198. https://doi.org/10.1080/14616696.2014.995772

Van Bavel, J. (2021). Partner choice and partner markets. In N. F. Schneider & M. Kreyenfeld (Hrsg.), *Research handbook on the sociology of the family* (S. 219–231). Cheltenham: Edward Elgar. https://doi.org/10.4337/9781788975544.00023

van Berkel, M., & de Graaf, N. D. (1999). By virtue of pleasantness? Housework and the effects of education revisited. *Sociology, 33*(4), 785–808. https://doi.org/10.1177/S0038038599000498

van Damme, M. (2020). The negative female educational gradient of union dissolution: Towards an explanation in six European countries. In D. Mortelmans (Hrsg.), *Divorce in Europe. New insights in trends, causes and consequences of relation break-ups* (S. 93–122). Cham: Springer. https://doi.org/10.1007/978-3-030-25838-2_5

van den Berg, L., & Verbakel, E. (2022). Trends in singlehood in young adulthood in Europe. *Advances in Life Course Research, 51*, 1–16. https://doi.org/10.1016/j.alcr.2021.100449

van den Berghe, P. L. (1988). The family and the biological base of human sociality. In E. E. Filsinger (Hrsg.), *Biosocial perspectives on the family* (S. 39-60). New Park: Sage.

van den Brink, F., Vollmann, M., Smeets, M. A. M., Hessen, D. J., & Woertman, L. (2018). Relationships between body image, sexual satisfaction, and relationship quality in romantic couples. *Journal of Family Psychology, 32*(4), 466–474. https://doi.org/10.1037/fam0000407

van der Vleuten, M., Jaspers, E., & van der Lippe, T. (2021). Same-Sex couples' division of labor from a cross-national perspective. *Journal of GLBT Family Studies, 17*(2), 150–167. https://doi.org/10.1080/1550428x.2020.1862012

van Dijk, R., van der Valk, I. E., Deković, M., & Branje, S. J. T. (2020). A meta-analysis on interparental conflict, parenting, and child adjustment in divorced families: Examining mediation using meta-analytic structural equation models. *Clinical Psychology Review, 79*, 101861. https://doi.org/10.1016/j.cpr.2020.101861

van Spijker, F., Kalmijn, M., & van Gaalen, R. (2022). The long-term improvement in father–child relationships after divorce: Descriptive findings from the Netherlands. *Demographic Research, 46*, 441–452. https://doi.org/10.4054/DemRes.2022.46.15

van Tilburg, T. G., Aartsen, M. J., & van der Pas, S. (2015). Loneliness after divorce: A cohort comparison among Dutch young-old adults. *European Sociological Review, 31*(3), 243–252. https://doi.org/10.1093/esr/jcu086

Van Winkle, Z. (2018). Family trajectories across time and space: Increasing complexity in family life courses in Europe? *Demography, 55*(1), 135–164. https://doi.org/10.1007/s13524-017-0628-5

Van Winkle, Z., & Leopold, T. (2021). Family size and economic wellbeing following divorce: The United States in comparative perspective. *Social Science Research, 96*, 102541. https://doi.org/10.1016/j.ssresearch.2021.102541

Vignoli, D., Matysiak, A., Styrc, M., & Tocchioni, V. (2018). The positive impact of women's employment on divorce: Context, selection, or anticipation? *Demographic Research, 38*, 1059–1110. https://doi.org/10.4054/DemRes.2018.38.51

Vogl, S., Zartler, U., & Schmidt, E.-M. (2023). Qualitative Methoden in der Familiensoziologie. In O. Arránz Becker, K. Hank, & A. Steinbach (Hrsg.), *Handbuch Familiensoziologie* (2. Auflage, S. 131–153). Wiesbaden: Springer VS. https://doi.org/10.1007/978-3-658-35219-6_6

Voland, E. (1992). Reproduktive Konsequenzen sozialer Strategien. In E. Voland (Hrsg.), *Natur und Kultur im Wechselspiel. Versuch eines Dialogs zwischen Biologen und Sozialwissenschaftlern* (S. 290–305). Frankfurt am Main: Suhrkamp.

Voland, E. (2013). *Soziobiologie*. Stuttgart, Jena: Gustav Fischer.

Voorpostel, M., van der Lippe, T., & Flap, H. (2012). For better or worse: Negative life events and sibling relationships. *International Sociology, 27*(3), 330–348. https://doi.org/10.1177/0268580911423051

Wagner, M. (2019). Ehestabilität in Deutschland. Historische Trends und Scheidungsrisiken. *Psychotherapeut, 64*(6), 476–481. https://doi.org/10.1007/s00278-019-00378-w

Wagner, M. (2020). On increasing divorce risks. In D. Mortelmans (Hrsg.), *Divorce in Europe. New insights in trends, causes and consequences of relation break-ups* (S. 37–61). Cham: Springer. https://doi.org/10.1007/978-3-030-25838-2_3

Wagner, M., & Valdés Cifuentes, I. (2014). Die Pluralisierung der Lebensformen – Ein fortlaufender Trend? *Zeitschrift für Bevölkerungswissenschaft, 39*(1), 73–98. https://doi.org/10.12765/CPoS-2014-03de

Wagner, M., & Weiß, B. (2003). Bilanz der deutschen Scheidungsforschung. Versuch einer Meta-Analyse. *Zeitschrift für Soziologie, 32*(1), 29–49. https://doi.org/10.1515/zfsoz-2003-0102

Wang, H., & Amato, P. R. (2000). Predictors of divorce adjustment: Stressors, resources, and definitions. *Journal of Marriage and Family, 62*(3), 655–668. https://doi.org/10.1111/j.1741-3737.2000.00655.x

Warmuth, K. A., Cummings, E. M., & Davies, P. T. (2020). Constructive and destructive interparental conflict, problematic parenting practices, and children's symptoms of psychopathology. *Journal of Family Psychology, 34*(3), 301–311. https://doi.org/10.1037/fam0000599

Weaver, J. M., & Schofield, T. J. (2015). Mediation and moderation of divorce effects on children's behavior problems. *Journal of Family Psychology, 29*(1), 39–48. https://doi.org/10.1037/fam0000043

Weber, M. (1985 [1922]). *Wirtschaft und Gesellschaft*. Tübingen: Mohr Siebeck.

Wei, L. (2020). Trends in parental time allocated to child care: Evidence from Canada, 1986–2010. *Canadian Public Policy, 46*(2), 236–252. https://doi.org/10.3138/cpp.2019-038

Werding, M. (2014). Children are costly, but raising them may pay: The economic approach to fertility. *Demographic Research, 30*, 253–276.

West, C., & Zimmerman, D. H. (1987). Doing gender. *Gender & Society, 1*(2), 125–151. https://doi.org/10.1177/0891243287001002002

Wetzel, M., & Hank, K. (2020). Grandparents' relationship to grandchildren in the transition to adulthood. *Journal of Family Issues, 41*(10), 1885–1904. https://doi.org/10.1177/0192513X19894355

White, J. M. (2013). The current status of theorizing about families. In G. W. Peterson & K. R. Bush (Hrsg.), *Handbook of marriage and the family* (S. 11–37). New York: Springer.

White, J. M., Martin, T. F., & Adamsons, K. (2019). *Family theories*. Los Angeles: Sage.

Whiteman, S. D., McHale, S. M., & Soli, A. (2011). Theoretical perspectives on sibling relationships. *Journal of Family Theory & Review, 3*(2), 124–139. https://doi.org/10.1111/j.1756-2589.2011.00087.x

Wiederman, M. W., & Whiteley, B. E. J. (Hrsg.). (2002). *Handbook of conducting research on human sexuality*. Mahwah: Lawrence Erlbaum.

Wiese, B. S., & Arling, V. (2023). Zusammenspiel von Berufs- und Familienleben. In O. Arránz Becker, K. Hank, & A. Steinbach (Hrsg.), *Handbuch Familiensoziologie* (2. Auflage, S. 693–718). Wiesbaden: Springer VS. https://doi.org/10.1007/978-3-658-35219-6_28

Wiese, B. S., Seiger, C. P., Schmid, C. M., & Freund, A. M. (2010). Beyond conflict: Functional facets of the work–family interplay. *Journal of Vocational Behavior, 77*(1), 104–117. https://doi.org/10.1016/j.jvb.2010.02.011

Williams, K., & Dunne-Bryant, A. (2006). Divorce and adult psychological well-being: Clarifying the role of gender and child age. *Journal of Marriage and Family, 68*(5), 1178–1196. https://doi.org/10.1111/j.1741-3737.2006.00322.x

Wilson, E. O. (1980). *Sociobiology.* Cambridge, London: Harvard University Press.

Wilson, E. O. (1998). *Die Einheit des Wissens.* Berlin.

Wilson, T. P. (1973). Theorien der Interaktion und Modelle Soziologischer Erklärung. In A. B. Soziologen (Hrsg.), *Alltagswissen, Interaktion und Gesellschaftliche Wirklichkeit* (S. 54–79). Reinbek: Rowohlt. https://doi.org/10.1007/978-3-663-14511-0_3

Wonneberger, A., Weidtmann, K., & Stelzig-Willutzki, S. (Hrsg.). (2018). *Familienwissenschaft. Grundlagen und Überblick.* Wiesbaden: Springer VS. https://doi.org/10.1007/978-3-658-17003-5.

Wurm, G. (2022). Theorizing arranged marriage: The case of South Asian Muslim immigrants in love marriage societies. *Journal of Family Theory & Review, 14*(4), 644–659. https://doi.org/10.1111/jftr.12470

Yon, Y., Mikton, C. R., Gassoumis, Z. D., & Wilber, K. H. (2017). Elder abuse prevalence in community settings: A systematic review and meta-analysis. *The Lancet Global Health, 5*(2), e147–e156. https://doi.org/10.1016/S2214-109X(17)30006-2

Yorburg, B. (1983). *Families and societies. Survival or extinction?* New York: Columbia University Press.

Zartler, U. (2021). Children and parents after separation. In N. F. Schneider & M. Kreyenfeld (Hrsg.), *Research handbook on the sociology of the family* (S. 300–313). Cheltenham: Edward Elgar. https://doi.org/10.4337/9781788975544.00029

Zartler, U., & Berghammer, C. (2023). Ein-Eltern-Familien. In O. Arránz Becker, K. Hank, & A. Steinbach (Hrsg.), *Handbuch Familiensoziologie* (2. Auflage, S. 543–570). Wiesbaden: Springer VS. https://doi.org/10.1007/978-3-658-35219-6_22

Zemp, M., Bodenmann, G., & Cummings, E. M. (2016). The significance of interparental conflict for children. Rationale for couple-focused programs in family therapy. *European Psychologist, 21*(2), 99–108. https://doi.org/10.1027/1016-9040/a000245

Zemp, M., Bodenmann, G., & Zimmermann, P. (2019). Hintergründe und Grundannahmen der Bindungstheorie. In M. Zemp, G. Bodenmann, & P. Zimmermann (Hrsg.), *Außerfamiliäre Betreuung von Kleinkindern. Bindungstheoretische Hinweise für Therapeuten, Pädagogen und Pädiater* (S. 1–8). Wiesbaden: Springer. https://doi.org/10.1007/978-3-658-27596-9_1

Zentner, M., & Eagly, A. H. (2015). A sociocultural framework for understanding partner preferences of women and men: Integration of concepts and evidence. *European Review of Social Psychology, 26*(1), 328–373. https://doi.org/10.1080/10463283.2015.1111599

Zimmermann, O., & Konietzka, D. (2020). Die Heterogenität familialer Lebensverläufe. Ein sequenzanalytischer Beitrag zur Analyse von De-Standardisierung, Differenzierung und Pluralisierung. *Kölner Zeitschrift für Soziologie und Sozialpsychologie, 72*(4), 651–680. https://doi.org/10.1007/s11577-020-00719-7

The manufacturer's authorised representative in the EU is Springer
Nature Customer Service Centre GmbH, Europaplatz 3, 69115 Heidelberg,
Germany. If you have any concerns regarding our products, please
contact ProductSafety@springernature.com

Printed and bound by CPI Group (UK) Ltd, Croydon, CR0 4YY
28/04/2026
02098516-0002